Die ungekannte Freiheit meines Lebens

W0067454

Angela Joschko
Hanne Huntemann (Hrsg.)

Die ungekannte Freiheit meines Lebens

Frauen
zwischen
Jugend
und Alter

Beltz Verlag · Weinheim und Basel

CIP-Kurztitelaufnahme der Deutschen Bibliothek

Die ungekannte Freiheit meines Lebens : Frauen zwischen Jugend u. Alter /
Angela Joschko ; Hanne Huntemann (Hrsg.) – 1. Aufl. – Weinheim ; Basel :
Beltz, 1983.
ISBN 3-407-85038-7

NE: Joschko, Angela [Hrsg.]

Erste Auflage 1983
© Beltz Verlag, Weinheim und Basel
Alle Rechte, insbesondere das Recht der Vervielfältigung und Verbreitung
sowie der Übersetzung vorbehalten. Kein Teil des Werkes darf in irgendeiner
Form (durch Photokopie, Mikrofilm oder ein anderes Verfahren) ohne
schriftliche Genehmigung des Verlages reproduziert oder unter Verwendung
elektronischer Systeme vervielfältigt oder verbreitet werden.
Lektorat: Barbara Scharioth
Umschlaggestaltung und Innenlayout: Arti
Satz: Schulz, 6947 Laudenbach
Druck und buchbinderische Verarbeitung:
Offsetdruckerei Beltz, 6944 Hemsbach
Printed in Germany
ISBN 3-407-85038-7

4

*In einer Welt, in der alle fliehen,
scheint der, der eine andere Richtung wählt,
wie einer, der davonläuft.*

T. S. Eliot

Inhalt

III. „Haben Sie schon mal in den Spiegel gesehen?"

IV. „Na, wie geht's uns denn heute?"

V. „Wie soll das Leben weitergehen?"

VI. „Kind, ich hab's Dir doch gleich gesagt"

VII. „Das schickt sich doch nicht!"

Anhang

Warum dieses Buch?

Es schien einer dieser farblosen Sonntage zu werden, ohne besondere Vorkommnisse, außer Arbeit. Wir waren zum Interview verabredet. Materialsammlung zum Thema „Die Lage der älteren Frau in der Gesellschaft".

Unsere Gastgeberin wirkte leicht nervös. Das gute Prozellan war schon aufgedeckt, flankiert von Hütchen aus zartbedruckten Servietten. In der Thermosflasche wartete der Bohnenkaffee, auf der Kuchenplatte die Cremerolle, vom Konditor natürlich, denn Selberbacken lohnte sich schon lange nicht mehr. Für wen auch? Wir kannten ihr Leben bereits in groben Zügen, als sie uns zum Kirschlikör nötigte, denn „einer ist keiner". Und da fiel, gleich nach dem „wohl bekomm's", der Satz, der einen Doppelten vertrug: „Samstagmittag muß ich immer noch mal raus. Ich hab nix einzukaufen, aber ich muß noch mal in die Stadt, Menschen tanken. Das muß dann reichen bis Montag."

Wir fühlten uns hilflos. Menschen tanken. Eine Kluft tat sich auf. Zwischen uns, die wir – wie man so sagt – mitten im Leben standen, und ihr, die offenbar bloß noch über den Zaun guckte. Die Beklemmung ließ uns nicht mehr los.

Denn bald darauf erlebten wir in der eigenen Familie, in welch desolaten Zustand Frauen durch den plötzlichen Tod ihres Mannes stürzen können, dieses Erstarren in Hilflosigkeit, in Apathie. Auch in den folgenden Gesprächen mit alten Frauen haben wir diese Resignation gespürt, die Lethargie, die sich einstellt, wenn alle Ansprüche und Wünsche aufgekündigt werden. Es hat uns wehgetan, mitanzusehen, wie jede freundliche Geste mit unterwürfiger Dankbarkeit bezahlt wird. Und es hat uns empört zu beobachten, wie verwitwete Frauen ohne männlichen „Begleitschutz" mit leiser Gewalt und unnachgiebig von der Bildfläche gedrängt werden.

Auf die Einsamkeit der Witwen, dieses „unsichtbare Geschlecht", wollten wir ursprünglich aufmerksam machen.

Aber diese Frauen haben uns bei aller Zuneigung auch Angst gemacht. Denn eines war klar: *So* wollten *wir* nicht alt werden.

Allmählich erst ist uns aufgefallen, wie geschickt wir uns selbst bis dahin ausgeklammert hatten, gerade so, als ob Alter nicht auch uns betreffen würde. Und im Nachhinein betrachtet steckte in unserer Empörung auch ein Anflug von Koketterie: Wie tröstlich, daß wir noch nicht „so alt" waren.

Aber streng genommen sind wir auch nicht mehr die Jüngsten, jetzt, Mitte 30. Wenn wir weniger als acht Stunden geschlafen haben, präsentiert uns der Spiegel am nächsten Morgen die Quittung. In tausend Kleinigkeiten lauert die Drohung: „Du wirst älter." Und die nehmen wir uns durchaus zu Herzen: Wenn etwa der locker-lässig geduzte 20jährige höflich mit „Sie" antwortet. Wenn die grauen Haare an Scheitel und Schläfe so zahlreich werden, daß der Tip „Reiß sie doch aus" zwangsläufig Kahlschlag bedeuten würde. Wenn der Mißmut über die müden Falten auf dem Paßbild vom Fotografen mit der lakonischen Feststellung kommentiert wird: „So sehen Sie nun mal aus."

In solchen Momenten greifen wir prompt zur Retusche, schmieren uns die Knie mit Fettcreme ein und legen die Honigmaske auf. Und wenn wir nachher auch nicht schöner sind als vorher, fragen wir uns gelegentlich: Für wen tun wir das eigentlich? Wirklich für uns selbst? Gehen wir damit nicht den unerbittlichen Anweisungen der Modehefte auf den Leim?

Denn wenn Sie uns fragen: Wir fühlen uns nicht alt. Im Gegenteil. Wenn wir unser Leben Revue passieren lassen, stellen wir fest, daß wir mit zunehmendem Alter jünger geworden sind, selbstsicherer, mutiger, kraftvoller.

Mit dieser Erkenntnis mußten wir uns von unserem ursprünglichen Konzept eines anklagenden Sozialreports, der die gängige Vorstellung vom Alter als hoffnungslosen Schicksalsschlag zementiert, verabschieden. Als wir endlich unser Blickfeld ausdehnten, entdeckten wir Frauen, die ganz und gar nicht den Klischees aus Herrenwitzen und Werbespots entsprachen, alte Frauen voller Lebenskraft, die die Gleichung alt = uninteressant = leblos ad absurdum führten. Ihre Lebensläufe, ihre Gedanken und Ansichten, haben uns gezeigt, daß „das Alter" nicht von heute auf morgen über uns hereinbricht, sondern ein lebenslanger Prozeß ist – und wir stecken mittendrin. Weil es uns also selbst angeht, fragten wir auch jüngere Frauen, wie sie ihr eigenes Älterwerden erleben. Das Echo war durchweg Betroffenheit. Ihre Zweifel, Abwehr und Ängste, aber auch die Zuversicht, die Kraft und Selbstsicherheit, die sich in den Texten wiederfinden, haben uns selbst weitergebracht.

Die Gedanken der Malerin Gisela Breitling zum Beispiel: „Da Leben Veränderung heißt, und Altern leben bedeutet und sich in den Gesichtern der Menschen jene Veränderung spiegelt, die ihr Leben ausmacht, ist Altern das Ziel, die Zukunft, die wir alle vor uns haben, und das Bild, das wir dann sein werden, ist unser eigentliches ..."

Wir fühlen uns bestätigt und ermutigt von Leonie Lamberts Erfahrungen: „Fühle ich mich alt? Oder älter? Wie fühle ich mich? Ich fühle mich besser – mich. Ich bin mir näher gekommen. Nicht von alleine im Laufe der Jahre. Es war harte Arbeit. Das Alter spielt dabei nur die Rolle eines zeitlichen Ablaufs, vergleichbar den Stationen einer Reise."

Zugegeben, eine Reise mit Hindernissen, die zu überwinden eine Menge Kraft kostet, mit wechselndem Erfolg. Und wenn wir gerade einmal wieder die Richtung verloren haben, in einen Hinterhalt aus falschen Erwartungen, eigenen und fremden, aus vorgegebenen Regeln und Selbstzweifeln getappt sind, dann hilft uns Elke Heidenreichs Freundin wieder heraus: „Meine Freundin ist Mitte 40 und liest und rennt und lacht und lebt und liebt und arbeitet und kocht und hört Musik und wird immer jünger, weil das Leben ihr nur so aus den Augen rausguckt, und Irene ist genauso alt und stöhnt, daß ihr alles irgendwie zuviel ist, und die Beziehung zu Robert ist auch kaputt, also sowas von kaputt, und der Beruf befriedigt sie nicht, und überhaupt, hat denn alles noch einen Sinn, heute geht's ja noch, aber worüber grämen wir uns morgen? Ach, ach ... Am Anfang dachte ich, Irene wäre Ritas Mutter, aber sie sind gleich alt."

Mit 18 hatten wir mit dem Leben abgeschlossen. Heute genießen wir das Hochgefühl: Was kostet die Welt? Wir möchten eine Anzahlung machen. Und mit 65 werden wir sie – wenn nichts dazwischen kommt – umsegeln.

Angela Joschko   *Hanne Huntemann*

„Wie das Leben so spielt"

Autobiographisches

Ursel H., Jahrgang 1920

„Aus dem Mädel soll mal was Ordentliches werden."

Ein Frauenleben in Bildern geordnet von Hanne Huntemann

Ich bin in der Nachkriegszeit in die Schule gekommen. Damals gab's sehr viel arme Leute. Oft standen die Männer auf der Straße zum betteln und haben uns auf dem Schulweg angequatscht. Meinen Eltern ging es wirtschaftlich auch nicht besonders. Mal hat mein Vater bei der Eisenbahn gearbeitet, mal im Büro. Und zwischendurch war er arbeitslos. Eigentlich hat die Mama die Familie ernährt, hat Tag und Nacht für die Leute genäht.

Ich war immer gut angezogen, weil ich aus Stoffresten Kleider bekommen habe.

Wir hatten ein einziges großes Zimmer. Da stand das Doppelbett von meinen Eltern drin, außerdem ein Sofa, ein Tisch, Stühle und die Nähmaschine von der Mama. Die Küche war so klein, daß man bloß drin kochen konnte. Alles spielte sich in dem großen Zimmer ab. Ich hatte mein Bett in einer Nische mit Vorhang davor. Wir haben aber nicht zu den armen Leuten gehört. Denn ich hatte auf meinem Schulbrot immer gute Butter. Viele hatten nur Margarine, und die war damals wirklich minderwertig, aber billig.

Wir mußten schon in der Volksschule die Bücher und die Hefte selbst kaufen, und das ist meinen Eltern oft sehr schwer gefallen. In die höhere Schule konnte ich nicht gehen, weil das Schulgeld gekostet hat. Nur wer sehr gut gelernt hat, dem wurde das erlassen. Ich weiß nicht, warum ich das nicht bekommen habe, wo ich doch wirklich gut war.

Damals mußte ich meiner Mutter oft beim Nähen helfen, zum Beispiel die Nadeln einfädeln. Und abends, wenn es dunkel wurde, hat sie mich mit den Paketen zu den Kunden geschickt. Bei den vielen Arbeitslosen durfte man nicht Doppelverdiener sein, deshalb hatte sich die Mama auch nicht bei der Steuer angemeldet. Darum wollte sie nicht, daß mich jemand sieht.

Und der Papa ist manchmal so böse geworden, wenn sie noch abends – wenn er von der Arbeit kam – am Nähen war. Da hat er oft gebrüllt: „Ich schmeiß den ganzen Krempel raus." Dann ist sie ins Bett gegangen, hat gewartet, bis er eingeschlafen war und ist wieder aufgestanden, um weiterzunähen. Für ein Kleid hat sie 9,50 berechnet. Und wenn ihr das dann doch zu viel vorkam, hat sie 8,95 Mark draus gemacht.

Zu meiner Kommunion 1929 gab's ne große Feier. Die Mama hatte ja neun Geschwister, und alle sind gekommen. Damals muß meine Mutter schwanger gewesen sein. Ich hab das nicht gemerkt, weil ich nicht aufgeklärt war. Ich kann mich nur erinnern, daß ich tags drauf in einem Handarbeitsgeschäft war. Die Verkäuferin kannte meine Mutter, und die sagte zu mir: „Na, Ursel, bald hast du ja ein Geschwisterchen." Ich war erstaunt und hab gesagt: „Davon weiß ich nichts." Als ich das der Mama erzählte, war die ganz aufgeregt. Bei uns wurde damals nicht drüber gesprochen. Eines Tages jedenfalls schickte mich der Papa weg, und als er dann plötzlich rief, ich sollte mal hochkommen gucken, ja, da war die Eva da.

Gleich nach der Volksschule haben meine Eltern für mich eine Lehrstelle in einem Lebensmittelladen gesucht. Eigentlich wollte ich viel lieber Bibliothekarin werden, aber dafür hätte ich eine andere Schulbildung gebraucht. Am ersten Tag ist der Papa mit mir ins Geschäft gegangen und hat zum Chef gesagt: „Aus dem Mädel soll mal was Ordentliches werden, nehmen Sie sie ran." Und das war dann auch so. Der Chef hat zu mir gesagt: „Ich will Ihnen gleich sagen: Rumstehn oder nichts tun, gibts bei uns nicht. Bei uns hats immer Arbeit!" Und so ist mein Ehrgeiz gekommen. Ich wollte immer 100prozentig sein.

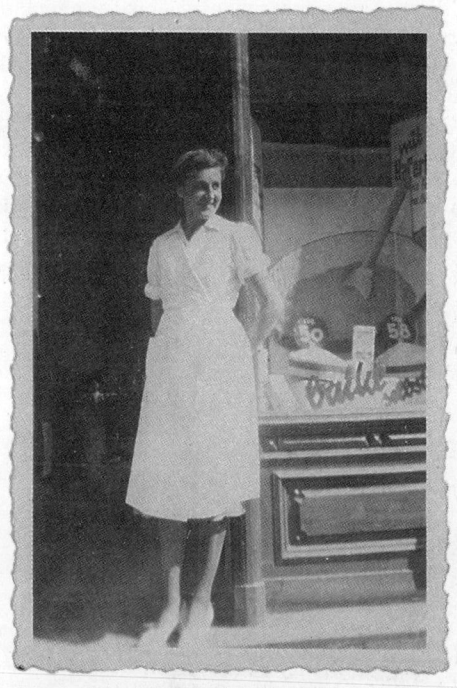

Mit 17 hatte ich ausgelernt
und bin gleich Leiterin
von einer „Konsum"-Filiale geworden.

Ich war als junges Mädel sehr schüchtern und hab mich so geniert, weil ich einen großen roten Flecken vom rechten Auge bis zur Nase habe. Und außerdem war ich für damalige Verhältnisse riesengroß: 1,74 Meter. Mein Vater hat zwar gesagt, „wer dich so nicht mag, der taugt sowieso nichts." Aber das hat mich gar nicht getröstet. Sonntags im Tanzsaal hab ich meistens am Rand gestanden. Aber irgendwann mal kam der Werner und hat zu mir gesagt, ich wäre ihm durch meinen roten Fleck aufgefallen. Und dann haben wir den ganzen Abend zusammen getanzt.

Er hat mich dann öfters abgeholt und nach Hause gebracht. Aber mit nach oben durfte ich ihn nicht bringen.

Als der Werner mit seiner Feinmechaniker-Lehre fertig war, kam er zum Arbeitsdienst und dann später zum Rüstungsdienst. So hieß das damals, er mußte in einer Rüstungsfabrik arbeiten. Aber er durfte nicht erzählen, was die da herstellen, „Strengste Geheimhaltung."

Und ich bekam eines Tages ein Schreiben, ich müßte mich zur Telegrafen-Ausbildung melden. Das dauerte 14 Tage. Anschließend sollte man sich jederzeit für den Einsatz bereit halten. Damals – das war 1938 – hatten die Leute Angst vor Krieg. Ich hab mir das eigentlich nie richtig vorstellen können, obwohl alle davon geredet haben.

Und dann fing der Krieg 1939 wirklich an. Der Werner wurde ganz schnell eingezogen, und ich hatte eine wahnsinnige Angst. Immer hab ich auf Post gewartet, auf eine Nachricht, wie es ihm geht. Zuhause hat der Papa oft ausländische Sender gehört, obwohl es verboten war. Und dann hieß es manchmal, daß Leute abgeholt worden wären, nachts von der SS. Das waren meistens Juden. Ich hab das damals nicht so richtig mitgekriegt, was wirklich passiert ist.

Mein Gott, ist das schon lange her. Da erinner' ich mich kaum noch dran. Ich weiß nur, daß der Papa nicht mehr in den Krieg mußte, weil er schon zu alt war.

1942 wollten der Werner und ich unbedingt heiraten, weil auch was unterwegs war. Dreimal mußte ich die Hochzeit und alles bestellen, weil der Werner im letzten Moment doch keinen Heimaturlaub bekommen hat. Das war eine Aufregung.

Und die Zeit verging. Ich hatte inzwischen schon einen richtig dicken Bauch. Aber die Mama hat mir das Kleid genäht, wo man das nicht so gesehen hat.

Das Bild heißt bei mir „Abschied". Nach der Hochzeit fährt der Werner wieder an die Front zurück und guckt nochmal aus demFenster. Das war das letzte Mal, das ich ihn gesehen hab.

Im Oktober haben wir geheiratet und im Januar war ich Witwe. Das war furchtbar!

Die Nachricht kam nicht mit der Post, sondern eine Frau von der NS-Frauenschaft hat die Todesnachrichten verteilt. Und wenn die an die Tür kam, haben die Leute schon angefangen zu schreien. Und eines Tages hat sie bei uns geklingelt. Das war so entsetzlich, ich konnte es einfach nicht begreifen.

In dem Alter, 23 war ich damals, da denkt man doch, Wunder was noch kommt. Da will man doch noch was vom Leben haben. Und zwei Wochen später ist der kleine Werner auf die Welt gekommen.

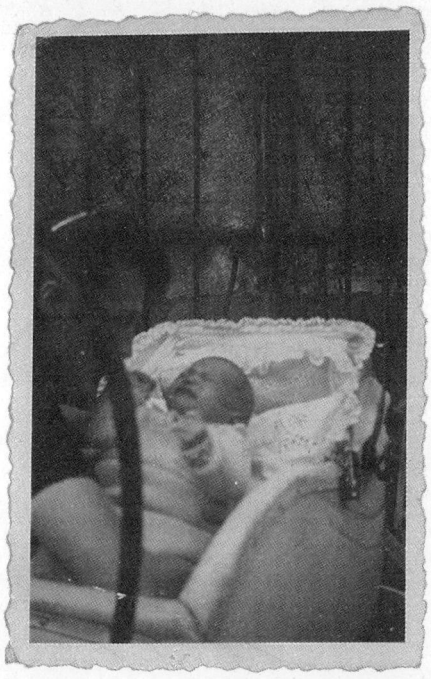

Das war auf einmal ein ganz anderes Leben. Es gab plötzlich wieder einen Sinn. Man hatte jemanden, für den man leben konnte. Inzwischen wurde es in Breslau immer gefährlicher. Die Polen rückten näher und besetzten eines Tages Breslau. Die neue Kommandatur hat uns allen ein Schreiben geschickt und darin aufgefordert, an einem bestimmten Tag mit so viel Gepäck, wie wir tragen können, zum Bahnhof zu kommen. Ein Zug sollte uns irgendwohin nach Westdeutschland bringen.

Da haben wir gedacht, das Leben ist aus. Ich hab alles verschenkt, was ich so hatte, Badeanzug, Fotoapparat, Handtaschen. Ich dachte, ich brauch sowieso nichts mehr. Ich selbst hab nie einen Bombenangriff mitmachen müssen, weil wir rechtzeitig wegkamen. Aber man hat doch immer wieder gehört, wie schrecklich so was ist, und wir haben gedacht, wer weiß ob wir überhaupt irgendwo ankommen, was unterwegs passiert.

Wir sind dann mit furchtbar vielen Leuten in einen langen Gepäckzug verfrachtet worden mit Stroh auf dem Boden. Ich hatte mein Bettzeug, ein paar Kleidungsstücke und Sachen für den Werner mit, der saß ja noch im Kinderwagen. Aber Gottseidank waren meine Eltern, meine Schwester und meine Schwiegereltern dabei. Da war man nicht so völlig verlassen.

Unterwegs hat der Zug ab und zu mal angehalten, und wir wußten nie, wo wir waren. Nach drei Tagen etwa sind wir in einem niedersächsischen Dorf angekommen.

Ich seh uns noch alle auf dem Dorfplatz stehen. Dann kamen Bauern mit Pferdewagen, denen die einzelnen Flüchtlingsfamilien zugeteilt wurden. Da kam man sich ganz erbärmlich vor.

Ich mußte dann auf dem Feld arbeiten, hab Heimarbeit gemacht und für den Werner gab's ein bißchen Waisenrente. So hab ich uns durchgebracht.

Irgendwie konnte ich mir nicht mehr vorstellen, wie das Leben weitergehen soll. Bis ich dann eines Tages meinen zweiten Mann, den Bernhard, kennengelernt habe.

Aber das war nicht nur schön.

Er war nämlich der Sohn von einem großen Bauern im Dorf. Und als Flüchtling war man ja Mensch zweiter Klasse. Als dann ein Kind unterwegs war, hat sich sogar der Pfarrer geweigert uns zu trauen. Wir konnten nicht mal heiraten.

Der Bernhard ist bei seinen Eltern wohnen geblieben und ich bei meiner Familie.

Wir haben sehr ärmlich gelebt, hatten kaum was zu essen. Ich weiß noch, daß ich monatelang nur Brot mit Zuckerrübensirup gegessen habe, damit die Kinder wenigstens was Anständiges hatten.

Wegen der Unterernährung hab ich wohl Tuberkulose bekommen und die Kleine angesteckt. Das war eine traurige Zeit. Sie war grade ein Jahr alt. Ich werde nie vergessen, wie sie ihr im Krankenhaus zu allererst den Nuckel weggenommen haben und das Spielzeug, weil es angesteckt war. Und als ich sie nach einem halben Jahr wieder aus der Klinik geholt habe, hat mich meine eigene Tochter nicht mehr erkannt. Sie hat „Tante" zu mir gesagt.

Mitte der 50er Jahre bin ich dann mit den Kindern und meinen Eltern nach Rüsselsheim gezogen, weil wir dort Arbeit und eine Wohnung kriegen konnten. Und der Werner bessere Möglichkeiten hatte, in eine höhere Schule zu gehen.

Später ist der Bernhard nachgekommen, und als unsere Tochter neun Jahre alt war, haben wir geheiratet.

Solange die Kinder noch zur Schule gingen, konnten wir keine großen Sprünge machen. Mein Mann war bei der Stadt als Hausmeister angestellt und hat nicht allzuviel verdient. Ich bin dann regelmäßig ins Geschäft verkaufen gegangen. Da hab ich mich schon sehr abgerackert. Auf der einen Seite hatte man die Kinder, wo man sehen mußte, daß aus denen was Ordentliches wird und auf der anderen Seite die Sorgen, mit dem Geld auszukommen.

Die Jahre, bis die Kinder dann ihre eigenen Wege gingen, sind rasend schnell vergangen. Zuerst hat mein Sohn geheiratet, und ein paar Jahre später ist die Kleine in eine andere Stadt gezogen. Und auf einmal war ich mit dem Vater alleine.

Mit 50 hab ich dann nochmal angefangen zu arbeiten und meinen Jugendtraum wahrgemacht. Ich bin zwar nicht mehr Bibliothekarin geworden, habe aber in der Städtischen Bücherei eine Stelle gefunden. Ich geh so gern mit Büchern um und lese auch viel. Aber ich glaub, daß ich da schon zu alt war. Ich war ja die ganzen Jahre vorher geistig überhaupt nicht richtig gefordert. Und dann hab ich plötzlich furchtbar viel Neues aufnehmen müssen. Das hat mich oft sehr angestrengt. Aber ich hab es gepackt. Und wenn es viel zu arbeiten gab und der Schreibtisch so richtig voll war, dann hat mir das schon gefallen.

Vor zwei Jahren hab ich gedacht, der Bernhard ist jetzt pensioniert. Ich bleib jetzt am besten auch zu Hause. Wir haben vielleicht nicht mehr so viele Jahre vor uns, und die wollen wir zusammen genießen.

Ja, das war's eigentlich ...

Else H., 83 Jahre

„Allein ist allein" oder „Ich will doch mal im Ärmchen einschlafen."

Ein Lebensbericht aufgeschrieben von Angela Joschko

Schier achtzig Jahre bin ich alt,
hab manchen Sturm erlebt,
doch hab ich stets gescherzt, gelacht,
auch wenn die Erde bebt.
Nun bin ich 45 Jahr allein!
Das soll in Zukunft nicht mehr sein!
Drum such ich einen Kamerad,
der das Herz auf dem richtigen Fleck noch hat.
Der vielleicht mit mir malt (Öl), musiziert
und kilometerweit durch den Wald spaziert.
Der geistig frisch, fröhlich und kerngesund wie ich,
der schreibe mir ein paar liebe Wort mit Bild.
Ich freue mich.
Oh sagt mal selbst, was nützt das Geld.
Die Liebe ist die größte Macht der Welt!

Anzeige in „Die Zeit"

„Darauf hab ich nur einen Brief gekriegt, zwei besser gesagt. Das eine waren Sie und dann noch ne ältere Frau. 42 war die, glaub ich. Die hat gesagt, sie hätte meinen Mut bewundert. Da hab ich gesagt: ‚Ich glaub, ich war ganz allein im Himmel, als die Talente verteilt wurden.'"

So flott redet Else H., Kölnerin mit Mutterwitz und einem sicheren Gespür für das, was ankommt. Flink wie ihre Zunge sind auch ihre Beine, und so wieselt die kleine, drahtige Person durch die Wohnung, packt mich immer wieder energisch am Arm und erläutert ihre gesammelten Werke in Öl. Gemälde aus eigener Produktion bedecken dicht an dicht sämtliche Wände. Seit zehn Jahren malt die zweifache Großmutter Stilleben, Portraits, Landschaften. Kürzlich bekam sie sogar das Angebot eines Freistudiums an einer Kunstakademie. Sie hat abgelehnt. „Ich sollte mich", entrüstet sie sich noch jetzt, „auf moderne Malerei umstellen. Nee, sag ich, dat kann ich net. Hat gar keinen Zweck."

Ihre Zweieinhalb-Zimmerwohnung, für die die ausladende Polstergarnitur offensichtlich nicht angeschafft wurde, muß früher mal ein Laden gewesen sein. Jedenfalls liegt sie unmittelbar neben der Näherei, die Else H. vor mehr als 40 Jahren gegründet und vor zwei Jahren in diese Ecke von Köln verlegt hat. Zwei weitere Jahre noch wird die Tochter den Betrieb führen, dann ist auch sie schon 60.

Als Else H. endlich Platz genommen hat, schimmert durch ihre sprudelnden Erzählungen immer auch eine Spur Traurigkeit. In mir verstärkt sich das Gefühl, daß sie die selbstgewählte Rolle der mopsfidelen Alten ab und zu ganz gern mal ablegen würde, denn: „Allein ist allein", sagt sie.

„Ich bin in Köln geboren, mitten im Stadtwald. Dat war schon mal unnormal. Es war auf Siebenschläfer am 27. Juni 1898. Mein Vater war Rektor von der Schule hier im Stadtwald. Wir hatten damals Hühner, und an diesem Tag ging meine Mutti so um den Schulhof rum, wo das Gesträuch war, und wollte da nach Eiern suchen. Ja, und da bin ich so neugierig gewesen und einfach gekommen, wollte meiner Mutti schon helfen, mit suchen." (Sie lacht und klatscht vergnügt in die Hände) Dat war schon unnormal.

Meine Mutter ist mit 46 Jahren gestorben. Und daraufhin haben sie mich ins Kloster gesteckt. Dat Heim hieß „Arme Dienstmägde Jesu Christi". Meine Schwester war viel älter. Die ist bei meiner Tante großgezogen worden. Nachher wurde sie Sprachen-Professorin. 15 Sprachen in Wort und Schrift! Ich hab immer zu der gesagt: ‚Ida, wenn du mal stirbst, vererbst du mir dat?‘ Da sagt sie: ‚Else, biste zu doof zu.‘ "

„Und wie war's auf der Klosterschule?"

„Verrückt. Ich hab furchtbar geweint, immer meiner Mutter nachgeweint, und dafür hab ich dann im Keller sitzen dürfen bei 'ner Schnitte Brot. Also so wat, dat war auch unnormal. Ja und dann hat mein Vater zum zweiten Mal geheiratet und mich rausgeholt aus der Klosterschule. Da war ich 13. Wir haben eine solch stramme Jugend gehabt, dat war unmöglich. Nach dem Kloster bin ich dann hier in Köln auf die Schule gegangen und nachher auf das Lehrerinnen-Seminar."

„Wollten Sie denn auch Lehrerin werden?"

(Empörter Ausruf:)

„Nein! Ich wollte malen lernen! Aber das durft ich ja nicht. Mein Vater hat immer gesagt: ‚Die Künste sind all schlecht.' Jetzt brach ja 1914 der erste Krieg aus. Und '14 bis '18 wurde das Lehrerinnen-Seminar geschlossen. Wir waren ja dienstverpflichtet und konnten wählen, entweder Bahn oder Post. Ich hab die Bahn gewählt, weil da ein Onkel von mir Oberregierungsrat war. Da bin ich ausgebildet worden im Telegrafieren für's Warenbüro. Na, und eines Tages kriegte ich einen Antrag gemacht von einem – vergeß ich nie – Kowatzki hieß der. Der war auch auf dem Büro angestellt. Ich hab natürlich abgelehnt. Ich hätt ja nicht gedurft. Ein paar Tage danach lag auf meinem Schreibtisch eine rheinische Zeitung und drin war was rot angestrichen. Dadurch hab ich überhaupt erst wat erfahren. Sonst hätt ich dat gar nicht gewußt, daß mein Vater verurteilt worden ist, weil er die Kinder in der Schule geschlagen hatte. Davon ist eins fast gestorben oder ist gestorben, das weiß ich jetzt nicht mehr. Aber so'n rabiater Mann war das. Und dann hatte er mal ein Kind verhauen. Da ist der Vater von dem Kind gekommen und hat meinem Vater das Ohr abgeschlagen. Ach, man sollte gar nicht zurückdenken.

„Ich möchte noch mal auf Ihre erste Mutter zurückkommen. Wie alt waren Sie, als sie starb?"

„Da war ich neun Jahre."

„Und wieso ist sie gestorben?"

„Das weiß ich net. Sie war ja erst 47. Ich weiß net, ob ich Ihnen das sagen soll? (lange Pause) Passen Sie mal auf, als meine Mutter beerdigt wurde, waren so etwa 70 Leute da, die alle gesagt haben: ‚Unsere Wohltäterin ist gestorben.' Und der Schuldiener hat meiner älteren Schwester gesagt: ‚ Gottseidank, daß der Herrgott sie geholt hat.' Da hat meine Schwester gesagt: ‚Wie können Sie so was sagen!' Darauf er: ‚Ihr wißt vielleicht nicht, daß ich als Schuldiener Eurer Mutter die Butterbrote durch die Gitterfenster in den Keller gereicht hab.' Also muß mein Vater die doch eingesperrt haben? Die ist vielleicht auch gar net natürlich gestorben, aber das weiß ich net (nachdenklich). Und das geht mir immer noch nach – Nein, nein, meine Kindheit war gar nix. Und die Ehe noch weniger.

An der ersten Ehe war ich selber schuld. Passen Sie mal auf, das glauben Sie jetzt nicht: Ich hab geheiratet und dabei wollte ich nicht. Ich wollte nicht, ich weiß auch nicht warum. Und dann mußte ich doch, weil mein Vater sagte: „Kommt nicht in Frage. Du bist verlobt und so weiter und so fort. Mein Vater gab uns noch Geld, und wir machten eine Hochzeitsreise nach Konstanz am Bodensee. Was ich jetzt sage, davon ist kein Punkt gelogen. Das schwöre ich auf das Haupt meiner Kinder. Denn es ist unglaubwürdig, aber leider wahr. Wir kommen da an in Konstanz. Mein Mann zieht sich abends aus. Aber ich hab mich schon gar nicht mehr ausgezogen. Bin sofort nach Haus gefahren und hier zum Pastor gegangen. Dem hab ich gebeichtet, ich hätt Unkeusches gesehn. Is dat nicht verrückt? Kaum zu begreifen! Sehen Sie, dat war ja auch nicht richtig, daß wir früher keinen Unterricht oder Aufklärung bekommen haben. Ich bin auch gar kein Sex-Typ.

Mein erster Mann, der ist dann ja auch direkt fremdgegangen. Ich hab mich scheiden lassen, aber erst nach vier Jahren. Meine Änne, die ist von dem Mann. Die hab ich ganz allein großgezogen. Also heut kann ich dat ja begreifen, dat mein Mann sich direkt ne andere Frau gesucht hat. Weil er „dat" unbedingt zum Leben haben mußte. Aber ich war doch gar net aufgeklärt! Nicht ein Atom aufgeklärt!

Nachher hab ich wieder geheiratet, und zwar den Bruder meiner besten Schulfreundin aus dem Lehrerinnenseminar. Da ist mein Sohn von. Und bis heut hab ich noch den ersten Pfennig Haushaltungsgeld zu bekommen. Deswegen hab ich ja die Näherei aufgemacht. Sehen Sie mal, es gab kein Stipendium, es gab kein Kindergeld. Und meinem Sohn hab ich später auch noch sämtliche Reisen nach Amerika, nach Japan finanziert. Ich kann Ihnen sagen, der war zehn Jahre alt, da spielte der schon Sonaten von Beethoven, erster, zweiter, dritter Satz. Auswendig! Ich seh ihn noch im Kieler Anzügelchen mit den Lackhalbschühchen, wie er kommt und sagt: ‚Mutti, soll ich den Vater nicht doch zum

Konzert einladen?' Damals lebte ich schon getrennt. Das war vielleicht ne Dreiviertelstunde, bevor das Konzert anfing. Was hätten Sie denn da als Mutter gesagt? Meine ältere Tochter und er, die sind hingegangen und haben ihn eingeladen. Da nahm mein Mann die Hände von dem Kind und sagte: ‚Ich brech dir die Finger, dann hört die Spielerei auf.' Das war mein zweiter Mann.

Ich hab für die ganze Familie sorgen müssen. Ich hab schon zu nähen angefangen, wie ich noch verheiratet war, sonst hätten wir nix zu essen gekriegt. Wenn ich mir das so überlege, als wir noch nicht verheiratet waren, wie hat er mich da verwöhnt. Ich bin ja ein sehr großer Musikliebhaber. Früher gingen wir dann ins Wiener Café. Da spielte immer eine Kapelle. Mein Mann hat den Musikern so viel gestiftet, damit die nur spielten, was ich gern hörte. Hätt ich damals schon was von der Astrologie gewußt, hätte ich die Finger davon gelassen."

„Und warum ging die Ehe nicht gut?"

„Ja, dat war unmöglich, dat darf ich Ihnen gar nicht erzählen oder? Also, der kam mich ja nachts dreimal wecken! Nee, nee, dat hab ich nicht mitgemacht. Na, und dann hab ich ja schon direkt getrennt gelebt. Der hat uns doch auch geschlagen wie ein Christus. Auch das Personal. Was meinen Sie, ich hab vierzehn Tage steif im Bett gelegen, so hat der mich verdroschen. Und als dann der Herr F. von der Sparkasse mir gesagt hat: ‚Frau H., Ihr Mann hat so viel abgehoben. Sie müssen unbedingt Gütertrennung machen!', da hab ich das Konto gesperrt. Daraufhin bin ich fast tot geschlagen worden. Erst 1944 bin ich dann hin zum Astrologen und hab das Horoskop stellen lassen von meinem Mann. Der war Skorpion. Der hatte den Aszendenten im Skorpion, den Mars im Skorpion – der Mars ist der Kriegsgott – die Venus im Skorpion! Zwei Bungalows hab ich durch den verloren, stellen Sie sich dat mal vor!"

„Was hat denn Ihr Mann gearbeitet?"

„Er war Handelsvertreter. Damals, wie wir geheiratet haben, da hat er noch die Vertretung von seinem Vater gehabt, Textilien und Knöpfe von Wuppertaler Firmen. Der hat aber nie gearbeitet. Dat hab ich aber erst später gemerkt. Der hat einfach die Koffer abgestellt, und dann ist er mit meinem Geld und den Frauensleut losgegangen."

Die genauen Daten ihrer kurzen Ehen weiß Else H. heute nicht mehr. Sie hat sie aus ihrer Biografie gestrichen. Bedeutsam für sie war, daß sie schon vor dem Zweiten Weltkrieg eine Näherei aufbaute, um sich und die beiden Kinder über Wasser zu halten.

„Den Betrieb hab ich ja auch verloren durch meinen Mann. Ich hab 200 Mann angestellt gehabt, und als 45 der Krieg zu Ende war, da kriegte ich ein Schreiben, ich hätte innerhalb von zwei Stunden den ganzen Betrieb zu verlassen und zwar ‚wegen Unbegrenzbarkeit in der Naziansicht'. Dat stand, glaub ich, drin. Ich kam in die Gruppe drei ‚ohne Berufung'. Ich hab das gar nicht verstanden! Meine Tochter war nicht im BDM, die war bei der Feuerwehr. Meinem armen Jungen hatten sie den Kopp glattrasiert, weil der nicht in der HJ war. Ich war nicht in der Frauenschaft, ich war nicht in der Partei. Nach langem Hin und Her bin ich 49 erst entnazifiziert worden und kam in die Gruppe vier als Mitläufer. Und dann kam raus: Mein Mann war zur fremden Wehrmacht gegangen und hatte gesagt, ich wär so sehr Nazi gewesen, ich müßte den Betrieb abgenommen kriegen. Ich hätte die Lehrmädchen an die SS zum Decken vermittelt. Jetzt sind Sie dran!

Überlegen Sie mal, wenn Sie nun so ein Leben hinter sich haben, dann sind Sie doch froh, wenn Sie mal einen richtigen Kameraden finden, mit dem Sie zusammen musizieren können, er spielt Klavier und ich Geige oder umgekehrt.

Ach, ich hab so viele Inserate aufgegeben, das kann ich Ihnen gar net sagen. Das Alleinsein macht mir schon zu schaffen. Die Leute sagen immer: ‚Du kannst dich doch beschäftigen, kannst malen, kannst musizieren.' Aber allein ist allein. Ach, und dann war ich doch auch in einer Sendung im Fernsehen, die hieß ‚Spätere Heirat nicht ausgeschlossen.' Damals war ich 79. Die hatten mir sogar nen Flügel in den Senderaum gesetzt, und da hab ich Klavier gespielt. 76 Briefe hab ich darauf bekommen und vielleicht neun von den Männern getroffen. Und dann hatte ich es bis hier stehen. (Sie hebt die flache Hand bis zur Nasenspitze). Warum? Die haben alle nach mindestens 20 Minuten, manchmal schon früher, gefragt: ‚Sind Sie auch so vielseitig im Bett? Wann können wir denn mal schlafen gehen? Ich möcht mal wissen, ob Sie dann auch so temperamentvoll sind?‘ Nee! Da waren sogar Akademiker dabei, weil ich in meiner Sphäre bleiben wollte, verstehen Sie? Ich hab hier in der Wohnung gar keinen empfangen, dat kam gar nicht in Frage. Ich wohn ja allein. Mit ein paar Briefen bin ich zu dem berühmtesten Astrologen der Bundesrepublik hier in Bonn gegangen, und der sagt: ‚Nee, für Sie ist nix dabei. Wir haben so ein sexual verkommenes Zeitalter, da können Sie ruhig aufgeben.‘

Also, jetzt können Sie von mir denken, was Sie wollen. Daß „dat" vielleicht zum Leben gehört – bei mir ja net – das streit ich gar net ab. Aber dat kannste doch nicht machen, wenn man sich grad ein- oder zweimal gesehen hat. Man muß sich doch gegenseitig achten, sich schätzen und sich wirklich gernhaben. Oder ist dat verkehrt?

Ich will Ihnen mal ehrlich sagen, ich könnt auch keinen Mann in meinem Alter gebrauchen. Ich laufe doch noch! Ich lauf doch noch Rollschuh. Die „Bild-Zeitung" wollte mich damit fotografieren. Da hab ich meinem Sohn das Ehrenwort geben müssen, das ich dat nicht tue. Und dann hab ich vor, in den Step-Unterricht zu gehen, damit ich Karneval auf die Bühne kann. Dann werd ich wieder als Neger auftreten. Ich mach ja meine Kostüme alle selbst. Ja, ich möchte aktiv bleiben. Ach, da muß ich Ihnen was Schönes erzählen. Passen Sie mal auf! Also das Geld langt nicht, obwohl ... Schulden haben wir keine. Aber es langt nicht für Kur oder Urlaub. Da sagt meine Tochter vor ungefähr drei Wochen: ‚Mutti, geh doch mal zu nem Arzt.‘ – Ich bin nämlich immer bei nem Heilpraktiker – ‚Die alten Frauen kriegen immer ne Kur verschrieben. Laß dir doch auch mal eine verschreiben, daß du mal abschalten kannst.‘ Ich hab paar Tage nachgedacht, und dann hab ich gesagt: ‚Na ja, versuch ich's mal.‘ Ich hätt zwar nie das eingenommen, was der Arzt mir gegeben hätte, dat schon mal persé nich. Ich hab ja heut noch meine erste chemische Tablette einzunehmen. Na, ich komm zu einem Arzt, der meinen Sohn kennt, und da konnt ich ein offenes Wort mit sprechen. Da hat der mich untersucht und sagt auf einmal: ‚Wollen Sie mir mal sagen, was ich da drauf schreiben soll? Sie haben den Blutdruck von ner Dreißigjährigen, den Kreislauf von ner Dreißigjährigen und Ihr Herz, das schlägt so normal, da muß ich noch fürchten, daß Sie mich angreifen, daß ich ins Nebenzimmer flüchten muß.'

Ich sag: ,Nu halten Sie aber die Luft an!' ,Ja', sagt er, ,ich wüßte wirklich nicht, was ich drauf schreiben sollte.'

Als ich nach Hause komm, sagt meine Tochter: ,Mutti, biste schon da?' ,Ja', sag ich.

,Oh', sagt sie, ,das hat aber schnell gegangen.'

,Ja', sag ich.

,Hat et geklappt?'

Ich sag: ,Klappt immer und wenn es zusammenklappt.'

,Habt Ihr den Ort schon ausgemacht, wo du hinfährst?'

,Oh ja', sag ich.

,Ja wo fährst du denn hin?'

Ich sag: ,In die Humboldtstraße 18' (das ist Else H.'s Adresse).

„Sagen Sie, wieviel unternehmen Sie denn eigentlich so? Gehen Sie sonntags mal raus?"

„Nein. Gar nix."

„Würden Sie in eine Altentagesstätte gehen?"

„Nee, da fall ich bloß auf. Ich geh ja auch nicht mehr in den Rentnerverein tanzen. Erstensmal seh ich die alten Frauen, die sind schon so klapprig. Und dann war ich doch im Fernsehen. Da haben die im Rentnerverein gesagt: ,Guck mal, der verdötschte Sprinter'. Weil ich doch nen Mann gesucht hab, nen Kameraden. Die machen sich immer lächerlich über mich. Die sagen alle: ,Na, die is doch bekloppt. Die braucht ja unbedingt nen Mann'. Dabei braucht ich eigentlich gar keinen. Ehrlich net. Aber die Unterhaltung fehlt mir. Und ... ich möcht mal verreisen."

„Es könnte ja genau so gut ne Freundin sein zum Verreisen. Oder muß das ein Mann sein?"

–lange Pause–

„Ooch, wat soll ich mit ner Freundin machen?"

„Na, mit der könnten Sie auch verreisen."

–lange Pause–

„Nee, also ich wüßt' net, was ich ..."
–Pause–
„Ja ... ich bin doch net warm? Man will doch mal in den Arm
genommen werden ... Ich will doch mal im Ärmchen einschlafe."

Hedda U., 82 Jahre

„Weil ich mein Alter akzeptiert hab, darum bin ich so völlig frei."

Gedanken über Vergangenes und Zukünftiges
festgehalten von Angela Joschko

„Ullmann" steht auf dem Namensschildchen, als Schlußlicht einer
Fünferreihe. Minuten scheinen zu vergehen, ehe ein Türsummer
meinem Klingelzeichen antwortet. So lange braucht Hedda Ullmann oben im dritten Stock bis zu ihrer Wohnungstür. Das Alter
hat ihr neue Maßstäbe für Raum und Zeit gesetzt. Zentimeter um
Zentimeter arbeitet sich die kleine, gebeugte Frau zurück ins
Wohnzimmer. Und während sie ihre bandagierten Beine in den
ungleichen orthopädischen Schuhen nach sich auf die Couch zieht,
bittet sie mich um Entschuldigung für die Unordnung, für den von
Briefen, Notizzetteln und Medikamenten übersäten Tisch, für die
von Bücherstapeln besetzten Stühle. Eine halbherzige Entschuldigung, denn gleich darauf gibt sie zu verstehen, daß sie auf
ordentliche Menschen keinen Wert legt.
    Hedda Ullmann beeindruckt mich sofort. Diese schwache
Frau und dieses sonnige Zimmer strahlen spürbare Harmonie aus.
Jedes Aquarell an der Wand, jede Batikarbeit, jede handgewebte
Decke ist ein Teil ihres künstlerischen Lebens.
    Ich rücke meinen Stuhl nah an sie heran. Hedda Ullmann
lächelt nicht, wenn sie erzählt. Sie spricht leise und nachdenklich,

grübelnd fast, als sei sie beständig auf der Suche nach neuen Gedankengängen, noch un-bedachten Sichtweisen. Und dabei stehen ihre wißbegierigen, wachen Augen im merkwürdigen Kontrast zu diesen leblosen Beinen.

„Ich bin", sagt sie, „noch aus dem vorigen Jahrhundert, geboren 1899 in Essen. Ja, ich hatte eine glückliche Kindheit. Mein Vater leitete eine Schule, und meine Mutter trug das häusliche Nest. Das gab's gar nicht, daß beide, Mann und Frau berufstätig waren. Wir waren eigentlich vier Kinder. Erst kam meine älteste Schwester, dann ich und dann meine kleine Schwester Hedwig. Die ist aber in der Masernschlacht, die wir alle drei durchmachten, gestorben. Und dann kam noch ein Mädchen. Aber auch das hat meine Mutter verloren. Ich weiß noch, daß sie entsetzlich traurig war. Ach, ich erzähl Ihnen aber auch alte Klamotten! (Ich protestiere) Nein? Also gut.

Wenn meine Mutter einkaufen ging und mich nicht mitnehmen konnte, dann war das nicht so wie heute. Wir mußten einfach allein bleiben, und wir wußten das. Später hat man mir erzählt, daß ich mich immer hinter die Haustür stellte, durch die meine Mutter rausgegangen war. Und dort hab ich gewartet, bis sie wiederkam, ohne zu weinen. Bin still stehen geblieben und hab gewartet, nur gewartet."

Hedda Ullmanns Entwicklung war klar vorgezeichnet. Da sie gern und talentiert malte, stand außer Diskussion, daß sie Zeichenlehrerin werden sollte.

Sie besuchte die Volksschule, dann die Höhere Schule. Die anschließende Frauenschule war ein unvermeidlicher Umweg, weil die Kunstakademie in Düsseldorf während des Ersten Weltkrieges geschlossen war. Danach absolvierte sie die Kunstgewerbeschule in Essen.

„Und dann hab ich meine Mutter gepflegt bis zu ihrem Tode. Sie hatte Krebs. Ihr Sterben hat gedauert vom Frühjahr bis zum September 1924. Das hab ich so intensiv miterlebt, daß das Jahr 1924 in meinem Leben gewissermaßen das Jahr eins in der Weltgeschichte wurde. Können Sie das verstehen? So stark hat sich mir das eingeprägt. Ich hatte ein ganz liebevolles Verhältnis zu meiner Mutter. Mein Vater wurde in diesen Monaten ins

Fremdenzimmer ausquartiert und ich lag im Bett neben der Mutter und war ganz nah bei ihr. Sie lebte ihr ganzes Leben noch einmal durch. In diesen Nachtwachen erfuhr ich so vieles, was ich nie gewußt habe."

Nach dem Tod der Mutter wechselte Hedda Ullmann auf die Kunstgewerbeschule in H. Dort hatte eine Freundin für sie schon eine Wohnung gemietet. An dieser Schule übernahm sie schließlich die Leitung der Weberei und ihre Freundin die Färberei in der gleichen Abteilung. Hier lernte sie auch ihren späteren Mann kennen, ein Künstler wie sie. An die folgenden Jahre der nationalsozialistischen Herrschaft erinnert sie sich mit Schrecken.

„Wer die Augen aufgemacht hat, der konnte bestens Bescheid wissen. Daß es intelligente Menschen gibt, die heute immer noch sagen ‚Wir wußten das alles nicht', kann ich nicht begreifen."

Hedda Ullmann stellte sich schützend vor ihre jüdische Freundin, ohne verhindern zu können, daß sie entlassen wurde. Die Freundin konnte sich noch rechtzeitig ins Ausland absetzen. Und dann begann der Zweite Weltkrieg.

„Mein Mann war nie Soldat gewesen, weil er gesundheitlich zu schwach war, um als richtiger Soldat zu dienen, und außerdem war er unabkömmlich. Denn an der Schule sollte keine Abteilung geschlossen werden. Die hatte einen außerordentlich guten Ruf zu verlieren. Natürlich kam ein neuer Direktor, ein ganz scheußlicher Nazi, aber er respektierte uns. Der war ja Laie auf unserem Gebiet, und in gewisser Weise bewunderte er uns. Und wir, wir wichen ihm aus. Bloß keine Kritik äußern! Das konnte man ja nicht machen, war ja unmöglich! Dieses Doppelspiel machte das Leben schwierig. Wir haben abends zusammengesessen und den Feindsender gehört. ‚Hier spricht die Stimme Amerikas!' Man konnte schon einiges tun, wenn man gewollt hat. Man konnte auch stumm sein und sich raushalten, so lange es ging. Das macht mich heute immer so traurig, daß keiner dazu stehen will.

Na ja, und dann, nach Kriegsende, haben wir eben den Übergang miterlebt bis die Russen kamen, als diese neue Welt anfing. Mein Mann strebte immer schon danach, hierher in den Westen zu kommen. Hier lebte sein Lehrmeister, und hier ist er auch ausgebildet worden. Und so sind wir 1950 rübergekommen.

Wir mußten es heimlich tun. Das heißt, wir haben alles verloren. Was Sie hier sehen an Mobilar, ist ja alles zusammengestümpert."

„Und was haben Sie selbst dann gemacht hier im Westen?"

– lange Pause –

(zögernd) „Ja, ich hab ja schon drüben in der Kunstgewerbeschule aufgehört zu arbeiten. Mein Mann wollte nicht, daß ich noch weiter arbeitete. Das war noch eine andere Welt damals. Er hat gesagt: ‚Wir können von dem leben, was ich verdiene.' Da hab ich eben aufgehört. Ich hab ihm ja auch viel bei seiner Arbeit geholfen. Sie glauben gar nicht ... wenn er morgens wegging und sagte: ‚Wenn heut von der Schriftgießerei in Berlin die Korrekturen kommen, dann mach's doch schon auf. Heut abend machen wir die Korrekturen zusammen, und dann bist du schon informiert und kannst mir einen Tip geben, wo noch was geändert werden muß.' Ich hab' richtig viel mitgearbeitet. Ich hab sogar ne Briefmarke gezeichnet. Er hat nen Preis dafür bekommen, denn er hat die Beschriftung und alles drumherum gemacht. Aber die Marke ist nie ausgeführt worden."

„Das war also eine Arbeit von Ihnen beiden gemeinsam?"

„Ja, aber das erschien immer nur unter seinem Namen. Nein, nein, *er* ist der große Künstler. Das war für mich gar keine Schwierigkeit, ihm zu helfen."

„Ja, hat es Ihnen denn nicht leid getan, daß Sie ihre Berufstätigkeit so ganz aufgegeben haben?"

(aus tiefster Seele) „Doch! Furchtbar! Furchtbar! Ich war wie gestört, irgendwie krank. Ich hatte mir zuerst auch noch ne kleine Werkstatt eingerichtet bei einer alten Frau. Dort ist noch ein Teppich entstanden. Aber dann mußte ich diesen Raum wieder aufgeben.

Ja, die Kunstgewerbeschule – das war für mich die schönste Zeit, für mich und meine Begabung die erfüllteste Zeit. Aber wenn man einen Mann heiratet, der künstlerisch einen großen Kopf hat, dann hat es gar keinen Sinn, daß sich die Frau eine eigene Aufgabe sucht. Oder sie muß sich trennen. Anders geht das einfach nicht. Sonst wird sie untergeackert."

Über die Jahre danach möchte sie nicht reden, jedenfalls nicht bei laufendem Tonband. Es fällt ihr sichtlich schwer, das Fortgehen ihres Mannes in Worte zu fassen. Keine Spur von Vorwurf, nur schlichte Beschreibung der Fakten. Er ging in eine andere Stadt, an eine andere Schule, (ich muß vermuten) auch zu einer anderen Frau. Sie blieb. Vor allem blieb sie ihm treu. Und sie wartete. Und das hatte sie ja frühzeitig gelernt, als Kind hinter der Tür, durch die die Mutter zum Einkaufen verschwunden war.

„Das hat er wohl gewußt, daß er mich halten kann, daß meine Treue unverbrüchlich ist." Und wie die Mutter immer wieder zurückkam, so kam auch er, bloß stand die Dauer des Bleibens und Gehens im umgekehrten Verhältnis zueinander. Ergeben richtete sie sich in diesem Leben ein.

„Ich kann gut allein sein. Ich kann gut – hören Sie richtig zu – gut allein sein. Es ist ganz merkwürdig. Ich hör immer wieder von Ehepaaren, die glücklich sind und alles ist wunderbar. Aber wenn dann der Mann stirbt oder umgekehrt, dann ist der Teufel los. Einfach, weil sie sich im Laufe der Jahre ganz verfangen haben in Gegenseitigkeit. Und das, das darf nicht sein! Das darf nicht sein! Jeder muß Persönlichkeit bleiben, das ist ganz furchtbar wichtig. Schauen Sie sich die Generation um die 40, 50 an, die abends vor dem Fernseher sitzt und kaum weiß, was drin ist, die gar nicht mehr kritisch ist, keine eigenen Gedanken mehr hat. Gräßlich! Sobald sie allein sind wie ich, fangen sie an, armselig zu werden, weil sie gar nichts mit sich anfangen können. Anfangs bedauerten mich alle. Aber mir ist es lieber, ich bin allein. An nahestehenden Menschen hab ich faktisch niemanden in dieser Stadt. Die sind entweder weggestorben, oder sie wohnen weiter weg. Sonnabends und sonntags telefonier ich am meisten mit ihnen. Ich krieg alle Geschichten von meinen Freunden berichtet, wo sie auch wohnen. Und so nehme ich an ihrem Leben teil. Das beschäftigt mich, so daß ich dieses Gefühl des Alleinseins gar nicht habe. (leicht erstaunt)

Mein Tag ist auch viel kürzer geworden. Ich schlafe viel mehr als früher. Ich schlafe unter Umständen neun Stunden mit Unterbrechungen. In der Nacht muß ich mindestens fünf-, sechs-, siebenmal raus, schlafe aber immer wieder ein. Und morgens bin ich ganz steif. Dann brauch ich zum Aufstehn und Waschen zwei Stunden! Stellen Sie sich das mal vor! Und dann koch ich mir mein

Haferflockensüppchen. Ja, früher hab ich über die gelacht, die Haferflockensüppchen gegessen haben. Jetzt lach ich überhaupt nicht mehr. Ich kann gar nicht mehr davon lassen. Und sehr oft ist vormittags mein Herz so schwach, daß ich, wo ich geh und steh, einschlafe. Und dann (sie flüstert, als ob's verboten sei, was nun kommt) schlaf ich nachmittags noch mal. Dadurch ist der ganze Tag viel kürzer geworden. Raus geh ich gar nicht mehr. Was mich daran hindert, ist mein offenes Bein. Das erschwert mir das Gehen so sehr.

Der ganze Freundeskreis wollte mich schon in ein Heim bringen. Aber ich hab gesagt: ,Laßt mich bloß zu Hause! Ich brauch das Bild an der Wand, den Blumentopf auf der Fensterbank. Die machen mich gesund. Laßt bloß den Blödsinn. Und außerdem muß ich noch meinen Nachlaß ordnen! Aber wissen Sie, was ganz entscheidend dafür war, daß ich so nen Dickkopf hatte, als mich alle reinstecken wollten ins Altersheim? Ich wollte damals eine Bekannte besuchen. Die lebte in so einem Heim. Ich hab sie also dort gesucht und mußte durch lauter Gänge gehen. Da saßen die alten Frauen auf den Fluren, in jedem Alter, guckten mich alle an und redeten kein Wort. Keine Unterhaltung, nichts. Und Blicke – (mit entsetzter Stimme) so leer, so leer, so traurig, so leer! Es war nicht auszuhalten. Und da hab ich gedacht: Niemals! Bloß nicht! Nicht, solange ich noch klar denken kann. Da laßt mich ruhig noch meinen Blumentopf erkennen auf der Fensterbank. Im Heim, da wäre mir alles genommen, was mir sonst immer geholfen hat bei meinen Krankheiten, meine warme Umgebung wäre mir genommen. Dort wäre alles kalt und fremd. Und darum sitzen die alle so elend in den Heimen herum, haben alles geleckt sauber und schön und gut und sind im Grund ganz Einsame."

„Wie ist das eigentlich, fühlen Sie sich so alt wie Sie sind?"

„Eigentlich erst jetzt, seit ich mich innerlich bereithalte und rüste für meinen Tod."

„Seit es Ihnen gesundheitlich schlechter geht?"

„Noch nicht sofort. Erst, als ich dann gemerkt hab, daß es einfach das Alter ist und eben keine Krankheit, seit der Zeit fühl ich mich älter. Ja, ich fühl mich älter. Jetzt merk ich dauernd, daß dies und das nicht mehr geht, zum Beispiel Reisen machen, zu Freunden fahren und so. Weil ich aber jetzt mein Alter akzeptiert hab, darum bin ich so völlig frei, daß ich von meinen Sachen nach und nach was weggeben kann. Ich klammere mich gar nicht mehr daran. Ich fände es nur wunderschön, wenn ich so lange leben dürfte, bis ich alle meine Sachen an die richtigen Menschen weitergegeben habe.

Eins ist überdies merkwürdig: Ich träume enorm viel und wunderschön. (gedehnt) Ich träume! (emphatisch). Seit zwei Jahren bin ich so krank. Seither habe ich unbeschreiblich schöne Träume gehabt. Ganz klare Erinnerungsträume, richtige Abschnitte von einem Weg, den ich 70 Jahre nicht mehr gegangen bin, Spaziergänge in den Ferien, manchmal sogar an einer bestimmten Stelle bestimmte Gespräche, die ich damals gehabt hab. Ganz komisch, ganz komisch. Und dann denk ich oft, da bist du doch überhaupt nie mehr gewesen, und doch weißt du noch genau, wie das aussieht? Was für ein Computer ist eigentlich der Körper, der das alles aufnimmt und wieder auswirft, wenn er Lust hat? Allmählich läßt es nach, daß ich mir die Träume gut merken kann. Aber den von letzter Nacht, den wollte ich Ihnen noch erzählen. Ich dachte noch, da bin ich doch nie gewesen: Riesenräume, die leer waren. Eine Architektur, die kann ich mir gebaut gar nicht vorstellen. So viel Platz, solche Weite. Wie Gotteshäuser, wie Kirchen. Und ein so wunderbares Licht, so wunderbares Gestein. Formationen, in denen ein Raum in den anderen greift, mit einer Art Kuppel darüber. Und da bin ich durchgegangen. Das war einfach unbeschreiblich! Ich hatte so ein Gebäude noch nie gesehen. (Sie flüstert) Wunderbare Gebäude, wunderbare Gebäude.

Und darum glaub ich ... nein, ich weiß es, daß es auf mein Ende zu geht. Aber ich gehöre nicht zu denen, die Angst davor haben ... nein, nein ... (nachdenklich) ... Ich hab keine Angst ... Die hab ich gar nicht."

„Die ist auch nicht mehr die Jüngste"

Mit den Augen der anderen

Ab wann ist eine Frau alt?

Kindermund

Manuela, 10 Jahre: „Ich glaub, mit 60 oder so.“

Judith, 10 Jahre: „Mit 20, ja, mit 20.“

Bettina, 11 Jahre: „Ooch, ich würd' sagen mit 50.“

Olaf, 12 Jahre: „Mit 70“

Philipp, 12 Jahre: „Oje, das ist schwer. Mit 60 würd' ich sagen.“

Michel, 11 Jahre: „Ab 30 is ne Frau alt, ja!“

Für mich ist ein Mensch alt,

... wenn er nicht mehr so gut gehen kann und auf dem Rücken 'nen Puckel hat.

... wenn er nur im Bett liegt und auch nichts mehr essen kann.

... wenn er nix mehr tun kann.

... wenn die Adern rausgucken.

... wenn er sich auch selbst alt fühlt.

... wenn er nix mehr tut, sondern nur noch in der Wohnung sitzt und meint: „Ja, jetzt kann ich ja nix mehr tun, arbeite ja nix mehr. Was soll ich eigentlich jetzt noch?“

... wenn er auf der Haut Falten hat.

... wenn er nicht mehr so viel ißt und immer dünner wird.

... wenn er langsam und vorsichtig geht.

... wenn er Rente kriegt.

... wenn er graue Haare hat.

10jährige einer Grundschulklasse in Bremen

Mit 60 möchte ich ...

... noch kochen können und Fahrradfahren und Fensterputzen und abwaschen.

... viel machen können und mit anderen zusammenleben.

... noch Sport treiben und daß ich mich nicht so in die Enge drängen lasse.

... noch Reisen machen und daß ich auch noch meinen Spaß hab.

(Zehnjährige einer Grundschule
in der Sendung „Kinder und Co" von Radio Bremen)

Dialog zwischen zwei Zehnjährigen

„Hast Du schon mal dran gedacht, daß Du alt wirst?"
„Nein."
„Warum nicht?"
„Weil ich das ja später selber miterleb'."

„Wenn die Frauen verblühn, verduften die Männer"

Schlaglichter aus Werbung und Wissenschaft
von Hanne Huntemann

„Wenn die Frauen verblühn, verduften die Männer", diese „Lebensweisheit" aus dem Volksmund ist offenbar Leitmotiv für Werbetexter, wenn es darum geht, Frauen teure Cremes gegen Fältchen einzureden. Selten wird dabei so verletzend mit zweierlei Maß gemessen wie bei der Kosmetik-Anzeige von Endocil: „Ein

Mann darf Falten haben. Eine Frau nicht." Abgebildet ist ein sportlicher Herr mit zerknittertem Gesicht, der eine hübsche, junge Frau besorgt taxiert, ob er sich wohl nicht mit ihr sehen lassen kann.

Fast jede Anzeige für Hautcremes warnt mehr oder weniger versteckt vor Falten, die Alter symbolisieren, und damit verbunden den Verlust von Attraktivität.

So mahnt zum Beispiel die Firma Jade zur Eile: „Warten Sie nicht auf Ihre ersten Fältchen. Jade Hautaktiv für die Haut ab 30." Abgebildet sind jedoch makellos aussehende Frauen von maximal 20 Jahren.

Doch sind dann die Frauen trotz Schönheitsmittel älter geworden, haben sie für Werbezwecke so gut wie ausgedient. Höchstens als rührende Omis sind sie noch zu gebrauchen, die gütig lächelnd die lieben Enkelkinder mit Cornflakes locken, während der flotte Opa mit den Kleinen spielt und bastelt. Oder sie begegnen uns in traditioneller Rolle mit Küchenschürzchen und Häubchen als „Kühne-Kaltmamsell". Ansonsten sehen wir alte Frauen in der Werbung als bemitleidenswerte Geschöpfe, die schlecht hören, krank und einsam sind. Da kann nur noch der Hörgeräte-Akustiker helfen oder ein Telefon-Anruf von den Kindern.

„Einmal Oma hin und zurück", kann man bei Interrent buchen, das heißt nur den Mietwagen, die Oma – bei der's dann zum Kurzbesuch Kaffee und Kuchen gibt – muß man schon selber haben.

Dagegen sind die Männer im vorgerückten Alter Pfundskerle, die mitten im Leben stehen. Sie werden in der Werbung als sportliche, abenteuerlustige Persönlichkeiten dargestellt, die in der Welt der Jugend zuhause sind.

So agiert zum Beispiel auf einer Anzeige für Zigarettentabak ein bärtiger alter Herr mit einem – von Jugendlichen bestaunten – Oldtimer-Motorrad und fescher Ledermütze.

Auf den typisch männlichen Geschmack gekommen sind offenbar auch die von Wind und Wetter gegerbten Cowboys im besten Mannesalter, die verwegen von den Marlboro-Anzeigen lächeln. Sie genießen etwas, was nur harten Männern vorbehalten ist: „Marlboro. Der Geschmack von Freiheit und Abenteuer."

Würde man den Spieß einfach umdrehen und die Männer der beiden letzten Beispiele durch gleichaltrige Frauen austauschen, das Ergebnis wäre geradezu lächerlich und gäbe maximal Stoff für einen deftigen Stammtischwitz. Was die Diffamierung alternder Frauen betrifft, so befinden sich die Werber in guter akademischer Gesellschaft. Denn auch Mediziner sparten von jeher nicht mit Spott und Abscheu. So findet ein Herr Möbius im Jahre 1905, daß durch ihren „Schwachsinn die Bosheit unverhüllter zutage tritt" und „ihre Häßlichkeit sie berechtigterweise hassenswert erscheinen läßt". Kurz gesagt, sie sind einfach „griesgrämig, böswillig, lügenhaft, prahlerisch und klatschsüchtig" (Dr. Bauer, 1924). Man sollte es nicht glauben, aber auch heute gibt es noch Mediziner, wie zum Beispiel H. Schaefer, der wissenschaftlich verbrämt Ungeheuerlichkeiten über alternde Frauen veröffentlicht. So müsse sie mit einem Defizit an „mathematisch-logischer Potenz" leben, welches sie nur mit größerer Emotionalität ausgleiche. Zu diesem intellektuellen Manko komme noch das „Defizit einer rasch verfallenden Schönheit" hinzu, „eine Tatsache, welche die Stabilität der Ehen alter Menschen sicher bedrohe."

Bei der zukünftigen Frauengeneration sieht Schaefer noch schwärzer, denn die Emanzipationsbestrebungen lasse die Frauen aus der Rolle fallen, „die ihnen die Natur zugewiesen hat". Als negative Konsequenz prophezeit er absinkende Lebenserwartung und höhere Infarktraten.

Und schließlich kann man in der klassischen Psychoanalyse bei Freud nachlesen, daß bekannterweise „Frauen, nachdem sie ihre Genitalfunktion aufgegeben haben, ihren Charakter in eigentümlicher Weise verändern. Sie werden zänkisch, rechthaberisch, kleinlich und geizig ..."

Die Reihe dümmlich-abfälliger Bemerkungen über alte Frauen könnte unendlich fortgesetzt werden, denn Schriftsteller, Liedtexter und Witzeschreiber bedienten sich schon immer gerne dieses unerschöpflichen Themas der „zickigen Alten". Fast könnte man meinen, eine männliche Verschwörung wäre angetreten, um einem Teil der Gesellschaft das Recht auf Menschenwürde abzuerkennen.

Daß die betroffenen Frauen gar nicht oder nur selten auf die Idee kommen, sich gegen solche Beleidigungen zur Wehr zu setzen, ist die fatale Folge eines lebenslangen Prozesses. Schon als kleine Mädchen werden sie zu größerer Ängstlichkeit, Unselbständigkeit und Abhängigkeit erzogen und entwickeln zwangsläufig ein geringeres Selbstwertgefühl als Jungen. Später wird ihnen dann ein Ideal nach dem anderen präsentiert, dem sie zu entsprechen haben: Erst schön und attraktiv, um den Mann fürs Leben zu finden, dann bescheiden und aufopfernd als Hausfrau und Mutter, die kein Bedürfnis nach eigenen Interessen zu haben hat.

Kommt sie dann in die Jahre, in denen sie nicht mehr dem Prototyp einer attraktiven Frau entspricht, keine Kinder mehr gebären kann und womöglich noch den Mann verloren hat, dann muß sie erleben, daß sie für die Gesellschaft wertlos geworden ist.

Wer in unserer Gesellschaft als Frau alt wird, muß sich auf doppelte Diskriminierung gefaßt machen. Nach Untersuchungen von Professor Ursula Lehr, Altersforscherin an der Universität Bonn, werden Frauen bereits „zehn bis 15 Jahre früher in die Gruppe der ‚Alten', ‚Ausgedienten', die ‚ihre Pflicht getan haben' eingruppiert als Männer". Und von „der Frau generell, von der älteren Frau aber im besonderen Maße, wird weniger Aktivität, Unternehmungsgeist, Eigeninitiative, Expansionsstreben erwartet, als vom älteren Mann."

Zu diesem Thema schreibt Doritt Cadura-Saf, 54 Jahre, in ihrem Buch „Das unsichtbare Geschlecht": „Als Frau unter den Bedingungen dieser Gesellschaft alt zu werden, ist ein Skandal. Die besten Dinge des Lebens werden ersatzlos gestrichen. Es gelingt mir nicht mehr, so zu tun, als könnte ich Liebe, Zärtlichkeit, Tanzen, Lachen durch tiefere, geistige Inhalte ersetzen, als könnte ich Einsamkeit durch Arbeit kompensieren, als könnte ich klaglos Verzicht und stumme Trauer noch als den Prozeß meiner menschlichen Reifung ausgeben. Und es wird mir sicher nicht gelingen, aus dieser ganz und gar schlechten Situation das beste zu machen, wie die gängige Literatur über das Altern empfiehlt. Niemand kann richtig im Falschen leben".

Je nachdem
Ansichten von Elke Heidenreich

Aus meinen Schullesebüchern weiß ich noch, daß der Opa zumeist einen Bart hat und tierlieb ist, und die Oma sitzt gern da und strickt. Mein Freund und ich sind jetzt so um die 40: Er hat einen Bart und ist sehr tierlieb, ich stricke neuerdings ganz gern mal. Sind wir nun Oma und Opa?

Unsere Mütter sind Mitte 60 und Mitte 70. Die eine kauft sich Platten von Hannes Wader und hat einen Stand auf dem Flohmarkt, die andere trägt kirschrote Wildlederschuhe und einen himmelblauen Ledermantel und wandert täglich bis zu vier Stunden durch die Wälder, also, sind das nun Omas?

Sabine ist die Tochter meiner Freundin, sie ist sechzehn und hat null Bock auf nichts, sie liegt am liebsten mit Kopfhörern im Bett und hat auf ihrer Schultasche einen Aufkleber: Zukunft – nein danke. Ist das vielleicht die neue Art Oma?

Gregor ist knapp siebzehn, er trägt Nadelstreifenanzüge, Golfschuhe und weiß alles besser. Wenn er mich sieht, zieht er seinen Hut und sagt „hallo, meine Liebe", er hat die Klamotten, das Aussehen und die Manieren von 1910 – der neue Opa?

Es ist alles so schwierig geworden! Da gibt es nun die neue Feuchtigkeitscreme, und man kriegt überhaupt keine Falten mehr, und dann sagen die Leute: „was, du bist schon vierzig, das hätte ich niiiiiie gedacht", ja, wofür werde ich denn dann älter, wenn es keiner merkt? Auf Fotos, die mich mit fünfzehn zeigen, trage ich spitze, hochhackige Schuhe, Nylons mit Naht, enge, schwarze, hinten geschlitzte Röcke, Nagellack, Lippenstift, Perlmuttohrringe und Taftblusen. Heute tragen das die Fünfzehnjährigen auch schon wieder und sehen viel älter aus als ich, aber: „den Frühling auf den Locken und den Winter im Herzen ..."

Oma Rapel ist erst Anfang 60 und sieht aus wie 120, weil sie acht Kinder großgezogen hat und immer schwer arbeiten mußte, und nun lebt sie – ja, wovon? Wir sagen: von einer Tasse Luft. Frau Fleischhauer ist Anfang 30, hat viel Geld und eine Fußbodenheizung, aber sie fühlt sich wie 60, weil das Leben an ihr vorbeirauscht und sie sitzt in ihrer Eigentumswohnung und wird alt vom Zugucken.

Meine Freundin ist Mitte vierzig und liest und rennt und lacht und lebt und liebt und arbeitet und kocht und hört Musik und wird immer jünger, weil das Leben ihr nur so aus den Augen rausguckt, und Irene ist genauso alt und stöhnt, daß ihr alles irgendwie zuviel ist, und die Beziehung zu Robert ist auch kaputt, also sowas von kaputt, und der Beruf befriedigt sie nicht, und überhaupt, hat denn alles noch einen Sinn, heute geht's ja noch, aber worüber grämen wir uns morgen? Ach, ach ... Am Anfang dachte ich, Irene wäre Ritas Mutter, aber sie sind gleich alt.

Gestern hatte ich übrigens meinen 18-Jahre-Tag mit dem neuen Pullover, der guten Nachricht und der blendenden Laune, aber heute bin ich 70, friere, die Hände tun mir weh von meiner falschen Methode, zu tippen, die Haare sind klebrig und ich bin lahm und muffig. Mal sehn, wie alt ich morgen bin?

Das Alter? Immer nur eine Frage der Umstände. 24 Stunden vor der Pensionierung ist Herr Fischer vollwertiges Mitglied der Gesellschaft mit Anspruch auf Lohn, 24 Stunden danach wird er mit Opa angeredet, ist alt, nutzlos und kriegt eine Gnadenrente. So sieht das aus.

In einem Heftchenroman steht: „Sie war zwar schon 38, aber noch immer erstaunlich attraktiv." So sieht das aus?

In der Zeitung las ich eben: „Trotz seiner 70 Jahre ist der Jubilar noch erstaunlich rüstig." Der Schreiber solcher Zeilen scheint mir erstaunlich alt.

Man hat längst beschlossen, was das ist, alt.

Ich habe aber beschlossen, daß ich 16, 35, 60 und 100 bin.

Je nachdem.

An Lina Carstens im Überall

Ein Brief von Siegfried Wischnewski

Lina, du Wunderbare, Du Entschwundene!

Ich weiß, Du schaust mir über die Schulter, während ich Dir schreibe. Das hemmt mich ein wenig. Aber es gibt wohl keinen andern Weg für Dich, diesen Brief zur Kenntnis zu nehmen.

Der Zeitablauf, mit dem wir uns in dieser Wirklichkeit zu orientieren versuchen, ist sicher nichts anderes als eine Krücke. Also bist Du da und liest, was ich schreibe. Du hörst, was ich sage, und ich höre, was Du sagst. Alle haben zugehört, vor Jahren, als wir in München im Cafe Feldherrenhalle einen langen – viel zu kurzen – Nachmittag in Sekt ertränkten.

Du schlugst Sekt vor, als ich Dich fragte. – Wegen des Kreislaufs. In meinem Alter, verstehst Du. – Ich sagte: Also trinken wir Nuttensprudel.

Da brach aus Dir ein Lachen, das die phalloiden Türme der Frauenkirche zum Schwanken brachte.

Du schriest, ja Du schriest: Nuttensprudel, das gefällt mir.

Dann rücktest Du näher zu mir, Deine Augen blitzten blau (alle Farbanalytiker, die behaupten, blau sei eine kalte Farbe, sind Idioten, das wußte ich jetzt), Deine hungrigschmollende Unterlippe schob sich vor – und Du erzähltest – flüsternd – was Dir bei Sekt alles einfiel aus Deinem wundervollen Leben.

– Ich war die Femme Fatale *von Leipzig! –*

Du erzähltest und erzähltest. Geflüster. Aber ich hatte den Eindruck, es verstünde jeder der Cafehausgäste jedes

Wort. Mir war, als läge ich mit Dir im Bett und Du schwärmtest von Deinen Liebhabern und Verehrern.

Weißt Du noch? Unser erstes, intensives Zusammensein. Wir drehten zusammen in Irland. Beide dachten wir: Der Film soll uns in Ruhe lassen. Wir wollen nicht drehen, nein, wir wollen Hand in Hand über den Strand von Port-Marnock wandern und sprechen. Landeinwärts gab es Dünen, dahinter die sanften Grasteppichmulden eines vergessenen Golfplatzes. In diesen grünen Betten sollte man Besseres tun als Golf spielen. Als ich das dachte, sahst Du mich an – und Du nicktest. Gib es zu, Lina, Du dachtest dasselbe wie ich.

Und Du, meine entzückende Freundin, warst damals zwischen siebzig und achtzig. Du Wunder.

Das Cafe Feldherrnhalle schloß damals um neunzehn Uhr. Neunzehn Uhr war längst vergangen. Es gab keine Gäste mehr außer uns. Und das gesamte Personal, Mädchen und Frauen, junge und ältere, die Deine Enkel und Töchter hätten sein können, standen um unseren Tisch herum, hörten zu und wünschten sich, Du zu sein. Und sie waren auf einmal ein bißchen wie Du: Jung oder alterslos, wie soll man das nennen? Du warst immer alt und jung. Du warst immer meine Mutter, meine Schwester, meine Tochter – leider nie meine Geliebte. Das nehme ich uns übel. Jetzt höre ich Dich sagen: Sei nicht so ungeduldig. Das kann doch noch werden. Euer Zeitablauf ist eine Krücke, an der ihr euch zu orientieren sucht. Das ist alles ganz falsch, im Grunde falsch. Ich bin immer da.

Es war inzwischen neun Uhr geworden im Cafe Feldherrenhalle. Da sagtest Du: Jetzt muß ich gehen. Ich muß nach Hause. Ich glaube – und wieder die heiß-blauen Blitze Deiner Augen – ich bin auch ein bißchen beschwipst. Weißt Du, in meinem Alter verträgt man nicht mehr so viel.

Wir hatten fünf Flaschen Sekt getrunken.

Komm, sagtest Du, komm, Du mit deinem Nutten-sprudel.

Wir hörten hinter uns die Cafehaustür zuschnappen, und Du lachtest, bis die Türme der Frauenkirche wieder fest und gerade standen.

Wir segelten zum Taxistand. Wir standen auf der Straße neben dem Taxi. Wir verabschiedeten uns. Ich küßte Dich – sehr brav – warum eigentlich – und fragte dann: Darf ich Dich nach Hause bringen?

Da empfing ich von Dir die zärtlichste Ohrfeige meines Lebens. Du streicheltest mich, Deine Hand flatterte wie ein junger Vogel über mein Gesicht. Du sagtest: Ich bin über achtzig, Du dummer Bub.

Du sahst aus wie achtzehn, tauchtest in das Taxi, das – glaube ich – schon lange gewartet hatte.

Auf bald, meine kleine Lina, meine Wunderbare.
Ich umarme Dich.

Dein S. W.

Die Landschaft meines Gesichts

Ein Selbstporträt gezeichnet von Gisela Breitling

Ich betrachte ein Gesicht. Die Lampe habe ich so gestellt, daß die Schatten unter den Augen deutlich hervortreten, die beiden Linien rechts und links des Mundes sich vertiefen und die Dunkelheit unter dem Kinn einen bläulichen Schimmer bekommt. Auf der Unterlippe gibt es einen Lichtreflex. Ich möchte, daß das Gesicht wie eine Landschaft aussieht. So drehe ich weiter die Lampe hin und her, bis Wölbungen und Vertiefungen mit ihrem Hell und Dunkel besonders klar herauskommen. Dieses Gesicht ist im landläufigen Sinne nicht schön, aber das ist mir gleichgültig. Ich habe eine bestimmte Absicht mit ihm. Es erscheint im Spiegel. Davor sitze ich mit meinem Zeichenblock und versuche, die Licht- und Schattenpartien nachzuzeichnen.

Ich betrachte das Gesicht mit großer Distanz. Was mich daran interessiert, hat mit dem Gegenteil von dem zu tun, was normalerweise als weibliche Schönheit gilt: es sind die Vertiefungen, Wölbungen, Rinnen, Dunkelheiten, die mich beschäftigen. Die Landschaft dieses Gesichts ist eine Landschaft des Älterwerdens, des Alterns.Meine Arbeit zeigt, was normalerweise für ein weibliches Gesicht tabu ist: die Zeichnung, die das Leben selber dort eingraviert hat. Aber daran denke ich nicht, während ich arbeite. Meine Aufmerksamkeit gilt Hügeln und Tälern, Vertiefungen, Lichtpartien und der Frage, wie mein Bleistift in der Lage ist, sie zu verdeutlichen, welche Art Form er für sie findet.

Meinem eigenen Gesicht gegenüber bin ich vollkommen frei. Es muß nicht gefallen; nur ich selber bin es, die es betrachtet und mit ihm verfährt nach eigenem Gutdünken.

Während ich zeichne, denke ich flüchtig an einige Gesichter, Gesichtslandschaften, die ich aus der Kunstgeschichte kenne: Selbstporträts. Es sind Gesichter von alten Männern. Die Selbstbildnisse von Rembrandt, das Doppelselbstporträt von Caravaggio, der sich als David und Goliath zugleich gemalt hat, sein Jugendgesicht und ein entstelltes, verzerrtes Altersgesicht, das Haupt des Goliath.

Die Freiheit meinem eigenen Gesicht gegenüber ist ein Recht, das ich mir mühsam erworben habe und immer wieder neu erwerben muß. Die Spuren des Lebens, von denen es gezeichnet ist, haben für dieses Gesicht offensichtlich andere Konsequenzen als für Gesichter von Männern. Je deutlicher die Zeichnung meiner Lebensjahre in ihm zu erkennen ist, desto weniger entspricht es den Anforderungen, die an ein weibliches Gesicht gestellt werden. Es scheint, als ob dieses Eigene, das gelebte Leben, Weiblichkeit mindert, Frauen weniger attraktiv, weniger weiblich, weniger anziehend macht. Als habe ein weibliches Gesicht nicht das Recht, gelebtes Leben in sich auszudrücken. Offenbar bildet solch Eigenes, Unverwechselbares und Untilgbares einen Widerspruch zum Weiblichen selber. Einem Gesicht ist nichts so zugehörig und unveräußerlich wie das Leben, das jemand gelebt hat. Den Anforderungen, die an ein weibliches Gesicht, an eine weibliche Gestalt gestellt werden, nachkommen, heißt jedoch, stets offen sein für Spuren, die von anderswoher diesem Leben aufgeprägt werden können, also keine Spuren eigenen Lebens zeigen.

Während ich mein Gesicht zeichne, denke ich nicht an diese Anforderungen. Ich zeichne es, wie ein Stilleben oder einen Faltenwurf, fast ohne Anteilnahme, bin einzig interessiert an den Vertiefungen, Rinnen und Wölbungen, den Schatten und Lichtflächen. Es ist nicht etwa Beschäftigung mit mir selber, Suche nach meiner Identität oder ähnliches, was mich dazu bringt, mein Porträt zu zeichnen. Oft wäre mir lieber, ich hätte andere Gesichter zur Verfügung. Wenn ich beim Zeichnen oder Malen etwas ausprobieren möchte und dazu ein Modell benötige, bin meist nur ich selber verfügbar. Daß das Gesicht, das ich zeichne, mein eigenes ist, hat nur den einen Vorteil: Ich fühle mich nicht gedrängt oder dem Wunsch ausgesetzt, jemanden, der mir gegenübersitzt, so darzustellen, daß er sich in meinem Bild wiedererkennt. Nur bei mir selber empfinde ich die Freiheit, nach Belieben mit einem Gesicht zu verfahren. (Bei manchen Porträts habe ich erlebt, daß Leute erschrocken sind, weil ich sie anders dargestellt habe, als sie sich selber sehen oder sehen wollen.)

Offenbar besitzen wir verschiedene Arten von Gesichtern.

Eines von ihnen ist das, mit dem wir auftreten, ein Gesicht, das sich messen lassen muß, sich bewähren muß in einem Wettbewerb, den eine terroristische Schönheitsindustrie inszeniert und Frauen in Konkurrenz gegeneinander zwingt. Für Männer gelten andere Gesetze. Sie müssen keinem weiblichen Anspruch genügen. Bei ihnen ersetzen Status, Macht, Geld jeden Mangel ihrer körperlichen Erscheinung. Was sie sind, reflektiert nur ihre Position unter Männern. In keinem Zusammenhang beziehen sie sich auf Frauen.

Wir werden von alten Männern regiert. Alte, oft unattraktive Männer sind es, die in dieser Welt die größte Macht besitzen. Das Patriarchat ist ein System, das über Frauen und die männliche Jugend herrscht, Frauen und Jugendliche definiert, manipuliert. Frauen und die Jugend, Frauen und Kinder gelten als Synonyme und sind Objekte männlicher Herrschaft.

Wenn vom Altern oder vom Älterwerden die Rede ist, muß deutlich gesagt werden, wie unterschiedlich das Erlebnis des Alterns für Frauen und Männer aussieht.

Mit dem Bild der Weiblichkeit ist das Bild der Jugend verknüpft. Was in der Erscheinung der Frau dem Anspruch auf Jugendlichkeit widerspricht, gilt als unweiblich. Eine Frau, die älter wird, wird im Verständnis unserer Kultur zur Nicht-Frau.

Dabei sind die Ansprüche auf Schönheit und Ästhetik, wie sie an die Frau gestellt werden, keine, die Frauen selber formuliert haben, keine weiblichen Utopien, bedeuten kein weibliches Ich-Ideal. Sie sind für andere Interessen, andere Vorstellungen und Lebensentwürfe geprägt worden, für die von Männern. Die Entwicklung des weiblichen Ichs ist permanent konfrontiert mit Anforderungen, die nicht von Frauen stammen, denen sie aber ohne eigene Wahl zu entsprechen haben.

Solange eine Frau jung ist, dient das Bild, dem sie da gleichen soll, dazu, sie seinerseits zu diskriminieren, d.h. eine Frau, die schön ist, attraktiv, jugendlich, ist damit nicht etwa Mensch in dem Sinn, wie die vom Mann her gesehene menschliche Identität. Ihr am jeweiligen Frauen-Ideal orientiertes Aussehen, also die Prägbare, Formbare, der Autorität des Mannes, seinen Wünschen entsprechende, wird gerade um ihrer reduzierten Autonomie willen nicht wirklich ernst genommen. Wie immer eine Frau sich innerhalb der Maßstäbe orientiert, die in unserer Gesellschaft für sie gelten, sie verliert ständig; denn auch die so begehrten und bewunderten Pin-Ups, die in perfekter Weise diesen Ansprüchen gerecht werden, werden nicht geachtet, sie sind Fetische, deren Persönlichkeit nur in der perfekten Darstellung eines männlichen Entwurfs besteht.

Frauen wie Brigitte Bardot, Rita Hayworth oder Marilyn Monroe postulieren keine von weiblichem Selbstverständnis geprägten Bilder. Sie illustrieren nur männliche Wunschträume, männliche Wahngebilde. Wenn solche Frauen (aufgrund des für alle Menschen natürlichen Vorgangs des Alterns) die Rolle von Idolen nicht mehr spielen können, werden sie – sofern von ihnen in der Öffentlichkeit überhaupt die Rede ist – für diese Verfehlung verhöhnt. Es ist nur die traurige Konsequenz dieser Rolle, wenn eine Frau, bevor die Spuren des Lebens – also des Alterns – sich in Gesicht und Körper einzuzeichnen beginnen, wie Marilyn Monroe mit einem Selbstmord den Anspruch an ihre Jugenderscheinung verewigt. Nur so kann sie als Sexgöttin in den Köpfen der Männer weiterleben. Andere Frauen, die einmal Idole von Erotik und Weiblichkeit gewesen sind, wie Greta Garbo oder Rita Hayworth, haben sich in ihrem späteren Leben aus der Öffentlichkeit zurückgezogen und unsichtbar gemacht, damit nicht der Schatten des Lebens als Schatten der Veränderung und Schatten des Alterns auf ihre Gesichter fallen konnte und damit auf die Abbilder, die von ihnen existieren. Rita Hayworth, die offenbar als alternde Frau zur Trinkerin geworden ist, muß nun erleben, daß sie in den Klatschspalten der Regenbogenpresse für das Verbrechen, nicht mehr jung zu sein, bestraft und verhöhnt wird. Niemandem würde es einfallen, sich über den alternden Jean Gabin, über den alternden Humphrey Bogart, den alternden John Wayne in solcher Weise zu äußern.

Wirklich Frau ist die Frau nur, solange sie sich dem Idealbild annähern kann, das die Mode jedes Jahr neu kreiert, solange sie sich erfolgreich übt, eine flexible Identität zu besitzen, eine Ex- und Hopp-Identität, wie sie in Schaufenstern und Modemagazinen, von Kosmetik-Industrie und Werbung alle Jahre neu gestylt wird. Die von Visagisten jeweils entworfenen weiblichen Gesichter bilden die Gebrauchsanweisungen für ihre Erscheinung: eine Wegwerfidentität, die sich alle Jahre wieder an neue Bilder und Visionen anpassen muß.

Da Leben Veränderung heißt, und Altern leben bedeutet und sich in den Gesichtern der Menschen jene Veränderung spiegelt, die ihr Leben ausmacht, ist Altern das Ziel, die Zukunft, die wir alle vor uns haben, und das Bild, das wir dann sein werden, ist unser eigentliches, es ist das, mit dem wir auch sterben werden.

Für Frauen bedeutet das Verbot zu altern nichts anderes als Enteignung vom Leben: von ihrem eigenen Leben. Damit beschreibt es nur die Rückseite der Medaille, die auf ihrer Vorderseite jene entfremdete Vision trägt, die Frauen, solange sie jung sind, zu verkörpern haben. Alles was sich an Eigenem in ein weibliches Gesicht einschreibt, an autonomen Vorstellungen und Lebensentwürfen, denen eine Frau sich zuwendet, mindert ihre Attraktivität und reduziert ihre Aussichten auf Zuwendung, Erotik, Liebe, Geborgenheit, wie die Psychologie sie für einen entwickelten Menschen als lebensnotwendig beschrieben hat. Was Frauen dem Menschenbild annähert, das in unserer Zeit konzipiert worden ist, also dem eines autonomen Ichs, das sein Leben plant und sich arbeitend anderen Menschen oder Dingen oder beidem zuwendet, entfernt sie von der imaginierten Weiblichkeit. Was Frauen zu Menschen macht, mindert ihre Feminität. Frauen, die sich dem von außen angedienten Bild verweigern, werden zu Nicht-Frauen. Älterwerden heißt, sich zwangsläufig von diesem Bild entfernen, zu einem nicht existierenden Wesen werden.

Dorrit Cadura hat ihr Buch über das Altern von Frauen überschrieben mit „Das unsichtbare Geschlecht". In der Tat werden Frauen, die der verordneten Weiblichkeitsrolle nicht mehr entsprechen, unsichtbar.

In ihrem Roman „Der Sommer nach der Dunkelheit" beschreibt Doris Lessing an mehreren Stellen ausführlich, wie die Aufmerksamkeit der Männer wechselt, d. h. entsteht oder schwindet, je nachdem, wie sich die Heldin des Romans kleidet, wie sie auftritt, wie sie geht, wie sie sich gibt, in welcher Signalsprache sie sich äußert. Solange sie die entfremdete Sprache des Weiblichen spricht, wird sie wahrgenommen und – verhöhnt.

Zu keiner Zeit ist Weiblichkeit etwas, das Frauen ein befriedigendes Echo auf ihre Person eintrüge, sie ist immer Begründung für die Verachtung gegenüber Frauen. Frauen werden zu jeder Zeit in ihrem Leben gemessen mit Maßstäben, die ihnen nicht entsprechen. Das wichtigste Charakteristikum, das das Urteil über sie formt, ist die Tatsache, daß sie nicht männlich sind. Alle Eigenschaften, die bei Frauen erwünscht sind – Formbarkeit, Unentschiedenheit, Narzißmus, Autoritätsbezogenheit, Selbstbespiegelung, Eitelkeit, Emotionalität, Ungeprägtheit, gelten nicht als erstrebenswerte menschliche Eigenschaften, aber auf sie ist das Weibliche verpflichtet worden.

Das Altern, also die natürliche Entwicklung jedes Lebens, wird so für Frauen zu einer Art Todesurteil. Dieses Urteil ist nur die Konsequenz ihrer lebenslangen Entfremdung. Das Leben selber ist es ja, das in der Entwicklung zum Alter hin seinen Gesetzen folgt. Einen Menschen von diesem Prozeß zu enteignen, heißt, ihm das Leben selber wegzunehmen. Die Verhöhnung der alten Frau ist eine der brutalsten Ausdrucksformen des Patriarchats.

*

Während ich mein Gesicht zeichne, während ich also den Spuren meines Lebens dort folge, kann ich nicht davon absehen, daß es noch ein anderes Gesicht von mir gibt. Sobald ich mein Arbeitszimmer verlasse und auf die Straße gehe, mich zeige, verliere ich die Freiheit, die ich mit mir allein, mir allein gegenüber besitze. Obwohl ich die Maschinerie der Weiblichkeitsindustrie durchschaue, bleibe ich immer Objekt dieser Mechanismen, unabhängig davon, wie ich mich selber fühle – wenn ich gesehen werde, werde ich mit Maßstäben gemessen, die ich ablehne. Wie genau ich auch ihre lebensfeindliche Sterilität durchschaue, immer bin ich solcher Be- und Verurteilung ausgeliefert.

Mein konkretes Leben entwickelt sich und spielt sich ab in Relation zu diesen Maßstäben. Wünsche nach Zuwendung oder erotischem Erleben werden erfüllbar oder bleiben unerfüllbar, je nachdem, wie ich dem verordneten Bild entspreche. Wenn ich mir meinem eigenen Bild gegenüber, das ich zeichne und für dessen „Un-Schönheiten" ich mich interessiere, frei bin, es annehme, es als mein eigenes akzeptiere, so bleibe ich mit dieser Erkenntnis auf mich selbst zurückgeworfen. Aus dem Umkreis meiner eigenen Identitätsvorstellung kann es nicht hinausgelangen, weil es in dem sozialen System, in das ich gezwungen bin, als ein „Nicht-Bild" erscheint, ein „Un-bild", ein Nichts, das nicht „für wahr" genommen wird.

„Deine Einsamkeit werde ich nie teilen", rief Ingeborg Bachmann den Männern zu, „weil da die meine ist, von länger her, noch lange hin."

*

Durch einen eigenen Entschluß, durch eine andere Einstellung zu mir selber, zu Frauen überhaupt, kann ich dem entfremdeten Weiblichkeitsbild nicht entrinnen. Die verordneten Bilder wirken, sind präsent, ich werde von ihnen verfolgt.

Meine Unabhängigkeit ist daher eigentlich inhaltsleer, eine Freiheit, die ins Nichts zielt, von dem sozialen Zusammenhang weg, in den ich eingebunden bin.

Frauen versuchen zur Zeit zu schildern, daß sie im Alter ein neues Selbstgefühl entwickelt und neuen Lebensinhalt gefunden haben. Damit beschreiben sie den Widerspruch zwischen der Negation weiblicher Individualität und der lebendigen Vielfalt, die die weibliche Lebenswirklichkeit trotz ihrer Reduzierung besitzt. Aber die vereinzelten Lebensentwürfe von Frauen werden in der Gesellschaft noch nicht wirksam.

Noch gibt es kein Identitätsbild weiblicher Freiheit. Gisela von Wysocki hat, ein Wort der Marieluise Fleißner zitierend, von den „Frösten der Freiheit" gesprochen. Sie stellt fest, daß „die Freiheit für Frauen kein anderes Bild vor Augen hat als den Schrecken, den sie hinter sich läßt".

Frauen, die sich ihrer Lage in der gegenwärtigen Gesellschaft bewußt sind, befinden sich noch immer in der gleichen Situation wie Ibsens Nora, als sie ihr Puppenhaus verließ. Wo sie hingeht, bleibt ungewiß. Eigentlich geht sie ins Nichts. Ihr Weggehen ist nur ein Weggehen von etwas, aber nicht ein Zugehen auf etwas anderes. Dieses „Andere" blieb bisher unbeschrieben. Das Bild weiblicher Freiheit, der „Schrecken" bietet mir keine andere Möglichkeit als die Einsamkeit oder „das Nichts" in seiner Totalität anzusehen und mich dem auszusetzen.

Es gibt eine Reihe von Künstler-Selbstporträts, in denen der Tod zu sehen ist. Wenn ich mich auf die Malerei konzentriere, ein neues Bild beginne, muß ich alles vergessen, was ich bisher gemacht und gelernt habe. Nur wenn es mir gelingt, mich dem Unbekannten auszusetzen, kann Neues entstehen. Meine Bildphantasie beginnt dort, wo das Nichts angesiedelt ist. Jede Absicht, alles, was mit Aussage zu tun hat, verunklärt die malerische Arbeit, schiebt sich dazwischen und verfälscht die Malerei, engt die künstlerische Freiheit ein. Mich meinem eigenen Gesicht aussetzen – ein Selbstporträt zeichnen – bedeutet leer werden, kein Bild zulassen, das mich von anderswo her bestimmen könnte. Der Tod auf dem Selbstporträt ist Metapher für diese Leere. Das Doppel-Selbstporträt von Caravaggio, der sich als David und Goliath zweimal dargestellt und mit seinem Jugendbild sein Altersbild besiegt hat, meint nichts anderes.

Wenn also unsere Freiheit eine inhaltsleere ist, eine, die sich noch kein Bild gemacht hat, ist gegenwärtig umgekehrt das Nichts, die Leere unsere einzige Freiheit. Vertrautheit und Zugehörigkeit, die wir uns wünschen, sind noch immer die Fesseln, die uns dazu überreden, uns in den Gefängnissen der Weiblichkeit einzurichten.

In Gertrud Colmars Gedicht „Die alte Frau" heißt es:

„... aber es kam der Tag und die Stunde kam
da das bittere Korn in Reife stand
da ich ernten mußte
und die Sichel schnitt in meine Seele
Geh, sprach ich, Lieber geh ..."

Diesen Abschied formuliert auch Ingeborg Bachmann: Undine geht, begibt sich fort aus der Welt des Tages und der Sonne, ins Wasser hinunter, in das „andere" Element.

Das Wagnis eines solchen Abschieds von fremden Bildern ist größer und radikaler als alle Versuche, sie für unsere Bedürfnisse ein bißchen zu modeln.

Mit diesem Abschied beginnt die Freiheit der Frauen. Wenn wir uns aufmachen, ein neues Bild der Weiblichkeit zu entwerfen, müssen wir uns einer vollkommen leeren Bildfläche aussetzen. Was auf dieser Fläche entsteht, wäre dann ein Bild, das von *uns* berichtet. Es würde keine weibliche Lebensphase mindern oder absolut setzen.

„Haben Sie schon mal in den Spiegel gesehen?"

Über Falten und andere Zeichen

Torschlußpanik

Ein Gedicht von Fee Zschocke

Seit meinem zwanzigsten Lebensjahr
warte ich darauf:
Torschlußpanik!
Du bist erledigt
aus
abgetakelt
vergessen
dich will keiner mehr!
Jetzt bin ich vierzig
und warte noch immer.

Torschlußpanik!
Irgendwie spricht sich das
mit einem Ausrufezeichen
dahinter:
Hilfe! Torschlußpanik!
Also:
Eine Tür fällt ins Schloß
und du kriegst Panik.

Aber warum zum Teufel
sollen denn Tore zugehen
nur weil du älter wirst?
Ganz im Gegenteil:
immer mehr Türen öffnen sich
zu immer neuen
Erkenntnissen
Erfahrungen
Phantasien
Möglichkeiten

Auch wenn du fünfzig bist
oder sechzig oder gar achtzig,
Es sei denn
du hast dein Leben zu einem
Gefängnis gemacht:
Türen zu und basta!
Bist nicht mehr offen für
gar nichts

sitzt da und merkst nicht,
daß das Isolationsfolter ist.

Dann hättest du recht
mit deiner Panik!
Denn dann
bist du schon gestorben
egal, wie alt du bist

Obwohl es schon komisch ist.
Nur Frauen haben:
Torschlußpanik!
Als ob die Welt
mit den ersten Fältchen unterginge
und der Mut,
es mit dem Leben aufzunehmen
mit dem Busen sinkt
und die Angst,
morgens in den Spiegel zu schauen
allesbeherrschend wird.

Ich sage dir:
Schau nicht in den Spiegel –
schau in die Zukunft!
Geh nicht im Kreise –
brich aus!
Sage nicht: Ich habe gelebt –
sag: Ich lebe!
Du bist vierzig, na und?

Über das Altern
Rückschlüsse von Eva Demski

Das Viertel, in dem ich wohne, ein schönes Viertel mit baumreichen Gärten und alten Häusern, hat den höchsten Rentneranteil
der Stadt. Sie mahnen Dich jeden Tag, sie geraten Dir nie aus dem
Blickfeld. Frühmorgens stehen sie vor einem am Bankschalter
und verschieben geduldig und mißtrauisch kleine Beträge von

Sparbuch zu Sparbuch. An der U-Bahn-Haltestelle sehen sie aneinander vorbei und passen auf, daß sich niemand vordrängt. Fast, das habe ich vergessen, fast alle sind Frauen. Ich sehe selten alte Männer, sie fallen mir nicht auf. Die alten Frauen dagegen: An der Ampel drohen sie mit den Stöcken gegen die Autofahrer, vielleicht aber zeigen sie nur, daß sie sich noch zu wehren verstehen, daß sie nicht aufgegeben haben. Im Lebensmittelladen sind sie vor mir. Mit scharfen Blicken über die Schulter, auf meine ungeduldig trommelnde Hand, kaufen sie Scheibchen von Wurst. Es ist ihr gutes Recht, flüstere ich vor mich hin. Aber ich habe Angst vor ihnen. Ich suche in den Gesichtern nach meinem eigenen: Wie wird es einmal werden? Wann beginnen meine Beine sich fürs Alter zu krümmen? Wann wird mein Rücken aufgeben und mein Haar sich verabschieden? Wann werden meine Backen sich wölben und von zwei tiefen Furchen begrenzt nach unten sinken? Wann wird meine Hand sich zur Kralle biegen und welche Schmerzen werden mich begleiten? Wird irgendeiner den Wunsch haben, mit mir zu sprechen? Wie wir gefüttert werden mit den Euphemismen des Alterns! Tolle, weise gewordene alte Frauen werden uns vorgeführt, die für ihren Körper nichts mehr erwarten und uns anmutig vorgaukeln, das mache ihnen nichts aus, das gelebte Leben genüge als Speise, von der sie immer essen könnten. Oder die grausigen Larven, die transvestitischen Kunstprodukte der junggebliebenen Diven, die Marika Rökks, die verzweifelt gegen die Müdigkeit anschminken und antänzeln: Das sind die Alternativen. Sind das die Alternativen? Es gibt noch die Mehrzahl der ganz Stummen, das Alter hat nichts eingelöst, keine einzige früher entgangene Freude hat es nachgeholt. „Was für Schönheiten die alten Gesichter sind!“ Beliebter Ausruf fünfundzwanzigjähriger Boulevardfotografen. Ich finde sie nicht schön. Ich habe Angst vor ihnen, ich überwache mißtrauisch mein eigenes Gesicht und registriere die Anfänge. Ich habe viele sehr alte Freundinnen und Freunde. Meine Großmutter saß jahrzehntelang orangenschälend am Fenster und schwieg. Ihr Gesicht war majestätisch. Es hatte überhaupt kein Geschlecht mehr. Manchmal höre ich gern Geschichten vom gelebten Leben zu. Manchmal freue ich mich, wenn sie über meine Angst lachen.

Das schöne Viertel ist gesäumt von einer häßlichen, verkehrsreichen Straße. Aber auch in ihr gibt es ein kleines Haus, das im Sommer hinter einer Wand von blaßrosa Rosen verschwand. Im Frühjahr lagen dicke Teppiche von Schneeglöckchen und Vergißmeinnicht im Vorgarten, und der Veilchengeruch setzte sich kurze Zeit gegen die Autogestänke durch. Eine der alten Frauen wohnte dort allein. Jeden Tag ging ich an dem Haus vorbei, bewunderte die Blumen und sah die Bewohnerin nie. Sie sei über achtzig, sagte man, und nur ein Schild kündete von ihrer Existenz: A. Glücksmann. Dann hielt ein Krankenwagen und die Polizei vor dem Haus. Man habe die alte Frau überfallen, sagten die andern alten Frauen beim Einkaufen. Drei Tage habe das Licht Tag und Nacht gebrannt, bis jemand aufmerksam geworden sei. Aber sie lebe noch, gerade habe man sie abgeholt. Der Kerl hat ihr den Arm gebrochen, sagte eine der alten Frauen beim Einkaufen und lachte, wie sie sie geholt haben, war er schon ganz schwarz. Jetzt habe ich auch Angst vor ihrem Lachen. Frau Glücksmann ist wenige Tage später gestorben. Die Rosenhecke hat man kurz danach abgehackt.

„Grenzen akzeptier ich nicht"

Zornige Gedanken von Peggy Parnass

Ich lebe in einem Land, in dem Alter und Jahreszahlen als Waffe benutzt werden gegen den, der mit Zahlen aufwartet. Und ich hab keine Lust, Teil einer Statistik zu sein. Ich glaub für mich nicht an den Wert von Zahlen. Denn sobald Zahlen im Raum stehen, verliert sich der Mensch. Es ist mir ganz egal, ob Leute, wenn sie mich sehen, denken, daß ich 20 Jahre älter bin, als ich wirklich bin, das stört mich nicht. Oder daß ich 20 Jahre jünger bin als ich bin. Denn ich wechsel sehr nach Befinden. Ich bin mal sehr jung, mal sehr alt. Das find ich realistisch, das trifft dann den Kern. Wenn's mir mal sehr schlecht geht und ich gefragt werde, wie alt ich bin, dann könnt' ich nur sagen: „Ich bin sehr, sehr alt." Und wenn ich verliebt bin, und es mir gut geht, und ich ausgeruht bin, dann bin ich sehr jung.

Ich hab mich viele Jahre zehn Jahre älter machen müssen, um arbeiten zu können. Seitdem ich 14 war, ernähre ich mich selbst. Ich hatte keine andere Wahl. Zuerst war ich Hausmädchen in Schweden und gab Sprachunterricht. Sprachen konnte ich ja immer. In Schweden hab ich schon versucht, mich neben der Hausarbeit als Autodidaktin weiterzubilden, mich in Kurse reinzuschleichen und so. Dann hab ich drei Jahre in London gelebt und dort mein Cambridge-Examen in Englisch bestanden, als Beste von hundert Leuten. Nicht, weil ich gepaukt hab, sondern weil ich das eben konnte. Mein erstes, tolles Erlebnis.

Dann hab ich zwei Jahre im schwedischen Reisebüro gearbeitet, aber ohne richtig angestellt zu sein, schlechter bezahlt als der Botenjunge. Weil ich staatenlos war, konnten die das mit mir machen. Nach London kam wieder Stockholm, Hamburg, Paris. Ich lebte in Hamburg, aber zwischendurch immer wieder in anderen Ländern, nur dann nicht gleich drei Jahre, sondern Monate.

Und als ich Schauspielerin wurde, irgendwann mal, da wurde es wieder absurd. Da mußte ich mich jünger machen, um als junge Nachwuchsdarstellerin gut durchzukommen.

Jetzt mach' ich ne Arbeit, bei der es eigentlich egal sein müßte, ob alt oder jung. Es hätte eigentlich immer egal sein müssen. Ich arbeite als Kolumnistin und Gerichtsreporterin.

Dieser Widerwille bei mir, festgenietet zu sein auf Jahre, bezieht sich nicht nur auf mich. Ich werd' immer wieder all die Jahre hindurch gefragt, wie alt meine Freundinnen sind. Und wenn ich dann wahrheitsgemäß von jeder einzelnen sag: „Ich hab keine Ahnung", dann will man mir das nicht abnehmen. Dann sagt man: „Wieso? Ich sei doch seit mindestens 15 Jahren intim befreundet. Das kann doch nicht wahr sein!" Es ist aber so. Ich hab's nie wissen wollen. Und manchmal erfahr ich's dann zufällig. Leider Gottes erfahr' ich es bei Freunden jetzt dauernd. Wenn sie sterben.

Für mich ist das Wort Alter eine Bedrohung. Etwas sehr Bedrohliches. Ich empfinde es als bodenlose Demütigung, wenn Verwelkungserscheinungen und Mängel der Zeit sichtbar werden. Ein grauer Haaransatz zum Beispiel. Ich hab schon mit 14 die ersten grauen Haare gehabt. Die Vorstellung, daß mein Geliebter mir zärtlich die Haare aus dem Gesicht streicht – das ist für mich ein absoluter Horror, wenn ich nicht ganz sicher bin, daß sie frisch gefärbt sind. Dann stell' ich mir vor, daß der schreiend aus dem Bett springt. Gleichzeitig find' ich das dumm und unendlich ungerecht. Ich weiß, daß Männer diese Angst nicht haben müssen. Also, wär ich jetzt Mann, wär ich ein Mann mit grauen Schläfen und hochattraktiv damit. Und ich weiß auch, daß Falten bei einem Mann aus einem Marzipanarschgesicht endlich mal so was wie einen Charakterkopf machen können. Was auch lächerlich ist. Denn er muß ja gar nicht klüger geworden sein, sondern auch nur ein Stück älter.

Ich bin sehr jung. Meine Ängste treten nur auf, da, wo Begehren auftritt, sexuelles Begehren. Also, wenn ich jemanden sehr begehrt hab', fand ich immer alle anderen Frauen auf der Welt schöner. Als ich mit 15 Knuspertitten hatte, hab ich mich fast zu Tode geschämt, daß ich überhaupt welche hatte. Es war also immer was falsch. Dann kamen die Jahre, wo meine Nase wichtig wurde, wo ich nicht wußte, wie ich sie halten sollte, damit sie nicht krumm ist. Wenn ich nicht so feige gewesen wäre, ich hab fürchterliche Angst vor Schmerzen, hätte ich mir schon lange, lange nicht gerade 'ne Stupsnase machen lassen, aber sagen wir mal 'ne Vivian-Leigh-Nase. Doch den Mut hab ich nie gehabt. Aber bei jeder neuen Verliebtheit fällt mir meine Nase wieder ein. Sonst nicht. Sonst brauch' ich auch gar keine Angst vor anderen zu haben. Ohne Kosmetik. Ich weiß, daß sich 18jährige, 16jährige, 13jährige in mich verlieben, die mich nicht als alt oder älter empfinden. Jungen und Mädchen. Das sind eigentlich die, die sich am häufigsten in mich verlieben. Erwachsene Männer, glaub ich, ganz selten. Ich krieg's jedenfalls nicht mit.

Meine Unsicherheit ist, wie gesagt, nur da, wo ich selber jemanden möchte. Dann denk ich „oh mein Gott, wenn der mich bei klarem Licht sieht." Diese Angst, nicht schön genug zu sein, nicht begehrenswert genug, die Angst, daß die Haut Wellen und Falten schlägt: Ich hab mich lange Zeit aufgrund einer unglücklichen Liebe so häßlich gefühlt, daß ich mich nicht mehr im Spiegel ansah. Ich hab Spiegel in der ganzen Wohnung, um sie so zu vergrößern. Da hab ich nie reingeguckt. Auch im Bad, da, wo ich die Zähne putze, hab ich nie in den Spiegel geguckt, obwohl der vor der Nase hängt. Dann, nach ein paar Jahren, hatte ich einen glücklichen, heiteren Tag und hab zum ersten Mal wieder mein Gesicht im Spiegel gesehen. Völlig verwundert, daß ich ganz glatt war. Glatt, glatt, glatt und bildschön. Ich wurde völlig euphorisch. Bis mir plötzlich aufging, daß ich nicht glatter geworden war in den paar Jahren, sondern meine Augen schlechter. Das war ein Schlag.

Für mich war es ein großes Vergnügen, als ich das erste Mal mit einem erwachsenen Mann zusammen war. Das war meine vorletzte Liebesgeschichte. Als ich fühlte, daß sein Nacken etwas welk war, war ich zutiefst bewegt. Er war der Älteste überhaupt in meinem Leben, Anfang 40. Nun sind allerdings auch die den Jahren nach erwachsenen Männer nicht erwachsen. Auch sie sind unreife Männer, sonst kämen sie wahrscheinlich gar nicht in Frage für mich. Es sind ganz, ganz wenige, die in Frage kommen. Einer von 100 000 vielleicht. Und wenn das dann nicht klappt, ist es für mich ne Tragödie, weil es dann so ist, als hätte ich ein vierblättriges Kleeblatt verloren. Wenn ich jemanden liebe, möchte ich den so nah dran haben, daß nicht so viel wie ein Blatt Papier zwischen uns paßt. Ich möchte sicher sein, daß er jede Sekunde, die wir uns nicht anfassen, vor Sehnsucht stirbt. Das muß ich unbedingt wissen, daß der nicht abgelenkt ist durch irgendwas anderes – und ich muß in Ruhe arbeiten können.

Ich bin FKK'lerin. Ich lauf nackt vom Frühling bis zum Herbst. Da ist es mir ganz egal, wie ich ausseh, ich überleg es gar nicht. Bis auf einmal. Ich weiß noch, ich spielte Skat mit Freunden, da fiel mir ein bildschöner Junge auf, ein Adonis. Wir flirteten so ein bißchen mit den Blicken. Und als meine Freunde und ich Obst aßen, dachte ich: „so, jetzt geh ich zu ihm rüber und biete ihm auch Obst an". Da hab ich mir vorher schnell was angezogen. Ich fühlte mich sofort nicht mehr schön genug. Ich tret' ja nun dauernd vor vielen Leuten auf, egal, ob das in einem Saal ist mit ein paar hundert oder ein paar tausend oder im Fernsehen vor Millionen. Da wär mir mein Aussehen völlig schnuppe, wenn nicht die Gefahr bestünde, daß nicht auch ein Liebesobjekt unter den Zuschauern ist.

In letzter Zeit ist mir ein paar Mal der Gedanke gekommen, was später wohl ist, wenn ich nach wie vor so jung bin und außer mir weiß es keiner. Das Schlimmste, was ich mir vorstellen kann, ist, dann noch auf Sehnsüchte angewiesen zu sein. Das heißt, auf die Erfüllung von Sehnsüchten. Vor Jahren, vor 15 Jahren vielleicht, hab ich alte Frauen interviewt. Frauen ab 60 aufwärts, und die hatten alle noch sexuelle Bedürfnisse. Mit mir haben sie darüber geredet. Das ist sonst ein Tabu. Und das ist deswegen ein Tabu, weil Leute das unappetitlich finden. Den Gedanken, daß eine Frau von 60, 70, 80 geil ist. Das wird ja als pervers betrachtet. Die Leute stellen es sich ja nicht mal gern bei ihren eigenen Eltern vor, geschweige denn bei ihren Großeltern. Ich stell mir das unendlich gerne vor bei anderen. Ich stell mir nur nicht gerne vor, daß ich dann vielleicht mit Silberlöckchen gierig werde auf einen 20jährigen. Manchmal stell ich mir vor, daß der sich dann auch verliebt. Bei Else Lasker-Schüler war es wohl so, daß sie über 70 war, als sie zum letzten Mal einem Jungen verfiel. Die hat ja auch immer so brennend geliebt.

Kürzlich in Hannover auf einem Podium von „Frauen für den Frieden" saß 'ne junge Frau von vielleicht 80 neben mir. Ein „Knaller" von Frau. Eine Widerstandskämpferin, die weiter „im Widerstand" ist, wie es sich gehört. Die auch unter Adenauer noch ein Jahr hat sitzen müssen. Und Frauen wie diese kenn ich auch in Hamburg, die Käthe Jakob, zum Beispiel. Überhaupt, die Frauen aus dem Widerstand – das sind alles *junge* Frauen. Unglaubliche Frauen. Die sind in einer ganz anderen Art und Weise ausgeschlafen als die Studentinnen. Die sind ganz einfach wacher. Das sind Frauen, die man sich eigentlich auch immer nur politisch unterwegs vorstellt. Aber in Wirklichkeit haben sie auch ein oder zwei Ehen oder Lieben gehabt. Haben kleine Kinder gehabt, damals schon im Widerstand, haben nicht auf Grund ihrer Kinder alles sein lassen, sondern auf Grund ihrer Kinder das getan, was sie für richtig hielten. Und ich glaub nicht, daß, wer diese Frauen zu Recht bewundert, sie sich im Zusammenhang mit Sexualität vorstellt. Ich weiß auch nicht, wie diese Frauen sexuell leben. Ob die Kraft dann noch für beides reicht, für Männer und für Politik.

Diese Frauen sind jung. Und das bringt mich auf den Gedanken, daß geistige Vitalität und ein Interesse an anderen Menschen jung hält. Das sind alles Frauen, die sich niemals nur für sich interessiert haben. Die nie so im Vordergrund waren, daß sie darüber auch nur eine Sekunde die Welt um sich herum vergessen hätten. Es sind alles Frauen, die nach wie vor neugierig sind auf andere, wie die männlichen Widerstandskämpfer auch. Diese dümmlichen Eitelkeiten, die man sieht bei Männern und Frauen um 30, 40, finden da nicht statt.

Nein, ich akzeptier keine Grenzen. Grenzen der Kraft nicht, Grenzen von Staaten nicht, Grenzen des Wissens nicht. Das heißt nicht, daß ich alles weiß, sondern, daß ich fast gar nichts weiß und noch viel, viel lernen möchte. Ich empfinde Grenzen nicht als Schutz sondern als Gefängnis. Und die Zeitbegrenzung, die jagt mir einen tödlichen Schrecken ein. Ich hab doch noch so wahnsinnig viel vor. Dutschke ist gestorben mit knapp 40 Jahren. Peter Neuhauser war grade 40 geworden. Professor Peter Brückner – letztes Jahr gestorben. Professor Eberhard, der war zwar über 80, aber er war ein Junge, der noch viel vorhatte. Ist ja auch kein Alter, wenn man noch viel zu geben hat und so lebendig ist. Peter Weiss, mit dem ich sehr befreundet bin. Kipphardt, ein lieber Freund, knappe 60. Es gibt ja nur einige Dutzend Menschen in diesem Land, auf die ich mich verlassen kann, die ich verehre, denen ich glaube, deren Arbeit und Person identisch sind. Also dadurch werd' ich bettelarm, wenn nach und nach noch einer und noch einer weggenommen wird. Ich finde, die ganze Welt wird dadurch ärmer, weil das alles Leute sind, die nicht nur ihre Kraft für ihre Familie benutzt haben, sondern überall. Überall, wo sie gingen und standen. Was anderes ist es, wenn man sich das Leben nimmt. Das kann ja jeder bestimmen, wie er Lust hat. Aber ohne es zu wollen sterben zu müssen – Frechheit. Unverschämtheit. Ich bange jeden Tag um meinen Freund Eugen Kogon. Ich bange jeden Tag um Axel Eggebrecht. Um Erich Fried. Schon seit Jahren. Bloch, Marcuse, die ich beide nicht kennengelernt habe, haben tiefe Trauer in mir ausgelöst, als sie so jung sterben mußten. Und eine Frau wie Ulrike Meinhof, eine der intelligentesten Frauen des Landes und gütigsten. Wie alt war sie? Knappe 40. Völlig verrückt. Völlig verrückt. Ein Unterbrechen des Lebens. Mittendrin in der Fahrt Einhalt gebieten. Nein, es dürfte kein Ende geben. Nicht so lange so viel Leben da ist.

Für das Wort „Alter" könnte ich genauso das Wort „Tod" einsetzen. Diese Bedeutung hat das für mich. Und das empfind' ich als sehr bedrohlich. Darum arbeite ich auch so viel. Immer in Eile. Ich hab früher immer gedacht, daß ich mit spätestens 25 sterben würde. Darum hatte ich es immer so eilig, so viel zu tun, so viel zu erleben. Dann hab ich zwar gemerkt, daß ich nicht so früh sterben muß, aber dieses Gefühl der Eile hat mich nicht verlassen. Und wenn ich das mal ganz kurz vergesse, dann stirbt immer schnell jemand, den ich lieb'. Dann weiß ich wieder, wie eilig ich's hab.

„Ich lächle mir aufmunternd zu"

Selbstgespräch von Franziska Bronnen

Meine Großmutter ist 92 Jahre alt. Sie ist gesund, lebt allein, ist selbständig, hat keine Not. Trotzdem sagt sie oft: „Werdet bloß nicht so alt. Mit 60 gehört man weg. Spätestens." Vor dem Tod hat sie keine Angst. Sagt sie. Ich habe meine Großmutter gern und besuche sie oft. In Gedanken beschäftige ich mich viel mit ihr, ihrem Leben, ihrem Tod. Wenn ich von ihr spreche, und das tue ich oft, sage ich immer voll Stolz, daß sie mit ihren 92 Jahren wie eine 70-Jährige aussieht. Warum darf sie eigentlich nicht so alt aussehen wie sie ist? Warum ist es selbst in diesem hohen Alter noch wichtig für mich, daß sie jünger aussieht? Ich merke, ich habe das Denken in „Brigitte"-Kategorien schon so verinnerlicht, daß ich nicht mal vor der Großmutter halt mache. Von mir selbst gar nicht zu reden. Ich freue mich, daß ich meist jünger geschätzt werde und die Leute verblüfft sind, wenn ich mein Alter – 42 – sage.

Nun, ich bin Schauspielerin und in gewisser Weise von meinem Aussehen abhängig. Seit 20 Jahren mache ich den Beruf, und viele meiner Fernsehrollen habe ich nur meinem Aussehen zu verdanken. Das waren nicht die besten. Aber ich habe mich daran gewöhnt, eine gutaussehende Frau zu sein, ich tue auch was dafür, lasse es mich was kosten und erwarte schon, daß man mich zur Kenntnis nimmt. Ich bin eitel und eben gewöhnt, daß ich bemerkt werde. Wie lange noch?

Noch sage ich im Scherz, daß ich mich langsam an die inneren Werte werde halten müssen, so wie die Großmutter uns, meine Schwester und mich, immer vom Schminken abhalten wollte und meinte, ein Mensch mit inneren Werten habe solche Äußerlichkeiten nicht nötig. Wir haben darüber gelacht, wir waren jung. Jetzt denke ich manchmal, sie hat nicht so unrecht gehabt, und je eher man damit anfängt ... Und eben nicht notgedrungen, weil das Äußere sich verflüchtigt.

Aber das hat auch was mit dem Selbstbewußtsein zu tun, das sich bei mir, in erstaunlichem Gegensatz zu meinem Äußeren und damit meiner Wirkung auf andere, sehr spät entwickelt hat. Wenn ich Fotos von mir von früher betrachte, und das tue ich oft, schon deshalb, weil ich sehr unordentlich bin, immer was suche, und mir dabei alles mögliche in die Hände fällt, ist auffällig, wie unbewußt und wenig ausgestellt die „Schönheit" meines jungen Gesichts ist, wie der Blick meist ein wenig starr, fast ängstlich der Kamera standhält, wie der innere Zustand verborgen bleibt. Es ist ein hübsches Gesicht, das aber noch nicht neugierig macht. Deshalb wohl hatte ich auch, wenngleich viel beschäftigt, wenig Erfolg im Beruf, Erfolg im Sinne einer tieferen Befriedigung, die man als Schauspieler durchaus finden kann. Dann, um die 30, kamen viele Hämmer und Krisen, ich wurschtelte mich so durch, wurde älter, weniger glatt, und bekam ein Gesicht. Dann kam auch mehr Erfolg durch mehr Selbstbewußtsein – und umgekehrt. Und jetzt? Eigentlich bin ich schon eher alt als jung, kann mich aber noch nicht so fühlen. Meine Zugehörigkeit ist noch bei den Jungen, ich habe es schwer, die beginnenden äußeren Zeichen des Alters positiv zu sehen. Und es sind die äußeren, die mir zu schaffen machen. Alte Menschen sehen oft so unästhetisch aus. Nicht, daß ich Falten an sich unästhetisch finde, aber ich kann dem Anblick welker Haut, brauner Flecken, stumpfer Augen nichts abgewinnen. Und ich finde, das alles tritt bei alten Frauen schlimmer in Erscheinung – oder nehme ich es ihnen nur mehr übel, weil sie doch lebenslang an Äußerem gemessen werden, auch von Frauen?

Manchmal finde ich alte Frauen schön, auf dem Land, vor allem in südlichen Ländern: sie sind lebhaft, liebenswürdig, temperamentvoll, haben glänzende Augen und durchaus Erotik. Aber hier?

Das ist es, was mich so erschreckt, die Aussicht, so zu werden wie die, die ich täglich auf den Straßen, in der U-Bahn, im Café sehe und die ich abstoßend finde. Abstoßend, weil stumpf und dumpf, freudlos, lustlos, teilnahmslos, Frauen, Menschen, die sich selbst aufgegeben haben. So möchte ich nicht werden.

Der Verlust der Attraktivität ist schlimm, nicht mehr erotisch interessant zu sein, das stelle ich mir bitter vor und diese Erfahrung steht mir ja auch bald bevor, aber vor dieser Art Selbstaufgabe habe ich mehr Angst. Wenn ich wüßte, wie es dazu kommt, wüßte ich auch, es bei mir zu verhindern.

„Ich bin sehr zufrieden mit meinem Leben", sagte meine Mutter neulich weinend am Telefon. Sie ist 73.

„Es gibt keine Angst vor dem Tod, nur vor der Unvollständigkeit des Lebens", habe ich neulich gelesen. Ob meine Mutter, ihrem Anspruch gemäß, ihr Leben vollständig gelebt hat? Für mich ist das die eigentliche Angst vor dem Alter, das nicht Gelebte, das Versäumte, das nicht Vermochte, die vertane Zeit.

In alten Büchern lese ich oft von der „Würde des Alters", der Achtung vor dem Alter, den Schönheiten des Alters. An all das zu glauben fällt mir schwer, und niemand, den ich kenne, freut sich darauf, alt zu werden, oder ist froh, alt zu sein. Im Gegenteil. Das ist nicht sehr ermutigend. Zum Glück gibt es einen Picasso, der bis zuletzt der Inbegriff von Kraft und Leben war, und das macht mir Hoffnung und gibt mir Mut, das Alter anzugehen, damit es mich nicht heimlich überkommt, ohne daß ich es merke.

Und während ich das schreibe, merke ich, daß mein Mund zusammengepreßt ist, und schnell hebe ich die Mundwinkel und lächle mir aufmunternd zu.

Man muß mit dreißig anfangen

Eine These von Luise Rinser

Man muß mit 30 anfangen, alt zu werden,
dann ist es wundervoll.

Man lernt die wirkliche Realität
der Umstände zu begreifen und wird
durch den Intellekt, durch die Hin-
wendung zu philosophischer Klarheit
ungemein frei.

Vorher freilich muß man sich
in Leid und Leidenschaften
vollständig hineingeben,
muß riskieren, wie ein zerrupfter Tiger
aus den Situationen hervorzugehen.

Sonst bleibt man ein kraftloses Kätzchen.

Leute, die sich nie hingegeben haben,
können auch nicht sterben,
weil Sterben die letzte Hingabe ist.

Luise Rinser, 67jährig

Metamorphosen oder
„Meine Falten zähl ich nicht"

von Leonie Lambert

> Die Angst vor dem Altwerden
> ist die Angst davor,
> nicht mehr konsumierbar zu sein.

Sie war damals so alt wie ich heute. Ich wohnte bei ihr. Vor zwanzig Jahren. Damals in Berlin.

Gisela S. arbeitete als Sachbearbeiterin in der Buchhaltung eines Großkonzerns. Um fünfuhrfünfundvierzig stand sie täglich auf, um sechzehnuhrfünfzehn kam sie nach Hause. Im Flur stellte sie ihre Handtasche ab, hängte den knopflosen Schalkragenmantel auf den Bügel und ging durch das Badezimmer in die Küche, um dort Kaffeewasser aufzustellen.

Sie bevorzugte schwarze Kleidung, dekoriert mit immer der selben, ausgefallenen langen Silberkette. Den Kopf trug sie im Asta-Nielsen-Stil.

Von der Küche ging sie in ihr kombiniertes Wohnschlafzimmer in weißem Schleiflack – die übrigen Zimmer der Altbauwohnung waren untervermietet –, schenkte sich einen Weinbrand ein und ließ sich in den Sessel fallen.

Täglich. Montags bis freitags um sechzehnuhrdreißig schloß der Hausfreund die Wohnungstüre auf, nahm Kaffee, Kuchen und Weinbrand zu sich, plauderte und ging pünktlich um achtzehnuhrdreißig nach Hause, wo seine Ehefrau und die alten Tanten warteten. Donnerstags blieb er, angeblich beim Eishockey-Club wie seit dreißig Jahren, bis um dreiundzwanzig Uhr. An diesen Donnerstagen gestaltete Teddy die langen Abende. Er servierte Riesenbockwürste mit Majonnaise und russischen Wodka. Manchmal erinnerte sich dann sein großer, schwerer Körper daran, daß er in den Dreißiger Jahren als Laiendarsteller in den Revuetheatern Step getanzt hatte. Gelegentlich kam es zu kleineren Unfällen, so daß Sesselbeine abknickten, Teller zerbrachen, – sein Glasauge aber blieb unversehrt. Diese Vater-Tochter-Ehe in erschwindelten Bürostunden bestand damals zwanzig Jahre. Das 14-jährige Trümmer-Mädchen, Kriegs-Waise, hatte den Kriegsversehrten in der U-Bahn kennengelernt. Das ist jetzt vierzig Jahre her.

In ihrer Firma fand Gisela keine möglichen Männer. Ihre blüschen-adretten Kolleginnen fanden die schwarze Gisela absonderlich. Obwohl sie alleine lebte, war ihre Freizeit bis zur Erschöpfung ausgefüllt. Gisela lebte in einem Käfig. Hin und wieder strich Teddy die Stäbe.

Mit der sanften Gewalt schleichender Gewohnheiten hatten Gisela und Teddy mich zu ihrer Tochter gemacht. Ich wagte mich kaum mehr aus dem Haus, wenn Gisela alleine war. Und an den Teddy-Donnerstagen half ich ihr, den Ekel vor den Bockwürsten zu überwinden.

Am Wochenende, wenn Teddy sein Samstagsfrühstück mit Fleischsalat, Brötchen und Wodka verzehrt hatte, unterstützte ich Gisela beim Staubsaugen, indem ich dagegen ansang: Nestroy und Raimund auf wienerisch, Brecht für die Wut.

Im Laufe der Jahre waren die Wände ihrer Zimmer immer gelber geworden. Die Gardinenbretter hingen gelockert in den Dübeln und die Loggia verwitterte zu Bröckelkeks. Wegen ihrer Depressionen verlor Gisela den Arbeitsplatz. Nicht mehr vermittelbar. Teddy kommt immer noch. Unregelmäßig. Telephonisch ist er noch immer nicht erreichbar.

*

Bei Fräulin K. in Heidelberg war alles ganz anders. Dort fing ich an im ersten Semester. Es war Sommer und die erste Liebe fast zwei Meter groß. Else K. war ein leitendes Fräulein bei der Post, Ende vierzig und naturkost-hager. Ihre Eltern hatten sie zur treuen Tochter gemacht und sich von ihr zu Tode pflegen lassen. Dann war es zu spät. Fräulein K. teilte sich ihr Schnitzel in der Pfanne für zwei Tage. Sie sparte alles für die Kinder ihres Bruders. Als sie krank wurde, kam auch die Nachbarin mit ihrem fetten Dackel nicht mehr zum Kaffee-Klatsch.

Fräulein K. war tatsächlich noch Fräulein und eine treue Verwalterin aller Tugenden. Jeglicher Männerbesuch war untersagt. Nur einmal, an einem Samstag nachmittag, erlaubte sie mir, mit Fritz eine Stunde Schach zu spielen. Pünktlich um fünf Uhr klopfte sie an die Türe.

Wenn ich Flöte spielte, hörte ich sie im Flur stehenbleiben. Bei Fräulein K. hatte alles eine unverbrüchliche Ordnung. Sie behandelte ihren Körper, ihre Wohnung, ihr Wesen wie ein Offizier seinen Rekruten. Auch das Muster ihrer Gardinen zeugte von Disziplin.

*

Die Sonne war Frau B. in München. Geschieden, blond gefärbt und wärme-mollig. Bei ihr lebten der Sohn, ein homosexueller Schauspieler, eine gestrandete Frau um vierzig und ich. Frau B. sprach wunderbar und viel über die Liebe. Und ließ sie auch zu.

Am nächsten Tag las sie mir, mit ihren weißen Baumwollsöckchen auf dem Sofa liegend, stundenlang Gedichte vor. Liebesgedichte. Frau B. liebte junge Männer. Sie fuhr mit ihnen durch Spanien und Italien, auch wenn das Motorradfahren ihrem Unterleib nicht bekam. Sie gab ohne Berechnung. – Und wenn ihr Jüngling dann flügge wurde und die wohlsituierte junge Bäckerstochter heiratete, dann trauerte sie für eine Weile.

Sie ging wieder in eine der verrückten Kneipen, fuhr bald wieder Motorrad, Isetta und liebte.

Dafür wurde sie geliebt.

*

Meine Mutter war 36 Jahre alt, als sie auf Flüchtlingswegen mit drei Kleinkindern in einem schwäbischen Achthundert-Seelen-Dorf ankam. Hier blieben wir acht Jahre. Hier endete das Leben meiner Mutter als Frau für immer. Von hier aus begann sie zum zweiten Mal ihre Akademikerinnen-Karriere. Täglich zehn Kilometer zu Fuß in geschenkten, zu engen Stiefeln durch meterhohen Schnee, über aufgeweichte Lehmwege, bei Gluthitze und mit entsetzlicher Angst vor den Besatzungssoldaten im Wald.

Seit dem Rußlandurlaub meines Vaters 1941, in dem mein Bruder gezeugt wurde, hat meine Mutter nie mehr mit einem Mann geschlafen. Ihre Gesprächspartner auf dem Dorf waren der

Pfarrer, der Bürgermeister und ein paar Flüchtlinge aus der Großstadt. Als wir 1952 in die Kreisstadt zogen, war meine Mutter 44 Jahre alt. Sie wurde die Rechte Hand des Direktors und bald seine Stellvertreterin. Nicht einmal den Anflug eines Flirts hätte sie sich leisten dürfen, denn hier bewachte jeder jeden. Sie galt als tapfere, tüchtige, ehrenhafte Frau, die sich selbst nichts gönnte, alles in die Ausbildung ihrer Kinder steckte. So lernte sie sich einzubetten in dem Ruhm, ein preußisches Denkmal für Pflichterfüllung und Selbstverleugnung zu sein. In meiner Umgebung gab es damals viele solcher Frauen, deren Emanzipation eine Kriegsausbeute war. Der Männermangel wurde wieder einmal umgemünzt zu einer neuen Keuschheitsgürtel-Ideologie. Die Körper dieser Frauen wurden nur gebraucht für den Wiederaufbau der Nation. Den Rest erledigte die Moral.

Ungeliebt zu sein, nicht einmal von sich selbst als Frau beachtet und betrachtet, das hat sie sehr früh alt gemacht. Auch zäh und haltbar.

*

Jetzt bin ich so alt wie diese Frauen, bei denen ich zwei Drittel meines Lebens bisher gewohnt habe.

Auch wenn mir die Angst vor vergilbten Tapeten im Nacken sitzt: ich bin unverheiratet und lehne es ab, meine Wohnung mit einem Mann eheähnlich zu teilen. Meine Wohnung ist auch mein Arbeitsplatz und anstelle von geregelter Freizeit mein einziger Spiel-Raum. Bin ich jetzt alt? Fühle ich mich alt, nur weil ich jetzt zweiundvierzig bin? Ich fühle mich ebensowenig alt, wie ich als junge Studentin meine Frau Wirtinnen als alt empfunden habe. Ich kann mich nicht entsinnen, daß sie über ihr Alter gejammert haben; höchstens sagten sie mal: „So jung wie Du möchte ich auch noch mal sein." Ich glaube nicht, daß sie mich dabei um meine Jugend beneidet haben, vielmehr um meine Illusionen, – wenn ich mir da nichts vormache, nachträglich. Sicher sind auch mir heute einige Illusionen flöten gegangen, aber ich trauere ihnen nicht nach, denn naturgemäß enthalten sie Enttäuschungen, und alte Enttäuschungen möchte ich nicht ständig wiederholen. Allerdings habe ich neue Illusionen, neue Träume, neue Ziele.

Bin ich alt, weil ich nicht mehr aussehe wie eine Zwanzigjährige? Mein Gott nochmal, soll ich diesen infantilen Quatsch von Leuten wirklich ernstnehmen? Ist die Angst vor dem Älterwerden nur die vor Falten, wie es mir die Werbung weismachen will: die Frau, die häufig und natürlich heimlich vor dem Spiegel steht und ihre Falten zählt.

Dann wäre die Angst vor dem Altern ja nichts anderes, als die Angst, den Konsumansprüchen nicht mehr zu genügen.

Aber konsumierbar wollte ich noch nie sein.

Natürlich bin ich nicht alterslos. Und natürlich ärgern mich manchmal meine Hände, – weil man doch sagt, an den Händen sieht man das Alter. Nur sahen meine Hände schon immer etwas schrumpelig aus. Vom Putzen, vom Schleppen, vom Zimmern. Meine Kleider von vor fünfzehn Jahren passen mir noch. Hab halt nicht gelebt wie die Made im Speck.

Also Schluß mit dieser voyeuristischen Leibesvisitation! Jahresringe! Am Hals, unter den Augen. Bin ich ein Baum? Kommt gleich der Revierförster und mustert mich aus? Reif zum Gefälltwerden! Verwertbar für eine Wohnzimmer-Vitrine, eine Heim-Sauna, eine Keller-Bar?

Das einzige, was ich in den letzten Jahren vielleicht häufiger betrachtet habe, sind meine Augen. Sie sehen so aus, wie es mir geht. Da läßt sich nichts wegschminken. Und manchmal sehen sie ganz schön traurig aus. Ohne Glanz, blicklos – so, als wollten sie nichts mehr sehen. Das hat dann Gründe, die ich kenne.

Diese Gründe sind nicht nur private. Ich empfinde Trauer darüber, in einer Gesellschaft zu leben, in der alles nutzbar und konsumierbar sein muß. Ich habe gelernt, daß ich pflegeleicht und waschmaschinenfest sein muß, handhabbar wie eine Schublade, die sich reibungslos auf- und zuschieben läßt. Und daß ich meine Bedeutung, meinen Stellenwert in der Gesellschaft nur aus dem Erfolg ziehen kann. Als mir das unübersehbar klar wurde, zog ich mich zurück. Ich verweigerte mich. Die Nicht-Konsumierbarkeit zwingt zur Einsamkeit. Aber Einsamkeit macht nicht nur alt, sie gleicht einem gesellschaftlichen Selbstmord. Ich, als Opfer der Verhältnisse?!

Als ich dahinterkam, daß ich auch damit nur systemstabilisierend handle, wachte ich auf. Mich äußeren Umständen beugen? Das wäre unpolitisches Handeln. Trotz aller Trauer, bedingt durch die Identitätskrise, rief ich mich zur Selbstdisziplin. Nicht immer gelingt das. In schwachen Momenten hielt ich mir Vorbilder vor Augen: Frauen zwischen sechzig und achtzig, alle heute alleine leben und mit Lebensläufen, die die ungeschriebene Geschichte dieses Landes darstellen.

Und dennoch sind diese alten Frauen jünger als ich und andere.

*

Also: fühle ich mich alt? Oder älter? Wie fühle ich mich? Ich fühle mich besser – mich. Ich bin mir näher gekommen. Nicht von alleine im Laufe der Jahre. Es war harte Arbeit. Das Alter spielt dabei nur die Rolle eines zeitlichen Ablaufs, vergleichbar den Stationen einer Reise.

Rückblickend – und da ich viel gelebt habe, ist viel zu sehen – behaupte ich, daß dieser Lebensabschnitt, den ich im Begriff bin abzuschließen, der entscheidendste war in meinem Leben. Nicht der schönste, ganz gewiß nicht, denn es hat mich sehr gebeutelt in den letzten sieben Jahren. Alles ging in die Brüche, nichts mehr da zum Festhalten, die beschissenste Phase überhaupt. Auf Rosen gebettet war ich von Kindesbeinen an nie, auch wenn, ich kann mir den Kalauer nicht verkneifen, mein Großvater der bedeutendste Rosenzüchter zumindest Deutschlands gewesen ist.

Diese letzten sieben Jahre würde ich keinem bösen Feind wünschen. Und dennoch, naja, heute habe ich gut lachen –: ich bin zwar um sieben, ja sieben! Kalenderjahre älter geworden, aber alt geworden fühle ich mich nicht, sondern anders: neu.

Und es macht mir große Lust, das zu schreiben, weil ich eine neue Lust am Leben habe; weil ich die nicht nützlichen Seiten an mir aus der Versenkung heraufgeholt habe.

Das hat allerdings nichts zu tun mit dem neuen Slogan, der so alt ist wie die früheren Alternativ-Bewegungen, „Ich muß gut zu mir sein und tun, was mein Bauch mir sagt." Das hieße, den von allen Medien ebenso arteigen wie perfide verbreiteten, konsumanheizenden Psychologismen auf den Leim gegangen zu sein.

Kurz und krumm, dann hieße das, was ich da habe, oder hatte „Midlife – Crisis."

Diese Art von „Midlife-Crisis" scheint ein klassenspezifischer Virus zu sein. Er befällt mit Vorliebe after-shave gepflegte Männer Ende Dreißig. Sie sind besonders gefährdet, weil sie in diesem Alter von Potenznöten und Karriereängsten geschwächt sind. Doch wie durch ein Wunder gelingt es dem Virus, bei diesen Männern noch einmal alle Kräfte zu mobilisieren: Noch einmal werfen sie das Ruder herum, häuten sich und steigen aus.

Mann tauscht den originalenglischen Trenchcoat gegen eine Latzhose, läßt die schütter werdenden Haare wachsen und locken, steigt um vom dynamischen Sportwagen auf Landrover, schwärmt beim Kaviar-Abend vom Erbseneintopf, läßt sich von seiner Frau scheiden, die plötzlich die Emanzipation entdeckt, und kauft sich mit Gleichgesinnten einen Bauernhof. Und natürlich geht man in eine teuer bezahlte Selbsterfahrungsgruppe, in der man sich anfassen lernt. Kurz man wird alternativ; aber zu was? Man ist eben ein Midlife-Crisis-Aussteiger, dem die Werbung alternative Lebensmodelle entwirft, bis hin zum Zigarettenpapier.

Gezielt genau auf die Konsumentengruppe, der sie schon vorher angehört haben. Und wie im Karneval hilft auch hier die Verkleidung, die bösen Geister zu vertreiben.

Aber wie gesagt, dieser seelische Tapetenwechsel ist nur einer gewissen Elite vorbehalten und heißt deshalb auch Midlife-Crisis, weil das Wort Identitätskrise etwas an sich hat, das Angst macht.

Und genau diese verdrängte Angst der gleichaltrigen Männer ist es, die mir zu schaffen macht. Sie lassen mich deutlich spüren, wie sonst keine Gruppe, daß ich zu alt bin. Neulich erzählte ein Mann in einer Kneipe am Tresen einen miesen sexistischen Witz. Ich sah stur und wenig erfreut vor mich hin. Da sagte der Mann: „Na Du kannst doch froh sein, wenn Du wenigstens noch sowas hörst." Obwohl ich solchen Situationen inzwischen relativ gewachsen bin, tat das weh. So wie vor siebzehn Jahren, als ich ins Berufsleben eintrat, in eine Männerredaktion. Die hatten sich einen Spaß daraus gemacht, in meiner Gegenwart die schweinischsten Witze zu erzählen. Und sie ließen Sätze fallen über meine etwa vierzigjährige Kollegin: „Die Alte kannst Du mir auf den Bauch binden, da kommt mir keiner hoch ", oder „Die ist ja schon scheintot", oder „Die muß wohl mal wieder durch die Matratze gestoßen werden."

Damals weinte ich darüber auf dem Nachhauseweg. Heute weiß ich, daß diese damals vierzig- bis fünzigjährigen Kollegen auf diese Weise ihre Midlife-crisis auslebten. Eben auf diese Weise wie Leute es tun, die keinen Leidensdruck haben, die die Macht haben.

*

Die Identitätskrise in der Mitte des Lebens trifft jeden. Das ist ganz normal, so wie unsere Sozialisation in dieser Gesellschaft verläuft. Menschen, die im Berufsleben stehen, trifft diese Krise möglicherweise heftiger, weil der Preis für ihren verkauften Schatten höher war. Aber auch die Hausfrau fragt sich nach 15 bis 20 Ehejahren zu Recht, was von ihr übriggeblieben ist, was sie von sich verwirklichen konnte. Und doch wird bei ihr wie bei den außer Haus tätigen meist nur äußerlich argumentiert. Die Midlife-crisis als Folge vom Ende der Karriere – denn auch die Karriere einer Mutter ist meist mit vierzig, wenn die Kinder aus dem Haus sind, zu Ende.

Mir ist es zu oberflächlich und zu bequem, das Ende einer Karriere und die einsetzende Angst vor dem Altwerden als Erklärung hinzunehmen.

Ich bezeichne diesen inneren Zustand lieber als die gravierendste Identitätskrise, oder als die letzte Phase der Adoleszenz – also des Erwachsenwerdens.

Bei mir begann dieser Bewußtwerdungs-Prozess, als ich feststellen mußte, daß ich meine Identität ausschließlich aus meinem Beruf bezog. Ohne berufliche Erfolge galt ich nichts und fühlte mich wie ein Nichts. Diese Erfahrung war ein auslösender Schock: Ich erkannte, daß mein bisher gelebtes Leben nicht mein eigenes, mein eigentliches Leben war, sondern ein von Eltern, Lehrern und anderen Zufällen auf eine Schiene gesetztes. Ich hatte einfach nur gut funktioniert, war gerannt von einer Leistung zur nächsten, von einem Ziel zum anderen, ohne je irgendwo anzukommen.

Aber wo war ich dabei geblieben? Was ist aus dem träumenden Kind geworden, das ich einmal war, bevor ich auszog das Fürchten zu lernen. Wie war das auch noch? Was wollte ich vom Leben? Wo bin ich, ich innen, auf der Strecke geblieben, während der fremdbestimmte Zug weiter durch die Landschaft raste. Wo ist die Weiche gestellt worden und warum merke ich das erst jetzt, jenseits der Lebensmitte? Und ich komme dahinter, daß meine seelische Muskulatur nicht mehr kräftig genug ist, die auseinandergelaufenen Lebensgleise zusammenzubiegen, die Kluft mit Bravour zu überbrücken. Meine Vitalität hat nachgelassen, ich mußte stehenbleiben, nach Luft schnappen. Ich stellte fest, daß ich meinen Schatten verloren hatte, wie Peter Schlemihl, mich, mein Selbst. Ich merkte, daß ich nicht Ich bin, wenn ich Ich sage. Ich muß zurückgehen, mich nachholen.

*

Alt werden, was ist das? Erwachsenwerden macht jung. Die Welt sieht ganz neu aus. Was ich erkenne, kann ich lieben. Oder soll ich mit einer Jugend wetteifern, die keine Träume mehr hat, außer in den Löchern der Pullover, die maschinell in Serie hergestellt werden.

Die Jugend macht mir Angst, alt zu werden, alt im Sinn von gebrechlich und hilfsbedürftig. Schuld an dieser Jugend sind die Älteren. Und es gibt nicht wenige Anzeichen dafür, daß mir keiner helfen wird, wenn ich alt bin und hinfällig. Ich fürchte, daß man mir nachhilft, wenn ich stolpere, damit ich falle. Und sei es nur, um Nachmieter meiner Wohnung zu werden. Diesbezüglich habe ich keine Illusionen. Ich rechne mit der Verwirklichung aller schrecklichster Zukunftsaussichten.

Aber nachdem ich mit der Abschaffung von allem Un-Notwendigen bereits angefangen habe, wird mir die Obdachlosigkeit dann auch nichts mehr ausmachen. Obdachlos bin ich schon heute.

Jedenfalls habe ich schon jetzt Sehnsucht nach den Erdbebengebieten Süditaliens, wo die Menschen an Armut gewöhnt, nicht einmal um den Preis von Hotelzimmerwärme für Kinder und Greise trennbar sind. Da würde ich gerne noch sehr alt, wenn ich

90

so unbestechlich bleiben würde. Ich und meine jungen und alten Freunde auch.

Alt sein und darunter leiden müssen ist eine Frage des Gesellschaftssystems, in dem man lebt. Das verbreitete Weltbild ist das Bild, das ich mir von mir machen soll. Und in diesem Weltbild werden Falten zu einer Naturkatastrophe erklärt. Wenn ich in der Erdbebenzentrale säße – solche Gegenden würde ich meiden.

*

Und doch hat es mich erwischt, wie ein Erdbeben. Es hatte sich angebahnt vor sieben Jahren, ohne daß ich für diese magische Zahl einen Aberglauben brauche. Ich wollte die berufliche Partitur wechseln, meine „Jugendliebe" heiraten. Das ging schief. Der Absturz war toll. Ich ging nicht dahin zurück, wo man darauf wartete, mich endlich einmal auf Schleimspuren durch die Türritze kriechen zu sehen. Von einem, der mich zu gut kannte, wurde ich dann politisch aufs Kreuz gelegt, und ich warf ihm das Handtuch so ins Gesicht, daß er es verloren hat. Ich landete fünf Grad unter null. Asphalt. Noch einmal. Schon wieder ...

Der Körper eilt der Psyche voraus, liefert ihm Krankheiten sich einzubetten. Medizyniker halfen ihrer Hilflosigkeit mit Psychodrogen auf die Beine, die dort landeten, wo ihr Wissen hingehört. Flucht nach Ägypten. Und dann ein Winter hinter den Blumen der Gardinen.

Der Körper schuppt sich nach innen ab. Und der von den Müttern in der Küche vererbte Masochismus. Musik bekommt wieder den Platz, der ihr gehört. Abgrenzungsfähiges Selbstwertgefühl entwickelt sich. Das erlebt natürlich umso intensiver der, dem als Kind nicht einmal die Haut auf den Knochen zur Abgrenzung genehmigt wurde – geschweige denn ein kleines Mäuerlein des persönlichen Schutzraums. Durchsichtig sein müssen, damit die Eltern wenigstens zu Hause keine Angst haben. Später als Schwamm durch die Welt laufen. Herrsam und knechtlich. Porentief. Alles geht unter die Haut. Zunehmen an Welt, abnehmen an Ich. Bis zum Bersten.

Stolpern, aufstehen, weiterrennen. An den Haaren aus dem

Sumpf. Bis der Postbote Angst hat, dich tot aufzufinden, eines Tages. Nicht mit dem Rücken zur Wand. Frontal mit dem Kopf auf die Mauer aufschlagen.

Eines fremden Mannes Schränke ausräumen. Die Indiskretion alter Terminkalender. Beerdigung. Der Besucher-Weihnachtsmann war mein Vater gewesen. Die schöne Glatze gewaschen während er starb. Etwas tun gegen die Hilflosigkeit des Einsamen.

Von der Mutter dann alle Briefe zurück, alle Kindergeschenke, falls auch sie demnächst. Eines Tages. Ordnung. Mittelpunktschronik.

Ponto-, Schleyer-, Mogadischu-Reportagen. Immer wieder 48 Stunden ohne Schlaf. Mit hängender Zunge das Jahresende erreichen. Doch noch ein Auftrag: „Das erste Baby 1978 in Frankfurt". Wieder kein Silvester.

Ende. Schluß. Aus. –

Wieder die Splitter einsammeln. Im vierzigsten Lebensjahr anfangen. Ganz neu. Ganz von vorne. Ganz unten.

Ich fing an, die Hoffnung zu hassen. Verachtete Sisyphos, der vierzehn Jahre zuvor den Gashahn zugedreht hatte.

Ich fange an anzufangen.

Ich ziehe keine Hosen mehr an. Sie hatten mich immer so kofferpraktisch und waschmaschinenfest gemacht; bügle Kleider, züchte Tomaten, lasse die Haare wachsen, trödle lange im Badezimmer, lerne kochen.

Meinen Auftraggebern verweigere ich mich. Verweigere mich als Spielfeld ihrer billigen kleinen Machtgelüste. Ich mache mich arbeitslos. Ich werde asozial, habe keine sozialen Ansprüche mehr. Ich fange an, mich zu wehren. Verteidige mich. Schlage um mich. Depressionen holen mich ein, fallen über mich her. Ich erkenne meine Freunde. Was an mir geliebt wurde, war nur mein Erfolg. Partygespräch. Ich gehe nicht mehr hin. Du' schaffst es schon, telefonisch. Ich möchte die Blumen in meinen Gardinen einzeln rausreißen. Ich bin krank und wieder krank. Die Ärzte sagen, alles sei seelisch bedingt. Ich arbeite weiter. Erfülle Aufträge. Ich wechsle die Ärzte. Die verfaulten Zähne werden gezogen. Ich leide herrlich konkret.

Plötzlich bin ich gesund.

Midlifecrisis?!

Was war das. Vielleicht bin ich einfach nur erwachsen geworden. Dritte Zähne sozusagen. Ich glaube, ich werde kindisch. Ja, ich fange wieder an, wo ich aufgehört habe. Wo mein Ich aufgehört hat. Ich werde wieder ehrlich. Ich bin nicht mehr der Clown der Familie, der Gesellschaft. Ich höre auf mit dem Theater. Ich male, ich schreibe, ich möchte singen. Wenn mir doch nur jemand ein Klavier schenken würde.

Mein Auto kann ich nicht mehr reparieren lassen. Ich habe abgewirtschaftet. Ich bin wieder arm, richtig schön arm. Und ich fühle mich reich. Denn ich bin ich, und ich habe jetzt auch Freunde. Und mir fallen alte Sätze aus früheren Zeiten ein, als ich noch jung war, leichtsinnig, arm und übermütig. Sätze, die in Studentenzeiten ausgetauscht wurden als Geschenke:

„In einer Welt, wo alle fliehen, scheint der, der eine andere Richtung wählt, als einer, der davonläuft" (T. S. Eliot)

und dieser schöne „Gesang" aus Shakespeares „Kaufmann von Venedig":

„The quality of mercy is not strained. It droppeth as thy gentle rain from heaven upon thy place beneeth. It is twith blethed. It blethes him that gives and him that takes ..."

Ich muß meine Ventile jeden Tag von neuem aufreißen, damit ich nicht ersticke. Das ist eine mühselige Arbeit. Aber ich weiß, daß ich lebe. Ich denke, was ich will. Meine Wohnung kann ich nicht renovieren lassen und meine Miete bezahlt demnächst der liebe Gott.

Ich bin jetzt bald dreiundvierzig Jahre alt und habe einige Zähne verloren, die einmal sehr schön waren, das muß ich betonen, bin ich ihnen schuldig.

Und ich bin auf der ganzen Linie ein Versager geworden.

Mir kann keiner mehr die Butter vom Brot nehmen, ohne daß er sie vorher drauftut.

Ich bin frei. Vogelfrei. Ich bin nicht alt geworden, sondern neu. Und ob ich Falten im Gesicht habe? Wer mich lieb hat, der sieht sie nicht schlecht an. Die anderen sind mir genauso egal wie ich ihnen. Für mein Gesicht bezahle ich keine Mehrwert-Steuer, denn mein Gesicht ist kein Kapital, mit dem ich etwas kaufen will. Mein Gesicht ist wie mein Leben. Und mein Leben hat noch viele verborgenen Falten. Hoffentlich!

Oder sollte es sein wie eine Straßenbahnlinie. Täglich auf dem gleichen geschienten Weg zwischen festen Zielen hin- und herfahren? Ich glaube nicht. Auch wenn das Leben sehr schmerzhaft sein kann. Wenn ich kein Ende mehr absehe, denke ich an Till Eulenspiegel.

Natürlich sitze ich oft in einem Tunnel von Angst und sehe das Licht des Ausgangs nicht. Aber es geht immer weiter. Als ich fünfzehn Jahre alt war, habe ich auch manchmal bitter weinen müssen. Nur wußte ich nicht genau warum. Heute weiß ich es. Und ich bin froh, daß ich meine Tränen zulassen kann, ohne deswegen mit mir schimpfen zu müssen.

Meine Fehler und meine Vorzüge sind nicht mehr und nicht weniger geworden. Sie sind mir nur näher gerückt, so daß ich sie besser sehen kann. Ich bin mir näher gekommen. Ich bin nicht mehr so ver-rückt wie früher. Ich erfasse mich. Nehme mich an den Händen. Es geht weiter. Nicht mehr nach oben, nach vorne. Die Reise geht nach innen.

Ich bin liebesfähiger geworden. Ich bin geduldiger und kann besser verzeihen. Ich habe Mitleid mit den Männern, wenn sie gemein sind. Ich weiß, daß sie sich dafür nicht lieben können.

Früher habe ich sie kennengelernt, immer wenn ich unterwegs war. Irgendwie verrückt. Manchmal waren es drei in drei verschiedenen Städten. Alle drei anders, alle drei gleich lieb.

Jetzt habe ich das Gefühl, in der Provinz gelandet zu sein. Das normale Leben in Deutschland ist Provinz. Und mein Leben ist eben nicht mehr so verrückt wie früher. Ich bin an Land gegangen, seßhaft geworden. Umständehalber. Rein äußerlich. Wenn ich dann wieder mal verreise, dann ist alles wieder verrückt, so verrückt wie früher. Das Verrückte ist das Wirkliche in meinem Leben. Die Realität sieht da ganz anders aus, eher grau und kalt; da ist alles ganz erbärmlich und zweckmäßig geordnet. Hin und wieder Möbel umstellen, verrücken hilft da auch nicht weiter.

Sie aus dem Fenster werfen oder verkaufen, wieder ganz von vorne anfangen.

Alles so stehen lassen wie es ist.

Das Verrückte ist in mir. Ich muß die Türe aufmachen und es rauslassen.

Erst wenn ich mich nicht mehr verrücken kann, bin ich alt. Dann bleibe ich stehen, liegen. Einen Sarg bitte.

Und ich habe erkannt, daß ich eine zu schützende Person bin. Selbst muß ich das tun.

Aber was da so daherkommt mit großen Wörterschritten sind nur Miniaturen. Gezeichnet auf Millimeterpapier. Utopien von mir und vom Leben.

Ich denke oft an Sisyphos.

Brigitte Mira:

„Alter? Das ist eine Krankheit – ich bin gesund."

Ein Gespräch mit Alexander Wischnewski

Wir kennen uns von mehreren Telefonaten und von einem Hörfunk-Interview, einen Tag nachdem Rainer Werner Fassbinder tot war. Jedesmal ließ Brigitte Mira die gleiche wache und spontane Herzlichkeit spüren. Ich mache diese Erfahrung wieder, als wir uns treffen.

In der Rhein-Main-Halle in Wiesbaden probt sie gerade für die Weihnachtssendung 1982 des „Blauen Bock". Zusammen mit Willy Millowitsch und Edith Hancke wirbt sie darin für mehr Lachen im deutschen Film.

Während ich auf sie warte, sitze ich in der Dekoration und beobachte sie: Immer wieder diese unaufdringliche Herzlichkeit zwischen Brigitte Mira und ihren Kollegen. Kullerndes, liebevolles Umgehen miteinander. Für Millowitsch ein „Willy-Schatzilein". Für den Aufnahmeleiter, der ihr einen Becher Kaffee und ein Würstchen bringt, ein „Muckelchen", Liebenswürdigkeiten, eine leichte Umarmung, ein Tätscheln, ein Klaps.

In einer längeren Probenpause machen wir uns auf den Weg in eine leere Garderobe, um uns dort in Ruhe zu unterhalten. Plötzlich kommt sie mir alt vor. Sie fragt nach Dingen, die ich schon ein paar mal erklärt hatte, sie geht langsam, hält sich am Geländer fest. Ich stelle das erstmal so fest, ordne Anzeichen, ohne groß nachzudenken, zu; alt! Ich unterstelle das in meiner relativen Jugend von 34 Jahren. Und dann denke ich erst nach: Ist das nicht nur eine Müdigkeit, die mich verschont hat? Ich habe auf der Bank gesessen, aber sie probt schon den ganzen Tag. Eine Stunde später weiß ich, daß sie mich für meine gedankenlose Feststellung mit lieber Schnoddrigkeit zurechtgestaucht hätte.

Als wir unser Gespräch beginnen, ist sie voll da, und man würde bei geschlossenen Augen vergessen, daß eine Frau von 65 Jahren über ihr Alter spricht, als sei dieser Begriff für sie lediglich eine Buchstabenkombination mit Stammplatz im Duden oder allenfalls eine Maßeinheit für die Zeit zwischen dem Heute und ihrem Geburtstag.

Aber warum vergesse ich das nur bei geschlossenen Augen? Wer hat uns beigebracht, Alter zu sehen?

Mira: Was ist Alter? Das ist für mich eine Krankheit, bedingt durch das Altern. Abnutzung und all diese Dinge. Körperliche Abnutzung, wahrscheinlich auch geistige. Ich habe keine Abnutzung, die ich spüre! Weder seelischer, noch geistiger, noch körperlicher Art, sodaß ich heute sagen müßte (spricht in absichtlich weinerlichem Tonfall): Ach ja, Du wirst alt und Du kannst ja nicht mehr so denken und Du kannst ja nichts mehr behalten ... all das kenne ich nicht! Mag sein, durch äußerliche Einflüsse. Einmal bin ich seit 26 Jahren mit einem Mann verheiratet, der 16 Jahre jünger ist. Es ist ganz selbstverständlich, daß sich eine Frau da anders hält. Ein Sich-gehen-lassen gibt es nicht. Ich versuche modisch zu sein, wie es meinem Typ entspricht. Nicht, daß ich aufgedreht jugendlich herumlatsche, das auf keinen Fall, aber ich versuche schick zu sein. Andere Frauen fressen Süßigkeiten in sich 'rein und gehen auseinander wie die Pfannekuchen. Das erlaube ich mir nicht. Wenn ich wirklich mal zwei Kilo zugenommen habe, dann versuche ich mit irgendeiner Diät das wieder runter zu bekommen. Ich will nicht fett sein!

... Aus Angst, den jüngeren Partner verlieren zu können?

Mira: Wenn ich Angst gehabt hätte, dann wäre ich nicht mit ihm zusammen. Das ist Quatsch! Es gibt keinen Versicherungsschein für eine Ehe. Ich kenne – leider – zuviele Ehen, wo die Frau jünger, wo sie gleichaltrig sind und diese Ehen sind kaputt gegangen. Die Angst, wenn man die überhaupt hat, einen Mann zu verlieren, hat überhaupt nichts mit dem Alter zu tun.

Gab es für Sie äußere Merkmale – daß Sie vielleicht eines Morgens vor dem Spiegel standen und sahen, da ist ein graues Haar und da sind ein paar Fältchen mehr – und Sie haben sich gesagt, hoppla Brigitte, jetzt wirst du älter. Ist so etwas passiert?

Mira: Überhaupt nicht! Sie dürfen meinen Beruf nicht vergessen. Was glauben Sie, wie oft ich Weiber spiele, die 20 Jahre älter sind als ich, wo mir jedes meiner roten, zwar gefärbten Haare, auch als sie noch nicht so gefärbt waren wie jetzt, wo mir jedes einzelne angestrichen wird oder wurde. Ich habe doch gar kein Gefühl mehr für solche Sache. Oder Falten! Und wenn es mir zu doll kommt, dann geh ich zu irgend einem guten Operateur, der mir das Geschlabberle da weg macht. Unter Alter verstehe ich ja nur, daß man sich nicht mehr so bewegen kann, daß einem alles weh tut, daß geistige Funktionen ausfallen. Ich schwöre auf Frischzellen, ja! Also, ich meine, sonst könnte ich diese Arbeit, die ich leiste nie machen, nie diese Texte lernen! Ich könnte das niemals mit einem auch nur etwas aussetzenden Gehirn machen. Ich gehe seit zwei Jahren nahtlos von einem Film und von einer Fernsehproduktion zur anderen. Ich stehe voll im Leben. Ich bewege mich, ich tanze, ich mache, ich tue, fülle meinen Beruf hundertprozentig aus. Da kann ich nur fragen, was ist Altern?

Aber Frischzellen kann sich nicht jede Frau leisten, die Kasse zahlt das nicht.

Mira: Wenn ich sehe, was manche Menschen so ausgeben, dann muß ich sagen, ach Gott, vielleicht könnten die drauf sparen. Das hat nämlich Hand und Fuß. „Schönheit des Alters"? Das ist der größte Käse des Jahrhunderts. Das ist Quatsch. Wir wissen doch alle, die Haut ist nicht mehr dieselbe, die Zähne fallen aus, die Haare werden dünner und mit der Figur muß man irrsinnig aufpassen. Also „Schönheit des Alters" – da halt' ich nischt von!

Es gibt ja noch den Begriff der Würde des Alters?

Mira: Das ist so etwas! Ich, die ich verleugne, daß ich mich alt fühle – und ich bin auch nicht alt – sage: eine gewisse Würde muß da sein.

Es gibt im Volksmund so einen Spruch, der heißt „Man ist so jung, wie man sich fühlt". Würden Sie das auch auf sich beziehen?

Mira: Na ja, ich hab' nicht viel übrig für Sprüche, und ich finde, was für den einen stimmt, stimmt für den anderen nicht. Aber ich finde trotzdem, an dem Spruch ist sehr viel Wahres. Ich kenne auch Menschen, die sind viel jünger als ich und fühlen sich wahrscheinlich viel älter. Ich behaupte, daß mein junger Mann sich viel älter fühlt als ich. Ich bin im Grunde genommen ein Kind. Voller Freude. Ich bin so aufnahmebereit für alles! Für Menschen, für Tiere, für alles, was nett ist und was ich als nett empfinde. Dann hab ich mit meinen Kindern wirklich irres Glück gehabt, ich habe zwei Traum-Söhne und dann hab' ich ein Enkelchen, das süß ist ...

Das sagt aber doch auch Oma zu Ihnen. Ist das ein Signal für Alter?

Mira: Natürlich sagt das Oma! Aber es gibt auch 35-jährige Omas. Das ist alles kein Zeichen. Alter ist Vergreisung!

Haben Sie schon mal daran gedacht, diese Krankheit, wie Sie das Alter nennen, zu bekommen?

Mira: Warum soll ich die kriegen? Das ist genau so, als wenn ich daran denken sollte, ich bekomme ... eine ganz schlimme ... Krankheit. Oder was, ich mag's gar nicht aussprechen, weil's so schrecklich ist. Nein! Ich denke da nicht dran! Ich bin auch nicht vergreist. Sollte ich es jemals sein, na dann hat das auch noch ein bißchen Zeit. Ich verstehe als Frau den Ausdruck Alter nicht! Auf dem Papier steht halt, man wird älter und so ... Mein lieber Mann, wenn der von jemandem sagt, „mein Gott ist die alt geworden", dann sag' ich: Ja, Muckelchen, da mußte mich mal angucken, ich hab' auch keine Falten mehr, alles reines Plissé. Dann sagt er zu mir: ach hör doch auf, Du bist eben eine Ausnahme.

Was wäre das Schlimmste, was Ihnen passieren könnte?

Mira: Daß meinen Kindern ... etwas passiert. Ganz schlimm ist auch: den Tieren, mir würde das Herz brechen.

Das heißt also, daß mit den Menschen, die eine funktionierende „Welt" ausmachen, Bindungen zerbrechen?

Mira: Ja, da geh ich dran kaputt! Das weiß ich, den Schmerz halte ich nicht aus. Der eine Junge, also der 34-jährige, der hatte eine Bandscheibenoperation. Ich war natürlich, von der ersten Sekunde an, wo er aus dem Operationssaal kam, bei ihm. Ich bin tausend Tode gestorben. Als die Ärzte kamen und sagten: bewegen Sie mal den Fuß und so ... Ich bin gestorben. Ich habe also dagesessen und gedacht, das hälst Du alles nicht durch. Aber eine Mutter hat viel Kraft für's Kind und versucht die dann auch zu geben.

Vor unserem Gespräch haben Sie gesagt, ich mag keine „Töchter-Mütter", ich bin eine „Söhne-Mutter"?

Mira: Ich habe im Laufe der Jahre doch gemerkt, daß jedes Mädchen mit fünf oder sechs Jahren eine kleine Eva ist; und ich kann dies' Getue nicht ab!

War denn Brigitte Mira auch so eine kleine Eva, wie sie sie nicht gerne mag?

Mira: Na selbstverständlich! Zum Kotzen, kann ich nur sagen!

Was war denn so zum Kotzen an der kleinen Brigitte Mira?

Mira: ... also, wie die sich mit vier Jahren, wenn die Musikkapelle spielte, drehte und mit dem Röckchen wippte und guckte und was weiß ich und dem Papi um den Bart ging und im Grunde genommen alles durchsetzte. Scheußlich!

Ein Weibchengehabe lehnen Sie also strikt ab?

Mira: Strikt!

In diesem Zusammenhang interessiert mich, wie Sie zur Frauenbewegung stehen, ob Sie sich damit auseinandergesetzt haben, oder auch nicht?

Mira: Also überhaupt nicht! Ich bin keine Emanze und erkenne, also ganz ehrlich, die Überlegenheit des Mannes an! Und sie ist auch da! Egal, was jetzt geschrieben und gemacht wird ... „Der halbe Mann" und so weiter, das ist alles Quatsch!

Wieso ist der Mann Ihrer Meinung nach überlegen?

Mira: Die Gehirnzellen sind doch etwas größer, abgesehen von allen, wie soll ich sagen, praktischen Dingen und so weiter. Ich erkenne es einfach an. Ob das nun stimmt oder nicht, das untersuche ich nicht. Für mich ist der Mann der Mann. Ich würde auch nie, um einen Mann zu halten, eine Situation herbeiführen, wo er eifersüchtig würde. Oder, das ist so ein typisches Weibchen-Verhalten, ihn erpressen, wenn mir was nicht paßt, mit Tränen oder so. Ich weine nur, wenn wirkliches Leid ist. Und die meisten Frauen benutzen die Tränen. Das nenne ich Weibchen-Verhalten. Die schlimmste Erpressung ist für mich die Drohung: „Dann bringe ich mich um." Also, wenn etwas ganz Schlimmes ist, dann würde ich zu einem Mann sagen: „Du brauchst Dir keine Sorgen zu machen, ich bringe mich nicht um."

Haben Sie schon daran gedacht, einsam sein zu können? Oder von jemandem wirtschaftlich, oder, unschön gesagt, dienstleistungsmäßig abhängig zu sein, also, daß jemand für Sie einkaufen gehen muß. Hat Ihnen das schon mal Angst gemacht?

Mira: Ich habe vorgesorgt, soweit geht mein Verstand doch. Ich habe mein eigenes Heim und glaube auch, daß es finanziell immer so aussehen wird, daß ich jemanden habe, der für mich sorgen könnte. Aber ich möchte nie aus meinem Heim raus. Ich bin aber auch überzeugt, daß meine Familie für mich sorgt, soviel Liebe ...

... und soviel Vertrauen?

Mira: Ja! Ganz stark. Besonders stark auch zu meinem Mann, der Amerikaner italienischer Abstammung ist. Und die Familienbindungen in diesen Ländern sind andere als unsere. Also, seine alte Mutter, die jetzt 84 wird, die gehört so zur Familie, die kocht und macht und wurschtelt da rum ... Ich glaube, das ist doch sehr deutsch, daß man die Alten abschiebt, wenn'se nischt mehr sind, nischt mehr leisten.

Glauben Sie, daß dieses Zusammengehörigkeitsgefühl innerhalb der Familie, das man eben bei den südländischen Menschen oder bei den Zigeunern findet, daß das einen das Alter vergessen läßt?

Mira: Davon bin ich überzeugt, das macht sehr viel aus!

War das bei der jungen Brigitte Mira schon so, gab es da auch schon diese intakte Familienwelt?

Mira: Meine Mutter hat bei mir gelebt bis zu ihrem Ende. So mit 17 oder 18 Jahren, da hatte ich schon die Sorgen eines Familienvaters. Muttile hatte nischt, ick hatte nischt, wir konnten nur arbeiten. Meine Mutti hat für alles gesorgt, und ich habe verdient. Sie war immer bei mir. Fünf Ehen hat sie überstanden. Und mein jetziger Mann, das war *ihr* Junge, und er war auch ungeheuer für sie da.

Hat Ihre Mutter das Alter ähnlich gesehen wie Sie?

Mira: Ganz anders! Meine Mutter war ein Typ, der das Alter gespürt hat.

So wie Sie Alter verstehen, als Krankheit, als Verfallsprozeß?

Mira: So hat sie das empfunden. Was sie immer sagte, war: Ich kann nicht mehr so wie früher!

Sind Sie eigentlich anderen alten Menschen gegenüber intolerant?

Mira: Ich mache zwar Senioren-Betreuung und solche Dinge, aber dann sind das natürlich immer euphorische ältere Leute, die sagen: „Och Frau Mira, wie schön, daß es Sie gibt, Sie haben uns soviel Freude gemacht." Mir geht es ja sogar so, daß ich, wenn ich Seniorenveranstaltungen habe, sage: „Ach Gott, die alten Leutlein", denke aber nicht daran, daß manche bei Gott jünger sind als ich. Also, ich glaube, von mir aus gesehen, daß alternde Menschen, solche die nach Jahren altern, wenn die sehr viel mit alten Menschen zusammen sind, ist das nicht gut. In meinem engsten Kreis, um mich herum, da ist niemand, der alt ist. Wenn ich heute mit jungen Frauen zusammen bin, dann ist es doch ganz klar, daß ich nicht auf das gucke, was alt macht. Ich schaue auf das, was nett ist und was schick ist, ob das Stiefelchen sind oder die Strümpfe oder die Wäsche oder die Kleider. Meine beste Freundin ist Heidi Brühl, eine Frau, die viel, viel jünger ist als ich. Wir sind ganz einer Meinung und so gleich. Ich empfinde da auch keinen Unterschied, nur in der Attraktivität, na ja, die war immer da, was soll es. Und ich finde das auch ganz unwichtig. Aber in der Mentalität sind wir doch sehr gleich. Wir arbeiten beide gleich viel, und ich werde sicher auch nicht mehr und nicht weniger geschont als sie.

Ist Ihr Beruf Ihr Leben?

Mira: Ja, ein ganz wichtiger Teil davon. Ich hätte nie gewagt, einen 16 Jahre jüngeren Mann zu heiraten, wenn ich diesen Beruf nicht erfolgreich – ich muß das betonen – ausüben würde. Mein

Beruf bringt soviele Pros, daß ein Mann absolut stolz sein muß. Wer hat schon eine Frau, die das goldene Filmband bekommen hat für den besten Film des Jahres oder das Bundesverdienstkreuz, vom Herrn Bundespräsidenten selbst verliehen? Und die vielen Verehrerbriefe und die Blumen und das Zeugs ... Oder er geht selbst in eine Vorstellung und findet mich gut.

Was wäre aus Brigitte Mira geworden, wenn sie nicht Schauspielerin geworden wäre?

Mira: Dann hätte ich wahrscheinlich ganz normal geheiratet. Das hätte ich nie gewagt, diese 26 Jahre hätte ich nie gewagt mit einem jungen, noch dazu sehr attraktiven Mann. Als der Film „Angst essen Seele auf" lief, da hat man angefangen, Parallelen zu ziehen. Und da hab' ich gesagt: „Kinder hört doch auf mit dem Quatsch. Lieschen Müller, das ich da gespielt habe, wird sich niemals die Kleider kaufen können, die ich habe, wird niemals die Diäten einhalten, die ich teuer in mich 'reinfresse, wird nie eine Operation bezahlen können, die ich machen lassen kann, wenn sie nötig ist, und wird auch anhand ihrer Arbeit, die sie hat, wahrscheinlich geistig nicht so rege sein ...", also da bin ich ganz arrogant.

Sie haben ein recht ausgeprägtes Selbstwertgefühl, als Schauspielerin, als Frau und als Nicht-Alternde.

Mira: Wie soll es auch anders sein? Diesen Beruf kann man nicht ausüben, wenn man nicht eine gewisse Überlegenheit oder auch von sich eine gewisse Selbstschätzung hat. Da braucht man gar nicht überkandidelt zu sein, das bin ich bei Gott nicht. Ich bin wirklich mit beiden Beinen auf der Erde.

„Na, wie geht's uns denn heute?"

Die letzte Station vor dem Tod

Lieselotte E.:

„Ein Zuhaus is das net"

Aussagen einer Entwurzelten
aufgeschrieben von Hanne Huntemann

In das private Altenheim – eine prachtvolle Wiesbadener Jugendstilvilla – wäre Lieselotte E. wegen ihrer kleinen Rente wohl nie gekommen, hätte es sich bei ihr nicht um einen Notfall gehandelt. Ihr Leben lang wohnte sie im Bergkirchenviertel, der Altstadt von Wiesbaden, in der seit Jahrzehnten Arbeiter, Handwerker und kleine Angestellte zuhause sind. In den letzten vier Jahren ging sie regelmäßig ins Bürgerzentrum zum verbilligten Mittagstisch für alte Bewohner des Viertels. Frau E. ist 86 Jahre alt und schwerhörig. Sie sieht elend aus mit ihren eingefallenen Wangen und den tiefen Ringen unter den Augen. Ihr buntgemustertes Kleid, von einem Gürtel zusammengerafft, läßt ahnen, daß es schon mal besser gesessen hat.

Ins Altenheim kam Lieselotte E. vor ungefähr einem halben Jahr. Genau kann sie das nicht mehr sagen. Auf jeden Fall begann es mit der Einlieferung ins Krankenhaus. „Ich war bei meinem Sohn und da sagt meine Schwiegertochter plötzlich, ‚Ei, was machste dann?' Da hat die gesagt, ich tät so röcheln. Und da habe die den Notarzt gerufe, ich mußt sofort ins Krankenhaus. Es hieß dann, ich hätt' Wasser in der Lunge. Im Krankenhaus, da hatt's mir gut gefalle, die Schwestern warn arg nett."

Und dann konnten Sie nicht mehr zurück in Ihre Wohnung?

„Ja, das habe die mir im Krankenhaus gesagt, ich müßt immer unter ärztlicher Kontrolle sein und könnt daheim die Arbeit net mehr mache. Und da haben mein Sohn und mein Enkel geforscht und gesucht und das dann hier ausfindig gemacht. Und jetzt bin ich eben hier. Gefreut hab ich mich auf keinen Fall. Ich hatt' ja ein Zimmerchen und ne Küche. Es war ganz schön. Es war Parterre."

Und wie haben Sie sich gefühlt, die ersten Tage hier?

„No ja, ich war noch nie von daheim fort. Das war für mich furchtbar, gell, des können Sie sich ja denken, wenn man in ne ganz andere Gegend kommt. Ich war doch 50 Jahre im Bergkirchenviertel. Da war ich daheim. Und dann auf einmal umstellen. (Sie holt ein Bild vom Tisch) Sehn Sie, das war ich gewesen, im Bürgerzentrum. Die hat neben mir immer gesessen. Die sollt jo net auf des Bild, ich wollt jo allein fotografiert sein. Aber das macht ja nix, die Hauptsach, ich bin druff.

Da träum ich als-emal davon, wenn wieder Sommerfest ist im Bürgerzentrum. Die wolle mich dann ja hole, die habbe mich net vergesse."

Haben Sie denn früher schon mal dran gedacht, ins Altenheim zu gehen?

„Nee, an so was hab ich nie geglaubt. No ja, was will man denn mache, irgendwie wollen se einem noch am Leben erhalten. No ja, auf jeden Fall bin ich noch net untergegange. Wenn ich auch jetzt hier bin, mit der Zeit gewöhnt man sich auch dran. Wenn man 86 Jahre ist, da is net mehr viel zu hoffen, oder meinen Sie, da wär noch viel? No ja, so schlimm is das doch net. Man hätt ja auch sterbe könne. Net wahr?

Mein Sohn kommt alle Mittwoch. Und meine Schwiegertochter ist auch besorgt. Die sagt immer zu mir ‚Du brauchst dir keine Gedanken zu machen, wir lassen dich nie im Stich.‘ Die tut mir meine Wäsche und alles machen. Ich näh mir auch schon mal selbst (hebt das Kleid hoch und zeigt ihren Spitzenunterrock), da hab ich meine Röllchen stehen (zeigt auf Nähgarn auf dem Tisch), da tu ich mir immer die Spitze bißchen nachnähen. Das mach ich dann immer so am Nachmittag."

Was machen Sie denn tagsüber?

Pause ... „och ... nach dem Frühstück, da mach ich mein Bett, staub ein bißchen ab, wo gar kein Dreck is, ne Putzfrau haben wir ja, wo den Boden macht ... und ... na, da wart ich bis um neun, nehm meine Tabletten ein und dann les ich nachher ein bißchen was. Um halb zwölf geh ich runter in den Speisesaal. Is nur so ein Zimmer. Da ist alles schon gedeckt, gell, Teller, Gabel, Messer, Löffel ..."

Und was machen Sie nach dem Essen?

„Och, dann sitz ich hier und les mal die Zeitung. Wenn de Sonn' scheint, guck ich ein bißchen am Fenster, oder ich krieg Besuch. Um fünf gibts dann ein belegtes Brot. Ich hab vorher net mehr gegesse, aber es reicht ja. Und ein Kännchen Tee und so ein Dippsche Quark und eine halbe Tomate. Meine Schwiegertochter bringt mir immer ein bißchen Schwarzbrot mit und manchmal auch ne Flasche Wein, damit ich was zum Trinken hab."

Mit einem bißchen Wein, werden Sie auch ein bißchen lustiger?

„Och no ja, ich war nie so ein Muffkopp, net ... und ich hab nur einen Sohn. Ich häng' furchtbar an meinem Sohn und an meinen Enkeln (fängt an zu weinen). Ich darf gar nicht drüber nachdenke ... (weint immer noch) ... ja, daß sowas passieren mußt. Entschuldige Se, entschuldige Se (mit tränenunterdrückter Stimme).

Ich will mal so sagen, das sind hier all so Leut, wo immer auf ihrne Zimmer bleibe. Und ich bin so'n Mensch, ich kann mich auch net so einniste. Seitdem ich aus dem Krankenhaus bin, war ich – offen gesagt – noch gar net auf der Straß'. Vor drei Wochen hat mich mein Sohn geholt und hat mich bei den Friseur getan, bei dem ich immer war, wo ich gewohnt hab. Ich bin ja gern dahin gegange. Und das ist jetzt so schwer, wenn man gar net ... das sind halt lauter fremde Mensche hier, gell. Und jedereiner hat was andersder. Die meisten liege den Tag über noch emal im Bett. Ich hab mein Bett noch nie am Tag besucht.

No ja, Sie gehn jetzt fort, Ihren Weg. Ich ess nachher un dann les ich ein bißchen oder ich gucke noch ein bißche am Fenster un dann guck ich nachher hauptsächlich uff die Uhr."

Julie, die Magd,
auf der Vorstufe zum Paradies
besucht von Birgit Kienzle

„Ich bin 1894 in Zürich geboren. Meine Mutter hat in einer Gastwirtschaft geputzt, mein Vater war Maurer. Als ich drei Jahre alt war, hat mein Vater meine Mutter im Rausch erschlagen. Weil kein Bauer oder sonst jemand ein so geringes Kind, wie ich es war, aufnehmen wollte, bin ich in ein Heim gekommen. Dort bin ich geblieben, bis ich mit sechzehn Jahren meine erste Stelle als Stallmagd bekommen habe ... Ich durfte nicht mit am Tisch sitzen, ich habe nur in der Küche etwas zu essen bekommen und mußte Sackschürzen anziehen, Schürzen, aus alten Kartoffelsäcken genäht. ‚Damit man sieht, wer hier die Magd ist!‘ Ich bin ein richtiger Schuhputzlumpen gewesen. Gedacht habe ich mir damit nichts. Ich habe gemeint, das sei normal, dazu bin ich eben auf der Welt.“

Mir ist es noch nie so gut gegangen wie jetzt. Seit der Zeit, daß ich im Altersheim bin. Ich bin im tätigen Ruhestand. Die wünschen hier, daß ich noch lange lebe. So gut wie der Herr Konstanzer und seine Frau hat es noch niemand mit mir gemeint. Mein Pfund hat man vergraben. Wenn du etwas hättest lernen können, wäre aus dir etwas anderes als eine Stallmagd geworden. Aber, sagt er, du bist hier doch noch zu deinem Recht gekommen!

Von der Rente bleibt mir mein Taschengeld. So reich wie jetzt war ich noch nie. Im Winter brauche ich auch viel Geld, um Futter für die Vögel und Eichhörnchen vor meinem Fenster zu kaufen.

Was mir noch bleibt, das zahle ich für die Blindenmission nach Afrika, oder gebe, wenn es jemand braucht. Da ist doch ein Hof abgebrannt, hinten im Tal, und eine Familie mit sieben Kindern ist obdachlos geworden. Wer würde in so einem Fall nicht auch alles geben, um zu helfen. Wenn man selber hat Not erlitten, lernt man auch die anderer sehen.

Aber manchmal kaufe ich mir auch einen schönen Stoff in der Fabrik, wie schon erzählt, den geben sie schon für 3 oder wenn es ganz etwas Besonderes ist, für 5 Mark ab. Wenn ich ein Kleid genäht habe, dann kann ich es oft gar nicht sehen an mir. Weil es zu schön ist. Dann bringe ich es zum Basar. Aber die Schwester Rosl sagt: Nein, Julchen, das behältst du, das ziehst du an. Ich habe zur Schwester Rosl gesagt: Es wäre mir recht, wenn sie mich aufmerksam machen täte, daß ich meinen Rock wechseln muß.

Ich war doch ein Leben lang gewöhnt, daß mir andere sagen, wann ich meine Kleider wechseln muß, da traue ich mich auch heute manchmal noch nicht, es von allein zu tun. Und es fällt mir jetzt noch nicht leicht, so nobel daherzukommen.

Obwohl ich ein schweres Leben hatte, habe ich nicht das Aussehen einer 88jährigen. Ich meine, ich werde hier von Jahr zu Jahr jünger, erst seit kurzer Zeit ganz langsam älter. Unkraut verdirbt nicht, darüber kann ich schon lachen, aber für mich stimmt es. Das kommt daher, weil ich viel und gern gesungen habe. Gott sei Dank habe ich eine singende Zunge mit in mein Leben bekommen. Wie oft habe ich mir den Kummer vom Herzen gesungen! Sogar im Traum habe ich noch gesungen. Jetzt der Hansel singt immer die erste Stimme und ich dazu die zweite. Da kann man sich den Bauch halten vor Lachen, wenn man das hört! Ich mache es Ihnen einmal vor:

Mein Leben ist ein Lobgesang
Trotz der Erde Stöhnen
Vernimmt mein Ohr den süßen Klang
von Salems Friedenstönen
durch all den lauten, wirren Schall
die seligen Lieder klingen
im Herzen tönt ihr Widerhall
wie sollt ich denn nicht singen
mir mangelt nichts und ich bin sein
wie sollt ich denn nicht singen . . .
Brav, Hansel, brav.

Wenn man mich fragt, was ich mir wünsche, fällt mir gar nichts ein. Manchmal meine ich, daß es nicht recht ist, daß ich es so gut habe. Ich glaube, das ist die Vorstufe zum Paradies. Es heißt doch:

„Vergiß nicht, was Dir der Herr Gutes getan hat." Das ist eine gesegnete Vergeßlichkeit, wenn man vergessen kann, wie einen die Menschen ärgern und betrügen können! Manchmal kommt mir doch alles wieder hoch. Da stößt es mir wieder auf, erlebe vieles nochmals im Traum. Gestern habe ich gerade wieder geträumt, ich sei im Kinderheim im Stall gewesen. Habe müssen den Stall misten und alles mögliche machen. Und es ist halt wieder alles nicht recht gewesen. Manches Mal schwätze ich so viel im Schlaf, daß ich davon aufwache. Da bin ich aber froh, daß ich in Schopfheim in meinem Bett liege und nicht dort, wo sie mich nur schikaniert haben. Manchmal habe ich mir in D. gedacht, wenn es nicht eine Schande wäre, ich würde mir am liebsten das Leben nehmen, so ist es dort gewesen. Es hat lange gedauert, bis ich mir etwas zugetraut habe, bis ich mich getraut habe, anders aufzutreten. Ich habe denen allen vergeben, aber ich kann halt nichts dafür, wenn es mir wieder hochkommt.

„Spricht jemand schlecht von dir, so sei es ihm erlaubt, aber lebe niemals so, daß man es ihm glaubt." Den Spruch aus dem Kinderheim habe ich mein Leben lang beherzigt. Aber ich habe auch erleben dürfen, wie es war, wenn die Menschen gedachten, es mir böse zu machen, und Gott es gedachte, mir gut zu machen. Wer weiß, was aus mir geworden wäre, wenn ich nicht so geschliffen worden wäre! „Wenn ich von des Himmels Höh einst mein Schicksal überseh, dann sprech ich tief gerührt, selig hast du mich geführt!"

Ich muß Gott danken, daß er mir mein Augenlicht und meinen Verstand erhalten hat, obwohl man mich immer für rückständig angesehen hat. Aber wenn man einen Verstand bekommen hat, muß man ihn auch gebrauchen. Meist gilt der mit dem größten Verstand, der es am besten kann, die anderen zu übervorteilen und auszunützen. Da will ich schon lieber zurückstehen und diesen Vorteil anderen überlassen. Dafür hat man dann den Segen Gottes, wenn man zurückstehen und verzichten kann, und sein gutes Gewissen.

Patriotisch war ich nie eingestellt, ich bin doch eine halbe Schweizerin. Zum Wählen bin ich schon immer gegangen. Wir werden ja auf jede Wahl aufmerksam gemacht. Sogar aufs Zimmer gehen sie und verteilen Zettel und Blumen. Ich höre da gar nicht zu, habe immer CDU gewählt. Die, die vom Wort Gottes nichts wissen wollen und so schreckliche Dinge verantworten müssen, wie Kinder im Mutterleib umbringen, die mag ich nicht wählen.

Ob ich mich als Mann hätte mehr wehren können?

Ein halber Mann bin ich ja geworden. Ich habe immer, wenn man einen Besen gebraucht hat, den Stiel selber hineingemacht, und solche Sachen. Mit Hammer, Nagel, Zange habe ich gut umgehen können und von jung auf selbst gemäht mit der Sense. Vielleicht hätte ich mich als Mann schon besser durchsetzen können. Heute haben es auch die Kinder viel besser, die dürfen lernen und müssen nicht schaffen, wie wir es getan haben.

Frauenbewegung? Davon habe ich nie etwas gehört. Es waren oft gerade die Frauen, von denen ich so viel Schlechtes erfahren habe. Aber wir waren ja alle arme Teufel!

Wie der Herr Konstanzer damals in den Speisesaal gekommen ist und gesagt hat, wir könnten alle bei einem Preisausschreiben mittun; die Altenhilfe will, daß ein jedes seine Lebensgeschichte aufschreibt, da hat sich keiner gemeldet. Da ist er dann zu mir aufs Zimmer gekommen und hat gesagt: du mußt deine Geschichte aufschreiben. Was du mir schon alles aus deinem Leben erzählt hast! Da habe ich mich hingesetzt und an einem Nachmittag mit Tinte und Feder sieben Seiten vollgeschrieben. Ich habe gar nicht nachdenken brauchen, es war gerade so, als ob es mir jemand diktiert hätte. Keinen Moment habe ich mich besinnen müssen. Nachher war es gerade so, als ob mir ein Stein vom Herzen gefallen wäre. Schreiben will ich aber nichts mehr, das ist ja mühsamer als eine Fuhre voll Mist abladen!

Ein Altersheim, das jung macht

Eine Reportage von Hermann Sülberg

Als wir reinkommen, riecht es nach Friseur. Drei alte Damen sitzen unter der Haube, an einer vierten wird herumgeschnippelt. Wären sie einige Jahrzehnte jünger, würden sie uns wohl sofort rausschmeißen, weil wir einfach in solch intime Schönmacherei reinplatzen und der Kollege auch noch zwei schußbereite Kameras um den Hals baumeln hat. Gegen den Lärm des Föns versuche ich einer grauhaarigen Frau zu erklären, was wir hier wollen. Sie versteht gar nichts, packt mich an den Haaren und schreit: „Mensch, so volles Haar möcht ich auch mal wieder haben." Unter den Trockenhauben bricht allgemeines Gekicher aus. Eine weißbekittelte Frau kommt hereingestürzt, ruft: „Die nächste unter die Dusche bitte." Es waren schon alle dran, da sieht sie uns. „Dann nehm ich halt euch, mal zwei junge Männer abschrubben ist ja auch nicht schlecht." Allgemeines Gejuchze wie unter Backfischen.

Eine weißhaarige Dame reißt sich die Plastikhaube vom Kopf und strahlt: „Also ich sag' euch was, ein besseres Altersheim als das hier findet ihr nicht. Wir schälen Kartoffeln, schnippeln Bohnen, pflücken Obst, hier ist immer was los, am Freitag ist unser Tanzabend, da fehlen uns immer ein paar Männer, da müßt ihr kommen." Wir, noch etwas verklemmt, murmeln: „Ja, vielleicht."

Das scheint wirklich ein ganz besonderes Altersheim zu sein. Bürgermeister Uwe Menke aus Bad Segeberg ist ganz stolz darauf und brachte uns höchstpersönlich in das „Städtische Altersheim Christiansfelde". Menke: „14 Männer und 24 Frauen sind dort kostendeckend untergebracht, 27 Mark pro Tag im Doppel- und 31 Mark im Einzelzimmer, das ist wohl das billigste Haus weit und breit. Durch die Landwirtschaft sind sie fast Selbstversorger. Pflegefälle gibt's auch keine, die sind den ganzen Tag an der frischen Luft, hier wird niemand so schnell krank."

Vor 20 Jahren war in der schleswig-holsteinischen Gemeinde noch keiner stolz auf dieses Altersheim. In einem ziemlich heruntergekommenen Bauernhof wurden die ärmeren alten Leute von Bad Segeberg untergebracht. Die Felder ringsum waren verpachtet, und wo sonst die Kühe schliefen, waren Quartiere für die Alten eingerichtet worden.

Das wurde erst anders, als vor 15 Jahren Gerda und Helmut Krambeer als Verwalter-Ehepaar eingestellt wurden: „Wir hatten früher schon Landwirtschaft gemacht und dachten uns, warum nicht auch hier, vielleicht haben die alten Leute Lust mitzumachen." So holten die Krambeers Stück für Stück die verpachteten drei Hektar Land zurück, reparierten die Ställe, kauften Schweine und Kälber, und die Rentner packten mit an. Da steckte kein großartiges Programm dahinter, da hatte sich keiner am Schreibtisch ein Konzept überlegt, da hatte einfach einer was probiert – und es lief.

Minna Niebock zeigt uns den Stall. Der ist ihr Revier. Sie füttert die Hühner, mistet bei den Schweinen aus und führt die Bullen auf die Weide. Die 71jährige kann sich noch an die Zeit erinnern, „als man hier noch über den Balken in die Jauchegrube schiß und nichts für die alten Leute getan wurde". Sie ist morgens immer als erste auf den Beinen, und wenn Helmut Krambeer halb sechs um die Stallecke kommt, ist sie schon da und fragt ihn schnippisch, ob er heute gar keine Lust hätte aufzustehen.

Hinter dem Stall treffen wir Gustav Waga. Seine letzten Arbeitsjahre war er im Bergbau; heute ist er 74 und steht trotzdem jeden Morgen um sechs Uhr auf. „Hier gibt's immer genug zu tun. Meine Arbeit such' ich mir alleine. Nächste Woche kriegen wir Küken, also mache ich diese Hütte für sie fertig, muß doch sein." Und Georg Prieß, 73, der nach 20 Jahren seine Arbeit in der Mühle wegen Staublunge aufgeben mußte und dann noch 20 Jahre im Wald arbeitete, der schaufelt heute den Kompost um: „Das mach' ich gern, seitdem meine Frau nach drei Jahren Krankenhaus weggegangen ist, hätt' ich ja sonst nichts mehr zu tun."

Martha Voß, die 90jährige, spricht für die anderen Frauen, die jeden Morgen mit ihr einen Berg von Kartoffeln schälen: „In der Küche haben sie eine Maschine dafür, aber wir sind besser.

Außerdem kann man schön reden, und man macht was Nützliches, wir brauchen das. Bevor ich hier herkam, war ich krank, pflegebedürftig, konnte mir nicht mal mehr alleine helfen, das ist jetzt alles vorbei."

Verwalter Helmut Krambeer wunderte sich zuerst, daß das mit der Mitarbeit der alten Herrschaften so gut anlief, aber er geht auch mit der rechten Bauernschläue ran: „Klar, zu denen kann ich ja nicht sagen, mach' mal, die wollen das von sich aus machen. Da kann ich nicht sagen, pflanz' doch mal Kartoffeln, sondern da sag' ich, was meinst du, müßte man nicht bald mal Kartoffeln pflanzen. Dann heißt es, klar, fangen wir doch morgen an."

So grub die angegraute Mannschaft im vergangenen Jahr 60 Zentner Kartoffeln aus dem eigenen Boden, pflückte fünf Zentner Äpfel und genausoviel Birnen, vier Zentner Erdbeeren, zwei Zentner Kirschen. Sie stachen sogar einen Zentner Spargel. Im Keller stapelt sich Eingemachtes, in der Räucherkammer hängen

Schinken und selbstgemachte Würste. Und Minna Niebock sammelt jeden Morgen drei Dutzend Hühnereier ein.

Daß dadurch die Kosten gesenkt werden, findet Martha Lorenz („neunundsiebzigeinhalb bin ich") zwar prima, aber nicht wichtig: „Meine Verwandten denken immer, ich muß hier arbeiten, damit's billig wird. Quatsch, jeder arbeitet, wie er Lust hat. Manche machen auch gar nichts, manche dauernd was. In einem anderen Altersheim sitzen sie doch nur dumm rum, erzählen von ihren Krankheiten und dösen vor sich hin. Hier kannste was machen, da bleibste fit, da kriegste Appetit, da wirste fröhlich, die Leute werden hier steinalt."

Und manche werden auch ein bißchen jünger. Helmut Krambeer: „Das ist toll, wenn ein neuer Mann reinkommt, und der sieht noch ganz rüstig aus. Dann geht's los, dann riecht die eine nach Maiglöckchen, die andere nach Veilchen, dann laufen die immer an dem vorbei, herrlich."

Abschied

Ein Gedicht von Margarete Hannsmann

Ach fahr dahin die weißen Wolken
sollen leuchten ohne dich
der Herbst hat seine Mäntel aufgetan
ich bette mich in Nebel
modertrunken
wenn über mir die Stürme wehn
und rote Blätter fallen

„Noch nicht mal Blumen sind erlaubt"

Ein Protokoll aus einem privaten Altenheim
erlebt und aufgeschrieben von Alfonsa Schmitt
bearbeitet von Ulrike Holler

Montag, erster Tag:

Schwester Brigitte nimmt mich mit in den zweiten Stock und sagt: „Fangen Sie doch schon mal mit dem Duschen hier in diesem Zimmer an." Ich frage: „Wie? Duschen?" Sie sagt: „Na, indem Sie halt eine nach der anderen in die Badewanne stellen und abduschen."

Es ist meine erste Stelle in einem Altenheim. Früher habe ich in der Psychiatrie gearbeitet. Deswegen bitte ich Schwester Brigitte, einmal zusehen zu dürfen, wie sie das macht. Sie fängt an. Ich werde niemandem vorgestellt.

Frau Ast, die als zweite dran kommt und die ich jetzt duschen soll, hat Angst vor dem Wasser. Sie ist über 70 und ganz dünn. Sie friert und beginnt zu weinen. Sie hebt die Arme, um sich gegen den Wasserstrahl zu schützen. Ich muß sie trotzdem weiter abduschen. Hinter mir steht Schwester Brigitte, treibt mich an und beschimpft die weinende Patientin.

Frau Ast kann sich nicht beruhigen. Mehrmals bittet sie mich, ihr beim Anziehen zu helfen. Ich sage: „Ja klar." Schwester Brigitte aber: „Kommt nicht in Frage, das kann die alleine." Ich bücke mich trotzdem und helfe beim Strümpfanziehen, bemerke, daß die Frau tatsächlich in der Lage wäre, sich alleine anzukleiden, aber ich denke: ‚Das ist halt ihr Versuch, ein bißchen Zuwendung zu bekommen'. Schwester Brigitte nimmt mich zur Seite und erklärt, man dürfe die Alten nicht so verwöhnen, sie könnten sich schließlich alleine helfen. Sie wären in der Lage, sich selbst zu waschen. Aber da sie das nach Meinung der Schwestern nicht ausreichend tun, müssen sie geduscht werden, egal ob sie sich davor fürchten oder nicht.

In diesem Zimmer sind die Schränke abgeschlossen. Die

Schlüssel besitzen die Schwestern. Sie bestimmen, wann frische Unterwäsche oder Kleidung aus den Schränken genommen werden darf. Dabei ist die Wäsche der einzige private Besitz, den die Heimbewohner noch haben.

Ich helfe, das Mittagessen auszuteilen, und dann soll ich einige Patientinnen füttern. Frau Schwarzdorn ist, wie einige andere, mit dem Körper an das Bett und mit den Händen jeweils an den Seiten des Gitterbettes festgebunden. Diese „Gürtel" oder „Manschetten" sind magnetisch geschlossen und nur mit einem entsprechenden Schlüssel zu lösen. Frau Schwarzdorn ist ganz dünn und blaß. Sie liegt völlig apathisch da, hat die Augen nach oben gedreht und röchelt. Ich denke, sie liegt im Sterben. Ich spreche sie an und führe vorsichtig den Löffel an ihren geöffneten Mund. Zu meiner Überraschung schluckt sie. Ich weiß nicht, ob sie mich hört. Ich füttere sie, und sie schluckt, und ich habe keine Vorstellung, ob sie satt ist oder nicht.

Daneben eine andere Frau, ebenfalls gefesselt. Ich sehe, wie eine Kollegin sie füttert, aber so schnell, daß sich das Essen um den Mund herum verschmiert und auf die Serviette tropft. Im selben Zimmer liegt eine Frau, die mich bittet, sie loszubinden. Sie ist am Körper und an den Händen „ruhig gestellt", wie man das hier nennt. Ich sage ihr, daß ich keinen Schlüssel habe. Sie scheint es zu akzeptieren. Später wird sie von einer Kollegin zum Essen losgebunden. Sie sitzt im Bett und kann völlig normal mit Messer und Gabel umgehen. Dann stellt man sie wieder ruhig, trotz ihrer lauten Proteste. Ich kann den Anblick nicht ertragen und gehe schnell.

Noch immer erster Tag,
nach dem Mittagessen:
Die Leute, die ich bade, sind zum Teil dieselben, die ich morgens geduscht habe. Sie bekommen auch wieder frische Unterwäsche. Frau Ast hat vor dem Baden noch mehr Angst als vor dem Duschen. Als ich ihr die Haare wasche, fängt sie an zu weinen. Ich zeige ihr, wie man den Waschlappen vor die Augen hält, damit das Schampon nicht brennt. Sie weint trotzdem und fast weine ich mit. Ich nehme mir vor, irgendwas zu ändern. Die Frauen steigen auf

die nassen, kalten Fliesen und trocknen sich mit Handtüchern ab, die noch feucht vom Duschen sind. Schwester Brigitte erklärt mir, es gebe nur freitags frische Handtücher.

Frau Ast weint jetzt lauter. Ihre zwei Kämmchen passen nicht mehr in die kurzgeschnittenen Haare. Schwester Brigitte will sie ihr abnehmen. Frau Ast versucht trotzdem, sie in ihre Haare zu stecken. Schwester Brigitte sagt: „Sie sehen ja aus wie ein Clown" und geht.

Später erfahre ich, daß die Heimleiterin zwei Frauen in diesem Zimmer kurzerhand die Haare geschnitten hat, schöne, lange, hochgesteckte Haare, die freilich viel Arbeit machten. Andererseits waren sie der ganze Stolz der Frauen, die sich weinend und bittend, aber erfolglos gegen das Haarschneiden wehrten. Noch am nächsten Morgen sollen sie fassungslos getrauert haben.

Dienstag, zweiter Tag:
Das erste, was Frau Ast zu mir sagt, ist: „Gell, Sie waschen mich in der Schüssel?" Ich wasche sie also im Stehen vor dem Waschbekken. Es dauert höchstens zwei Minuten länger. Trotzdem habe ich Angst, von Schwester Brigitte dabei erwischt zu werden.

Während ich Betten mache, denke ich daran, was Schwester Brigitte gestern gesagt hat: „Es ist vor allem wichtig, die Laken an der vorderen Kante glatt zu ziehen." In der letzten Woche habe der Besitzer einen Kontrollgang durch das Haus gemacht und geschimpft, daß die Laken an der sichtbaren Kante nicht glatt waren. Ich bemühe mich sehr, denke gleichzeitig, daß es für die Bewohner wichtiger wäre, wenn ich Zeit hätte, mit ihnen zu reden.

Zweiter Tag: nach dem Frühstück
Putzen der Bäder und Toiletten
Es gibt keinen Aufenthaltsraum. Die Leute sitzen auf den Stockwerken herum. Eine Frau weint. Sie zeigt mir das Photo ihres gerade geborenen Enkels. Da ich nicht genau weiß, warum sie weint, bewundere ich das Baby. Doch ich merke, wie sehr ich unter Druck stehe, weil ich weiter putzen muß.

Mittags füttere ich die Frau mit dem verkniffenen Gesicht und den Schluckstörungen, langsam, so wie es ihrem Rhythmus entspricht. Eine Kollegin verteilt Medikamente, kommt zu mir und schüttet der Frau, die ich gerade füttere, wortlos den Becher in den Mund, den diese aus einem Reflex heraus öffnet. Ich schiebe schnell Brei hinterher, damit der bittere Geschmack vergeht. Eine Frau erzählt mir, daß sie nach sieben Jahren aus einem Einzel- in ein Zweibettzimmer verlegt worden sei. Gegen ihren Willen. Sie besitze keinen Schlüssel mehr und habe einen Teil ihrer Möbel zurücklassen müssen. Sie erzählt und erzählt. Ich fühle mich hilflos, frage, ob sie nicht was unternehmen kann, und weiß bereits, daß sie nichts tun kann.

Mittwoch, dritter Tag:
Ich komme in ein Zweierzimmer und sehe, daß eine Frau noch im Bett liegt und schläft. Gestern, erinnere ich mich, mußte ich auf Anweisung einen Mann in einem Dreibettzimmer wecken und ihm die Decke wegziehen. Ärgerlich faucht sie mich an, sie stehe auf, wann sie wolle. Irritiert frage ich eine Kollegin, was ich falsch gemacht habe. Sie lacht und meint: „Frau Krumm wird nicht geweckt, sie kann so lange schlafen, wie sie will."

Ich verstehe so langsam, daß es eine Hierarchie unter den Bewohnern gibt, vor allem zwischen Ein- und Dreibettzimmern. In letzteren wohnen vermutlich die Sozialhilfeempfänger, Menschen ohne persönliche Habe, ohne eigene Möbel, ohne Schlüssel. Den einen wird die Decke weggezogen, die anderen dürfen schlafen.

Immer noch Mittwoch:
Nach dem Frühstück Putzarbeiten
Frau Schwarzdorf, die gestern und vorgestern den Eindruck erweckte, sie würde sterben, schaut plötzlich mit wachen Augen. Ihre Hände, die wieder auf beiden Seiten des Gitterbettes festgebunden sind, bewegt sie hin und her. Sie versucht, mir etwas zu sagen. Ich neige mein Ohr an ihren Mund und verstehe, daß sie etwas zu trinken haben will. Ich frage ein Kollegin, woher ich Tee oder Saft bekommen kann. Sie weiß es auch nicht. Das Getränk vom Frühstück ist abgeräumt. Anscheinend läßt sich jetzt nichts

mehr organisieren. Die Frau hat aufgesprungene Lippen. Auch bei anderen ist mir das schon aufgefallen. Normalerweise, sagt die Schwester, gebe es nur zum Frühstück und Abendbrot ein Kännchen Kaffee oder Tee. Wer mehr will, muß sich zwischen zwei und vier Uhr nachmittags bei einem Hausbewohner Wasser kaufen, aber im Büro über den Hof gibt es auch Bier und andere alkoholische Getränke.

Frau Schwarzdorn ist am Gitterbett festgeschnallt. Nachmittags schaue ich nochmals bei ihr vorbei. Sie bewegt die Hände und ich beuge mich über ihr Ohr. Sie flüstert, sie müsse auf den Topf. Ich weiß nicht, wie ich ihr helfen kann, denn sie liegt halb auf der Seite. Ich rufe eine Kollegin, die mir barsch antwortet: „Da unten steht die Pfanne. Setzen Sie sie halt drauf." Ich bin ziemlich verzweifelt. Schließlich kommt eine Praktikantin, ergreift mit einer Hand die Pfanne, hebt die Frau mit dem anderen Arm ruckartig hoch – ich habe Angst, daß dieses Wesen aus Haut und Knochen zerbricht – und schiebt brutal die kalte Metallpfanne unter den Körper. Ich könnte weinen. Ich stütze Frau Schwarzdorn im Rücken. Sie läßt sehr lange Urin. Da höre ich die Praktikantin sagen: „Aber Frau Schwarzdorn, deswegen hätten Sie uns doch nicht rufen müssen." Jetzt verstehe ich, warum man so viele Leute lieber in die Einlage machen läßt oder ihnen einen Katheder anlegt. Das spart Zeit.

Mittwoch, dritter Tag,
nachmittags auf der Pflegestation
Frau Baum, eine zarte, weißhaarige Frau, steht lange Zeit auf dem Flur und will in die Stadt gehen. Sie sagt, sie müsse ihrem Mann das Essen kochen. Man erzählt mir, daß sie schon mal abgehauen sei. Zwei Schwestern greifen sie unter den Arm und wollen sie wieder ins Zimmer zerren. Die kleine alte Frau wehrt sich mit einer Kraft, die ich ihr nie zugetraut hätte. Es entwickelt sich ein Gerangel. Eine Schwester hebt die Hand. In diesem Moment betreten zwei Besucher die Station und betrachten befremdet die Szene. Die Schwester sagt laut: „Aber Frau Baum, hier wird nicht geschlagen." Dann lassen die Kolleginnen die Frau stehen, wo sie gestanden hat. Ich habe noch nicht einmal Zeit, mit ihr zu reden.

Donnerstag, vierter Tag:
Frau Müller auf der Pflegestation ist über 90 Jahre alt und hatte vor kurzem einen Beinbruch. Sie sagt mir, daß sie klein machen müsse. Schwester Brigitte steht neben mir und schweigt. Ich weiß nicht, ob ich der alten Frau, die so gerne sterben würde, sagen soll, daß sie einen Dauerkatheder hat und es einfach laufen lassen darf. Schließlich tue ich es. Sie hatte es wirklich vergessen. Während der Urin läuft, beißt sie sich auf die Finger und sagt: „Oh, das tut weh." Schwester Brigitte überhört es. Später frage ich eine Kollegin, die nur halbtags arbeitet, ob das normal sei mit den Schmerzen. „Nein", sagt sie, „aber es passiert oft, daß bei einem Dauerkatheder eine Blaseninfektion entsteht." Damit ist auch für sie das Thema erledigt.

Der Oberschwester ist mittlerweile aufgefallen, daß die „Neue" mit den Patienten anders umgeht. Sie kritisiert die Zeitverschwendung und unterstellt, die „Neue" wolle sich nur vor dem Putzen drücken. Sie fährt mich an: „Sie sollen nur das Geschirr rausräumen und nicht den Leuten beim Anziehen helfen."

Eine Frau möchte die Haare geschnitten bekommen. Als Frau Ast, die ihre Kämmchen nicht mehr in die kurzgeschorenen Haare stecken kann, mich mit der Schere sieht, gerät sie in Panik. Die Oberschwester findet das lustig und sagt laut: „Ja, Frau Ast, wir wollen Ihnen die Haare schneiden." Sie legt den Finger auf den Mund, damit ich mitspiele. Ich aber kann es nicht ertragen und sage zu Frau Ast: „Die Oberschwester macht nur Witze." Langsam legt sich die Panik in den Augen der Frau.

Donnerstagnachmittag:
wieder Putzarbeiten
Frau Stein hat große wunde Stellen in den Mundwinkeln und an den Augen. Sie sagt, sie müsse zum Haut- und zum Augenarzt. Ich spreche die Oberschwester darauf an. Sie antwortet: „Frau Stein war doch bereits beim Hautarzt." Ich erkläre, die Salbe sei aufgebraucht. „Ja, da kann man nichts machen", sagt die Oberschwester, sucht aber trotzdem, weil ich dränge, nach Salbe, findet keine und läßt mich einfach stehen. Es gibt nur eine Ärztin

für alle Heimbewohner. Sie behandelt alles, auch, was eigentlich einem Facharzt vorgestellt werden müßte. Manchmal gelingt es Verwandten, mit der Patientin einen Facharzt zu konsultieren, sehr zum Ärger der Ärztin. Frau Stein, mit der ich nochmal spreche, wußte gar nicht, daß es eine Ärztin gibt.

Freitag:
Die Ärztin weigert sich, Frau Stein zu behandeln. Salbe ist auch nicht zu finden.

Eine Frau kommt aus dem Anbau auf die Pflegestation und will zu ihrem Mann nach Hause. Die Schwester lacht: „Aber der ist doch schon längst gestorben. Was willst Du denn noch?" Die Frau redet die Schwester mit „Sie" an und besteht darauf, nach Hause zu gehen. Wieder lacht die Schwester: „Aber Deine Wohnung ist doch schon längst aufgelöst. Dein Sohn hat Deine Möbel doch verkauft." Die Frau ist ratlos: „Was? Verkauft?" Die Leute lachen. Da sagt sie: „Lacht nur. Wartet, bis Ihr so alt seid wie ich." Mir läuft es kalt den Rücken runter.

Ich berichte, daß eine Patientin keine Unterwäsche mehr hat und man welche kaufen muß. Man sagt mir: „Nein, die Frau hat ihr Taschengeld verraucht." Von dem Taschengeld muß auch die Seife bezahlt werden. Es wird angeschrieben.

**Montagmorgen: Zufälliges Zusammentreffen
mit der Nachtschwester im Aufzug**
Sie beklagt sich, daß die Oberschwester sie beschimpft habe, weil die Leute wund gelegen seien. Sie könne doch nicht mehr tun, als die Patienten jede Stunde trocken zu legen. Dann erzählt sie, daß man den Leuten bereits zu wenig zu trinken gäbe. „Eigentlich müßten sie ja mehr trinken, aber dann würden sie ja noch wunder sein." Jetzt verstehe ich auch, warum mir nach dem Füttern, wenn ich über den immer noch vollen Teller klagte, gesagt wurde: „Das ist genug, sonst machen die noch mehr unter sich."

Montagmittag:
Die Oberschwester kontrolliert, ob die Kanten an den Laken glattgezogen sind. Das Mittagessen wird von denen, die noch

laufen können, in zwei Schichten eingenommen. Es gibt zu wenig Tische und zu wenig Geschirr. Deshalb wird jeder leere Teller sofort abgeräumt und gespült. Es herrscht eine unheimliche Hetze.

Dienstag:

Man versucht, mich von der Pflegestation fernzuhalten. Ich werde vorwiegend für Küchen- und Putzdienste eingesetzt.

Als ich zwischen diesen Arbeiten auf der Pflegestation reinschaue, schreit die Oberschwester gerade Frau Cobert an: „Ach lassen Sie doch die Mätzchen. Dazu haben wir keine Zeit." Frau Cobert ist noch nicht so alt, aber sie kann nicht mehr sprechen. Lange bewegt sie ihren Mund, versucht etwas zu formulieren. Man muß an ihrer Gestik erraten, was sie will. Diesmal möchte sie die noch halbgefüllte Tasse auf ihren Nachttisch gestellt haben. Die Kolleginnen haben sie schon abgeräumt. Ich tue es und gehe schnell hinaus.

Später schaue ich nochmal nach ihr. Sie hat die Tasse noch immer in der Hand und fast leer getrunken. Sie ist ganz stolz, daß sie uns überlistet hat.

Mittwoch frei

Donnerstag:

Nach dem Frühstück werden die Kaffeekännchen mit dem restlichen Geschirr eingesammelt.

Helga, die dicke junge Frau, die früher heroinabhängig war und eine Schiene am Bein trägt, hat einen Zettel auf das Kännchen gelegt. Darauf steht in ungelenker Schrift: „Bitte stehen lassen Kaffee." Ich lasse ihn stehen. Später werde ich von der Oberschwester deswegen gerügt.

Frau Wöller liegt noch immer im Bett, blaß und naß vom Schweiß seit nun zwei Wochen. Die Ärztin war da, aber sie hat nicht gesagt, was ihr fehlt.

Ich soll an diesem Tag sechs Leute in zwei Stunden baden. Die Oberschwester meint, wenn man nicht so viel redet, könne man noch mehr schaffen.

Freitag:
Jetzt macht mir auch der Heimbesitzer Schwierigkeiten. Ich hätte nicht das Recht, an den Kühlschrank zu gehen und den Tisch für die Schwestern zu decken. Ich solle sofort meine Arbeitspapiere ins Büro bringen. Er will mir, entgegen unserer mündlichen Vereinbarung, 112 Mark Kostgeld vom Lohn abziehen. Anscheinend möchte er mich auf jeden Fall loswerden. Ich höre mitten im Tag auf. Ich verabschiede mich von einigen Leuten. Manche weinen; ich habe ein schlechtes Gewissen, weil ich gehen kann, sie aber bleiben müssen. Frau Stein bittet mich um meine Adresse. Sie will mir schreiben. Ich weiß, daß sie es nicht schaffen wird. Wer wird ihr eine Briefmarke besorgen? Wem könnte sie den Brief mitgeben?

Eine Woche später kehre ich ins Haus zurück, um Papiere und einige Dinge, die ich vergessen habe, zu holen.

Ich habe einen Blumenstock für Frau Schuster dabei. Sie wohnt in einem Dreibettzimmer und hat außer ihrer Wäsche als einzigen privaten Besitz einen Blumentopf. Sie hatte mir mal erzählt, daß sie Pflanzen sehr gerne hat. Die Schwestern würden die Pflanzen aber immer wieder ausreißen, weil sie schon mal Tabletten unter den Blättern versteckt hätte.

Ich treffe die Frau des Besitzers auf dem Flur. Sie fragt, für wen die Blume sei. „Für Frau Schuster. Ich habe es ihr versprochen." „Ach, machen Sie das nicht. Die gießt ihre Blumen immer so stark, daß es Ränder auf dem Schränkchen gibt." Ich sage: „Aber ich habe es ihr doch versprochen." Scharfe Antwort: „Hören Sie, ich sage nein. Die Oberschwester wünscht keine Pflanzen auf den Zimmern." Ich nehme den Blumenstock wieder mit.

Kurz danach fand die Protokollschreiberin ein anderes Altenheim, eines, in dem alles nach den Wünschen und Bedürfnissen der Bewohner ausgerichtet ist, wo jeder essen und trinken kann, was er mag, wo von Würde und Zuwendung nicht nur gesprochen wird.

Beckhausstraße 239
Wohngruppe „Alt und Jung"

Ein Bildbericht von Hanne Huntemann und Hermine Oberrück

Diese ungewöhnliche Wohngemeinschaft wurde von dem Bielefelder Verein „Freie Altenarbeit" gegründet. Vor fünf Jahren haben sich Leute, die bisher in der institutionellen Altenpflege tätig waren, zusammengetan, um durch mobile Betreuung zu erreichen, daß alte Menschen so lange wie möglich in ihren eigenen vier Wänden bleiben können. Inzwischen hat der Verein 80 Mitarbeiter, die 140 pflegebedürftige Menschen versorgen. Die Idee zu einer Wohngruppe zwischen alt und jung hatte eine Patientin, die rund um die Uhr betreut werden mußte und die keinesfalls ins Heim wollte. Sie drängte darauf, mit ihren Pflegerinnen zusammenzuziehen. Der Vorschlag wurde von einigen begeistert aufgenommen und so entstand Ende 1981 die „Wohngruppe Alt und Jung."

Inge H., 82 Jahre, ist als einzige der Älteren noch gut zu Fuß. Die meiste Zeit ist sie mit den jungen Frauen zusammen, mit denen sie sich auch duzt. Sie hat sich an den vertraulichen Wohngemeinschaftston gewöhnt, während die anderen Frauen auf eine gewisse Distanz Wert legen. Sie sind auch durch ihre Behinderung mehr an ihre Zimmer gebunden.

**Frau N., 78 Jahre, ist stark gehbehindert.
Sie will aber zumindest in ihrem Zimmer
alleine laufen, deshalb wurde dicker Tep-
pichboden verlegt, damit sie möglichst
weich fällt. Die Altenpflegerin Theresia:**
*„Wenn sie hin und wieder blaue Flecken für
ihre Freiheit in Kauf nehmen will, dann ist
das ihre Sache. Es gibt bestimmte Bereiche,
die haben wir klar abgesprochen, da lassen
wir sie nicht alleine laufen, z. B. die Treppe
und zur Toilette. Wir sagen, daß das ihre
Entscheidung ist."*

Selbstverständlich kommt es zwischen den Generationen auch zu Konflikten. Theresia und die anderen jungen Frauen wünschen sich von den Älteren mehr Selbständigkeit, sie wollen nicht die einzigen Bezugspersonen sein. Ihr Ziel ist eine gleichberechtigte Partnerschaft. Theresia glaubt,

daß noch mindestens ein Jahr ins Land geht, bis dieses Ziel erreicht ist: *„Gleichberechtigt sein kannst du nur, wenn du weißt, was auf dich zukommt. Das ging ja gar nicht, weil die Älteren zuerst nicht wußten, was eine Wohngemeinschaft ist. Wenn einer 70 oder 80 Jahre lang gelernt hat, bescheiden zu sein und sich unterzuordnen und jetzt lernen soll, seine Sachen gleichberechtigt einzubringen, ist das unheimlich schwer, aber es geht. "*

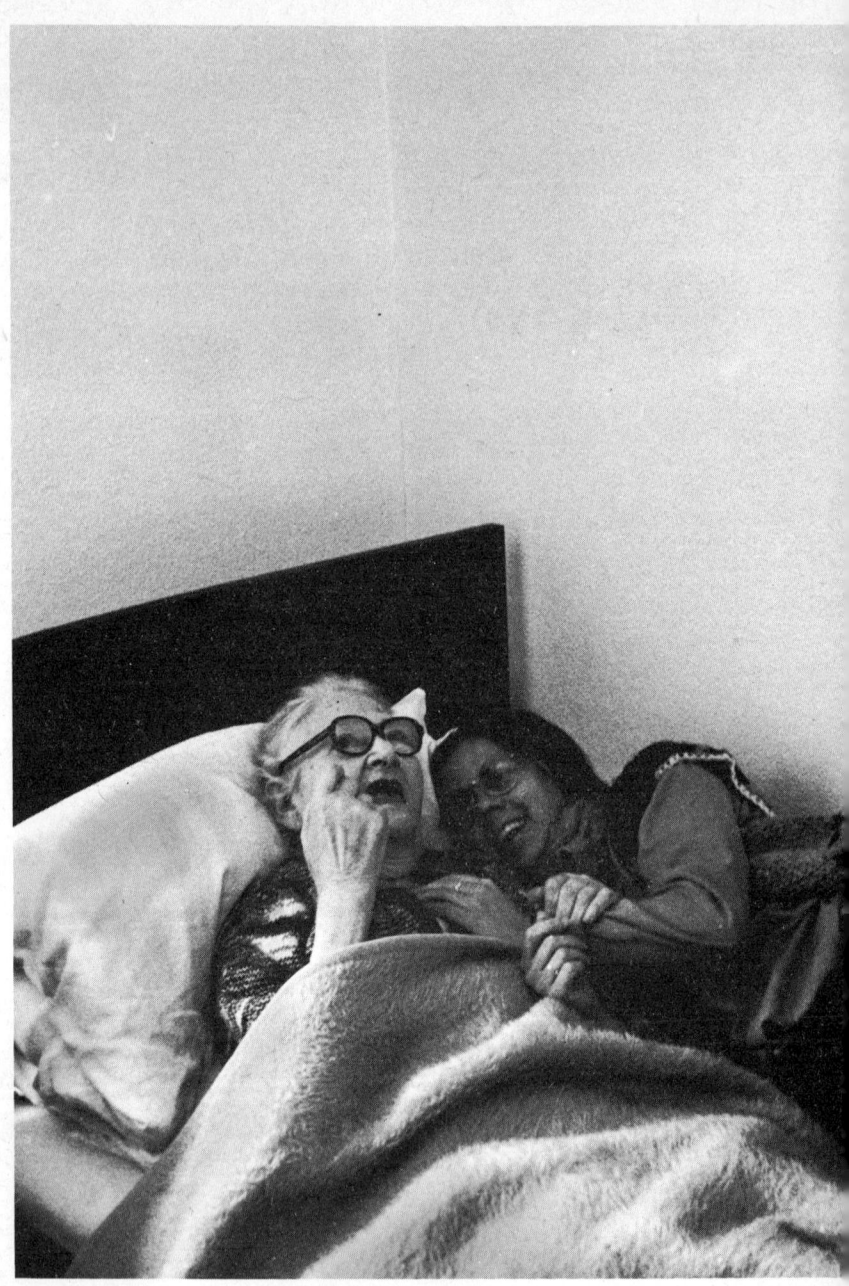

Theresia gehört zu den Mitbegründerinnen dieser Wohngruppe. Sie ist Altenpflegerin, Ende 20 und wohnte bisher mit Gleichaltrigen zusammen:

„Ich finde es einfach spannend, mit älteren Menschen zusammenzuleben. Ich finde, hier ist immer viel Leben in der Bude, und es macht Spaß. Und dann kommt noch eine gewisse Freude und Genugtuung darüber hinzu, daß die Leute nicht im Heim sind. Ich find es gemütlich, wenn ich manchmal abends nach Hause komme und müde bin, dann setz ich mich zu einer der Frauen ans Bett und dann klönen wir noch.

Das ist einfach schön. Und ich glaub, wir können noch viel mehr miteinander machen, das muß sich eben noch einspielen.“

„Lassen Sie's mir so wie ich will"

Ein verbaler Zweikampf
protokolliert von Angela Joschko

Vor einer Ewigkeit muß sie zu den angesehenen Adressen gezählt haben, die Friedberger Anlage in Frankfurt.

Im staubig-grauen Autodunst ist die Noblesse der alten Patrizierhäuser längst verblichen. Auch das Haus, in dem Frau Hoffmann wohnt, verwittert nach und nach.

Hinter der schmiedeeisernen Eingangstür öffnet sich ein Hausflur, muffig und düster. Er mündet in ein weit geschwungenes Treppenhaus. Doch wer zu Frau Hoffmann will – und wer ist das schon, außer der Gemeindeschwester – biegt vorher rechts ab. Da liegt, halb versteckt, der ehemalige Dienstbotenaufgang.

Damals, nach Kriegsende, wurde Frau Hoffmann unterm Dach ein Quartier zugewiesen, eine Notwohnung. Das war vor mehr als 40 Jahren.

Schwester Elisabeth beginnt den Aufstieg. Oben angekommen rüttelt sie an einer Brettertür.

„Frau Hoffmann, ich bin die Schwester Elisabeth von der Caritas." „Wer?" kreischt eine Stimme durch die Ritzen. Schlurfende Schritte nähern sich, ein Schlüssel knirscht im Schloß. Die Tür springt auf und gibt den Blick frei auf ein Chaos.

Auf dem Dielenboden türmen sich vergilbte Zeitungen, Kartons, Brennholz, Gerümpel. Rechts an der Wand ein Kohleherd, flankiert von einem ebenso alten, ebenso verdreckten Gasherd, darauf verbeulte Blechtöpfe in den verschiedensten Größen. An einer Kordel baumeln, starr und grau, Kittel, Lappen und Handtücher. Aus den sperrangelweit offenen Türen zweier Küchenschränke quillt ein heilloses Durcheinander.

In der Mitte des Raumes ein hölzerner Küchentisch, über und über beladen mit abgegessenem Geschirr, Marmeladengläsern, Margarinebechern, Plastikbeuteln mit Brot oder Kartoffeln. Auf einem zweiten Tisch in der hinteren Ecke stapeln sich Konservendosen: eingelegtes Schweinefleisch, Königsberger Klopse, Leipziger Allerlei ... ein ganzes Sortiment.

Und der nagelneue Kühlschrank: offen und leer.

Frau Hoffmann scheint die Tage im zerschlissenen Sessel unter der Fensterluke zu verbringen, die Bier- oder Kognakflasche in sicherer Reichweite. Sie muß in den Siebzigern sein, hat ein auffallend hübsches, weiches Gesicht. Nur ihre Augen haben einen eigentümlich abwesenden Ausdruck. Dennoch strahlt sie Willenskraft und Beharrungsvermögen aus. Zwischen Schwester Elisabeth und Frau Hoffmann entspinnt sich sogleich ein verbaler Zweikampf. Den Ton gibt Frau Hoffmann an.

Erst wettert und schimpft sie. Dann versteigt sich ihre Stimme in spitze, klagende Höhen, um im nächsten Moment in tonloses Flüstern zu fallen. Jeden ihrer Sätze untermalt sie mit ausladenden Gesten, reckt die schönen, schmalen Hände beschwörend zum Himmel oder zwirbelt ihr riesiges Stofftaschentuch, um es gleich darauf an seinen Platz im Ausschnitt der zerlöcherten Strickjacke zurückzustopfen.

Zunächst dreht sich das Wortgerangel um den Einkaufszettel. Frau Hoffmann scheint in der Vorstellung zu leben, jeden Moment hungers sterben zu müssen. Ungeniert bedient sie sich einer Logik, die auch kühne Widersprüche einschließt.

Schw. Elisabeth: Also, ein halbes Pfund Rama oder so was.

Frau Hoffmann: Ja steht des noch net druff?

Schw. Elisabeth: Nee, steht noch net druff. Also wir haben jetzt Butter, Kartoffeln, Brot, Eier, Rama.

Frau Hoffmann: Was war's denn noch, was ich ganz dringend brauch? Ei, ich muß doch noch e bissje Worscht habe oder noch e bissje Fleisch!

Schw. Elisabeth: Fleisch haben Sie in Dosen genug da.

Frau Hoffmann: *(kreischt los):* Des will ich aber net! Des kann ich mir ja uffhebe. Ich kann mir doch mal e Stück frisches Fleisch hole! Is denn des ein Verbrechen? Können Sie jeden Tag Dosenzeug essen? Ich glaub's net.

Schw. Elisabeth: Nee, ich brauch des nie, weil ich meinen Kühlschrank anmach.

(Frau Hoffmann diktiert eineinhalb Pfund „Bauchläppche" zu 3,85 Mark)

Schw. Elisabeth: Die nehm ich mit. Die is schlecht.

Frau Hoffmann: Was denn?

Schw. Elisabeth: Die Rama.

Frau Hoffmann: Laß doch stehen. Die tu ich mit verfeuern. Ich schmeiß nix fort. Des gibt für mich e Feuer, gell. Ich heb mir des alles uff. Der Winter is lang.

Schw. Elisabeth: Ja, jetzt haben wir aber erst Sommer.

Frau Hoffmann *(empört):* Des hat doch mit dem nix zu tun. Laß des doch hinten in der Eck stehen. Des stört mich doch net. Des stinkt ja net, wenn man's net uffmacht.

Schw. Elisabeth: Sie schmeißen zu viel weg, des is des.

Frau Hoffmann: Nee, ich schmeiß gar nix weg.

Schw. Elisabeth: Es geht so viel kaputt, weil Sie den Kühlschrank nie anmachen.

Frau Hoffmann: Lieb Schwester, grad gestern hab ich mir's vorgenomme: Heut steh'ste uf und dann mach'ste dir den schön sauber; dann leg'ste deinen Kram rein. Aber ich seh ja fast nix. Ich hör Sie nur an Ihrer Sprach. Ich kann mir Ihr Gesichtche schon gar net mehr vorstellen. Ich hab schon festgestellt, wenn ich schlafen kann nachts, gell, dann seh ich morgens blen-dend! Hier mei Stubb, mei Küch (sie kreischt) . . . aber ich hab ja noch nix machen können! (resigniert) Ach Gott, was wißt Ihr alle miteinander. Ich kann Euch net begreife. Also ich weiß net (die Stimme schwillt wieder an; sie reißt die ums Taschentuch gefalteten Hände gen Himmel) wie ich bin, Herrgott, wie du mich erschaffen hast, so müßten sie alle sein. Ich will mich net rühmen, aber in Zuvorkommenheit, Hilfsbereitschaft, in allem . . .

(Schwester Elisabeth hat inzwischen den Kühlschrank ausgewischt und fragt mit betont sanfter Stimme):
Darf ich den Kühlschrank anmachen? Ich hab ihn sauber gemacht.

Frau Hoffmann: Ganz sauber?

Schw. Elisabeth: Ganz sauber.

Frau Hoffmann: Was wollen Sie ihn jetzt schon anmachen?

Schw. Elisabeth: Ja, dann kann ich des Zeug neistelle und dann habe Sie auch e bissje Platz. Und wenn ich dann einkauf, dann kommt des nei.

Frau Hoffmann *(kreischt):* Ich muß sparn! Ich darf net über de Strang wichse! Dann seh ich net, wo ich ihn dann ausmache soll.

Schw. Elisabeth: Der muß dann laufe. Den stellen wir auf ganz klein.

Frau Hoffmann: Naa, der muß net laufe. Den stell ich mir dann wieder ab und mach ihn morgens wieder an wie den alten auch. Ach, der anner, wo ich hat, war wunderbar.

Schw. Elisabeth: Also ich mach ihn mal an.

Frau Hoffmann: Ach nee, lasse Sie ihn jetzt noch aus, solang Sie jetzt noch hier rummache. Lasse Sie's mir lieber so wie ich will.

Schw. Elisabeth: *(mit gequälter Stimme):* Sie haben aber doch erzählt, daß Sie ihn anmachen wollten, heut.

Frau Hoffmann: Ich sag Ihne ja, ich seh fast nix. Was nützt mich des, wenn Sie das anmache. Ich find's net. Ich geh net zu der rüber, ich geh net runner *(Sie meint die Nachbarn).* Lieber laß ich den ganzen Kram in die Luft gehe.

Schw. Elisabeth: *(murmelt):* Mmh, so weit kommt's auch.

– Pause –

– Der Wecker tickt überlaut in die Stille –

Frau Hoffmann *(mit wissender Stimme):* Es knallt hier.

– Stille – nur der Wecker tickt –

Schw. Elisabeth: Jetzt steh ich da mit meinem Kühlschrank. Aber die Dosen kann ich ja reinstelle, net? Ob's jetzt an is oder net, is ja wurscht.

Frau Hoffmann: Ei nu lasse Se doch! Sie habe auch so ne Narrerei an sich. Also fürchterlich! Schrecklich! Ich kann so was net leide.

Schw. Elisabeth: Darf ich denn das Fenster uffmache?

Frau Hoffmann: Des hätte Sie schon die ganze Zeit uffmache könne und nachher wieder zu.

Schwester Elisabeth öffnet eine der beiden Luken und fischt eine bestialisch stinkende Plastiktüte von draußen herein. So verpackt, verwahrt Frau Hoffmann immer Wurst und Fleisch. Sie ist nicht sonderlich überrascht über den Fund, sondern empfiehlt, die „Dutte" einfach auf den Hof fallen zu lassen.

Frau Hoffmann: Grad gestern hab ich es beobacht', ich weiß net, was es für'n Vieh war, en größeres. Geht an die Dutte und uffeinmal war se unten. Da hab ich gedacht, jetzt is Sense. Ich drück des Fenster jetzt immer bei, weil die Spatze sind so frech, die komme durchs Fenster und gehn mir uff de Tisch und fressen, gell. So frech is'n Spatz. Weil se Kohldampf haben. Dene geht's wie mir. Ja, sehe Sie mal, ich zitter ja förmlich. Ich hab ja nix im Leib. Wenn nur meine Tochter da wär!

Schw. Elisabeth: Gucke Se mal, wenn Ihre Tochter käm, dann ist sie für ne gewisse Zeit da, dann geht se wieder weg. Und dann geht des so weiter. Da muß man sich was anneres überlegen, Frau Hoffmann. Ob Sie net in ein Heim oder so was gehen. Da werden Sie versorgt.

Frau Hoffmann *(entrüstet):* Ach hör doch uff, hör doch uff. Den Grieskrämerkram da. Ihr habt all gut rede. Wer geht schon gern aus seiner Wohnung. Aber Sie könnte doch jetzt mal runter gehe und meine Tochter anrufe.

Schw. Elisabeth: Nein, die is net da. Die is doch nie da um die Zeit. Dann rufen Sie die doch selbst an später.

Frau Hoffmann *(entschieden):* Ich geh nicht runter!

Schwester Elisabeth verspricht schließlich, am Abend die Tochter in Saarbrücken anzurufen.

Frau Hoffmann: Am besten wär's noch ganz früh morgens. Die fängt doch glaub ich um siebbe bei der Arbeit an.

Schw. Elisabeth: Ja, meinen Sie, ich steh um fünf uff, um Ihre Tochter anzurufen?

Frau Hoffmann: Ach fange Sie doch net immer gleich mit so Ironie an. Des kann doch sein, daß Sie um dreiviertel siebbe weggehe. Da könne Sie die doch mal anrufe. Da müsse Sie doch um fünf net raus.

Schw. Elisabeth: Nee, aber meine Sie net, die erschrickt, wenn ich da so früh anruf?

– Pause –

Frau Hoffmann *(leise, aber bestimmt):* Lieb Mädche, an Zynigkeit fehlt's Ihne aach net.

„Wie soll das Leben weitergehen?"

Aussichten auf Morgen

Hab mich so ganz an dich verloren daß ich mir selber abhanden kam

Ein Gedicht von Margarete Hannsmann

Wie soll ich einen Tag beginnen
in dem du nicht bist

Bewegungen machen
die nicht auf dich zugehn

sie haben mir einen Tisch gebracht
an dem du nicht sitzt

lernen soll ich ein Stück Fleisch zu braten
das nicht für dich ist

ein Stück Brot nur für mich zu schneiden
essen
allein

sie sagen ich soll jetzt ein Glas in die Hand nehmen
ohne es an die Wand zu schmeißen

eine Hyazinthe kaufen
für niemand als mich

noch einmal von vorn anfangen
wie als Kind

gehen lernen nicht an deiner Hand
sprechen lernen nicht zu dir

lächeln wenn Fremde an der Tür stehen
ich bin dein Nachbar

nicht schreiend weglaufen

ohne dich
ohne dich
zu dir

Memento

von Mascha Kaléko

Vor meinem eigenen Tod ist mir nicht bang.
Nur vor dem Tode derer, die mir nah sind.
Wie soll ich leben, wenn sie nicht mehr da sind?

Allein im Nebel tast ich todentlang.
Und laß mich willig in das Dunkel treiben.
Das Gehen schmerzt nicht halb so wie das Bleiben.

Der weiß es wohl, dem gleiches widerfuhr,
– und die es trugen, mögen mir vergeben.
Bedenkt: den eignen Tod, den stirbt man nur.
Doch mit dem Tod der andern muß man leben.

Ein unerträglicher Zustand

Protokoll eines Rückzugs von Angela Joschko

Sie wirkt verloren im Sessel, so schmal, so durchsichtig in ihren
schwarzen Kleidern. Nie waren ihre Augen so groß, mit diesem
Ausdruck eines verschreckten Kindes. Sie hat sich in sich selbst
verkrochen, sich eingeschlossen in eine Hülle aus Einsamkeit –
meine Mutter.

Der erste Bruch kam in Raten, als wir Kinder eines nach dem
anderen unser eigenes Leben suchten. In das früher so turbulente
Haus zog ungewohnte Ruhe ein. Vater und Mutter rückten wieder
näher zusammen. In vierzig konfliktreichen Ehejahren waren sie
miteinander verwachsen, hatten gelernt, mit den Stärken und
Schwächen des andern zu leben. Als die Kinder gegangen waren,
entwickelte sich eine neue Harmonie. Sie waren ein eingespieltes
Team, lebten ganz auf sich bezogen, lernten Sprachen, unternah-
men Reisen.

Aber dann geschah das, womit niemand ernstlich gerechnet

hatte. Vater starb an einem Herzinfarkt. Es war ein Montag. Und mit diesem Montag kündigte Elfriede F. ihre Teilnahme an dem, was wir Leben nennen, auf.

„Ich komm' mir vor wie eingesponnen in, in meinen Kummer. Wie so'n Kokon, um den die Fäden sich wickeln, und es werden immer mehr Fäden. Ich geh' eigentlich das Leben wieder zurück. Obgleich ich selbst merke, daß es nichts bringt, daß es mich nur noch viel unglücklicher macht.

In der Zeitung lese ich überhaupt nichts mehr außer den Todesanzeigen, um festzustellen, wer da übriggeblieben ist, und wie alt derjenige geworden ist. Und dann denk' ich, mein Gott, die Familie ist ja noch schlechter dran, da ist der Mann ja bloß 61 geworden. Eigentlich ist das ne Schande, daß man darin Trost findet, daß andere zu Hause auch todunglücklich sind. Das ist ein so billiger Trost."

Was bleibt, ist Resignation und tiefe Depression, die Unmöglichkeit, im Leben noch irgendeinen Sinn zu sehen, nicht in den Kindern und nicht in den Enkelkindern. Fast täglich kommen ihre Töchter, versuchen, die Mutter aufzurichten, sie abzulenken.

Sie schenken ihr einen jungen Hund gegen die Einsamkeit, einen Cockerspaniel, wie sie ihn früher hatten, genau die gleiche Farbe. Aber sie will ihn gar nicht. Doch statt zu protestieren, läßt sie alles geschehen, ohnmächtig, eine eigene Entscheidung zu treffen und durchzusetzen. Sie läßt sich fallen in Kummer und Hilflosigkeit. Und je tiefer sie versinkt, umso stärker entwickeln ihre Kinder geschäftige Betriebsamkeit. Oder ist die Reihenfolge umgekehrt?

Der Hund wird schließlich zurückgegeben, weil er – angeblich wegen einer körperlichen Anomalie – nicht stubenrein wird. Sie wirkt erleichtert.

Vieles um sie herum nimmt sie gar nicht wahr, registriert es nur, passiv und teilnahmslos, so, als lebte sie unter einer Glasglocke, abgeschnitten von ihrer Umwelt. Sie muß sich sehr verlassen fühlen, denn als sie mir auf mein Drängen hin ihren Tagesablauf schildert, kommen die Besuche der Kinder, die Besorgungen, die sie der Mutter abnehmen, ihre Hilfen, nicht vor.

„Das Alleinsein, so ganz allein sein, und von morgens an,

wenn man aufwacht, wissen, du bist den ganzen Tag allein, das ist einfach unerträglich. Ich könnte an zwei Krücken gehen, dann ginge es mir schlechter. Aber ich meine, du hast das Gefühl, es hat alles keinen Sinn. Du wachst morgens auf und weißt von vornherein, daß du den Tag nur verbringen wirst, *verbringen*.

Ich frage mich morgens manchmal, soll ich eigentlich aufstehen oder nicht. Das ist so eine Art Pflichtgefühl: Man hat morgens aufzustehen. Im Bett liegen bleiben? Das ist unordentlich, das gehört sich nicht. Morgens ist die Zeit des Aufstehens, also steht man auf. Ob's 'nen Sinn hat oder keinen. Aber mir ist mehr danach zumute, einfach alles dunkel zu lassen und im Bett zu bleiben. So wird's 12, dann wird's ja mal 2 Uhr, dann wird's 4 und dann – überdies kann man ab 4 fernsehen. Dann hat man was getan. Ein vollkommen irrsinniger Zustand, ich weiß es selbst.

Wie ein Tag abläuft? Ich tu' gar nichts, überhaupt nichts. Und trotzdem geht der Tag 'rum. Und um Viertel nach sieben geh' ich hoch, mach' die Rolläden runter, und dann nehm' ich meine Schlaftabletten und schlafe. Und komischerweise schlafe ich tatsächlich bis zum nächsten Morgen, obgleich ich mich frage, woher ich eigentlich Schlaf brauche. Ohne Leistung ist ja eigentlich gar kein Schlaf notwendig.

Schlaf ist Flucht? Ja, da hast du Recht. Das ist für mich 'ne Flucht.

Ich fühle mich im Moment aber auch derart elend, daß ich mich scheue vor jeder Kraftanstrengung. Es ist alles wahnsinnig anstrengend. Es ist für mich 'ne Anstrengung, zur Bank zu gehen. Es ist eine Anstrengung, das Auto aus der Garage zu holen. Es kostet mich Überwindung, das Simpelste einzukaufen. Ich hab keinerlei Energie, zu gar nichts. Es ist mehr so eine Apathie ...

Ich lebe nur in der Vergangenheit. Man denkt an vergangene Reisen, und das macht einen dann noch zusätzlich unglücklich. Man lebt auch insofern in der Vergangenheit, als einem klar wird, was man alles falsch gemacht hat. Und man leidet darunter. Im Grunde sagt einem die Vernunft, überall gibt es Auseinandersetzungen, gibt es Mißverständnisse und verschiedene Auffassungen. Aber es ist doch so, daß die Dinge, die man getan oder gesagt hat, daß die einem in der Rückschau, wenn man sie nie mehr ändern kann, noch zusetzen. Und man ist todunglücklich darüber, daß man damals meinetwegen vor zehn, vor zwanzig Jahren, so und nicht anders reagiert hat, obgleich man damals gar nicht anders konnte."

Es war sein vierter Herzinfarkt. In der Klinik galt er als medizinische Rarität, weil sein Herz schon so viele Attacken überstanden hatte. Setzt man sich nach diesen Erfahrungen nicht mit dem Tod auseinander, mit der Wahrscheinlichkeit, daß einer allein zurückbleibt?

„Man schiebt das raus, man schiebt das einfach vor sich her. Man vermeidet es, zu Ende zu denken. Ich hab' immer gesagt, du scheinst vorzuhaben, uralt zu werden. Ich hab' gar nicht die Vorstellung, daß wir so alt werden. Er war fest davon überzeugt, er würde sehr alt."

Merkwürdig. Krankheit, Unfall und Tod treffen in unserer Vorstellung immer nur die anderen. Sich selbst sieht man so gut wie nie in dieser Situation.

Jetzt ist Elfriede F., meine Mutter, seit einem halben Jahr allein. Ein halbes Jahr schon hält es an, dieses Gefühl der Lähmung, der Kraftlosigkeit.

„Ich komm' mir vor wie irgendwo auf der Welt, wo sie Lepra haben, wo sie in die Wüste geschickt werden, wo man sie ihrem Schicksal überläßt, und sie dann eines Tages tot sind. Ich frage mich heute, wie konnte ich zehn Jahre lang berufstätig sein? Ich habe doch meinen Mann gestanden! Und heute komme ich mir vor, als wäre ich, ja, als wäre ich überhaupt nicht erwachsen, als wäre ich auf irgendeinem Stand stehengeblieben, wo man gar nicht lebensfähig ist. Ja, ich habe das Gefühl, nicht lebensfähig zu sein. Und ich forciere es dadurch, daß ich einfach, weil mir das Essen höchst überflüssig vorkommt, nichts esse.

Es hat noch nie 'ne Zeit gegeben, zu der ich einfach überhaupt nichts zu essen brauchte. Das hat's noch nie gegeben. Aber heute brauch' ich nichts mehr. Ich hab' das Gefühl, daß ich, wenn ich aufhöre zu essen, damit alle Probleme löse, verstehst du, der Natur entgegenkomme, indem ich nun nichts mehr esse. Dann muß ja mal eines Tages mit mir Schluß sein."

Aber die Kinder vereiteln das. Sie versorgen sie, kochen für sie, planen eine Zukunft, in der sie sich selbst womöglich gar nicht sieht. Und mitten durch die Reihe der Kinder läuft ein Bruch. Diejenigen, die weiter entfernt wohnen, können sich emotionaler mit der deprimierenden Lage ihrer Mutter auseinandersetzen, mit ihrer abgestorbenen Hinwendung nach außen. Denn wenn die Trauer über den Verlust ihres Mutterbildes zu stark wird, können sie sich wieder zurückziehen in die Hektik des Berufsalltags und ihre Angst vor zu tiefer Trauer überdecken.

Und die anderen, die sich nicht entziehen können, weil sie in nächster Nachbarschaft wohnen, verbergen ihre Hilflosigkeit hinter einer Fassade aus sachlicher Geschäftigkeit. Man plant, organisiert, regelt alles für die Mutter, nimmt ihr alles aus der Hand, macht sie so zum Objekt einer Versorgung.

Und wieder läßt sie alles geschehen, ohne Reaktionen zu zeigen – weder Dankbarkeit noch Auflehnung. Es ist ihr einfach einerlei. „Es kommt tatsächlich ein Zustand", sagt sie, „wo dir alles so wahnsinnig einerlei ist, daß du dich in den Zug setzt und denkst, von mir aus kann er entgleisen, das ist auch einerlei!"

„Wenn ich einen Glauben hätte, würde es mir besser gehen, aber ich bin ein viel zu mißtrauischer und skeptischer Mensch. Ich beneide alle gläubigen Menschen. Ich habe Vater stets beneidet um seinen Glauben, immer, vierzig Jahre lang.

Das kam schon mal vor, früher, daß es hieß: Wenn dir was passiert . . . Ich sagte: Dann möcht' ich nicht mehr leben. Ich hab' ewig Stoffe besessen, die mir dazu verhalfen . . . ja . . . meinem Leben ein Ende zu machen. An denen hab' ich mich festgehalten. Es gab mir ein Gefühl der Sicherheit. Das gab mir das, was für andere Leute die Religion ist, ja, das war für mich der Besitz dieser . . . dieser Besitz.

Eigentlich beschäftigte ich mich mehr damit, na, wie soll ich mich ausdrücken, also eben diesem Zustand ein Ende zu bereiten. Nur scheu' ich mich, Euch das anzutun. Ich kann nicht über mein Leben so verfügen. Es könnte sein, daß mich doch noch mal jemand brauchen würde, dann wäre ich nicht da."

Eine Woche nach unserm Gespräch – wieder war es ein Montag – finden ihre Töchter sie morgens reglos im Bett. Mit Martinshorn und Blaulicht fährt ein Krankenwagen sie in die

Entgiftungsstation des Stadtkrankenhauses. Nach stundenlanger Ungewißheit ist sie „über den Berg".

Das Gefühl der Sinnlosigkeit, das Gefühl, nutzlos zu sein, nicht mehr gebraucht zu werden, von den längst erwachsenen Kindern, von niemandem auf der Welt – dieses Gefühl muß gesiegt haben.

Wir werden es nicht erfahren, denn sie will uns nichts darüber sagen. Sie hat diese ganze Woche aus ihrer Erinnerung gelöscht.

„Er ist mir so nah gestorben"

Tagebuchaufzeichnungen übermittelt von Hanne Huntemann

Gisela N. ist 63 Jahre, Witwe, von Beruf Pianistin. Vor fünf Jahren starb ihr Mann. Er wurde 81 Jahre. Seither lebt sie alleine in der großen Kölner Altbauwohnung. Früher erteilte sie Klavierunterricht am Konservatorium, heute gibt sie zu Hause Privatstunden. Mit einem Kreis von Freunden musiziert sie regelmäßig und tritt zuweilen auch in Konzerten auf.

Seit ihrer Jugend schreibt sie Tagebuch. Auch während des Krieges waren Tintenfläschchen und Papier ihre ständigen Begleiter. Das, was sie bewegt, was ihr wirklich nahe geht, vertraut sie nur einem an, ihrem Tagebuch.

Eine Zeit, die sie besonders intensiv in ihren Aufzeichnungen schildert, sind die letzten Tage vor dem Tode ihres Mannes, mit dem sie 27 Jahre verheiratet war. Er, dessen geistige Beweglichkeit sie immer so bewunderte, war zum Pflegefall geworden. Die letzten Wochen verbrachte er im Krankenhaus.

12-08-1974: Habe große Angst, heute ins Krankenzimmer zu treten. Brauche mehr Haltung, darf nicht weinen. Wenn so ein Zerfall nur schneller ginge. Dabei ist er klar bei Verstand, erkennt jeden mit Namen. Das bedrückt ja so sehr, weil er fühlt, wie ein lebendiger Mensch.

144

15-08-1974: Komme später ins Krankenhaus. Aber kein harter Vorwurf von ihm wie sonst. Er lächelt sogar. Die Birne verzehrt er mit Genuß. Plötzlich starke Veränderung, er wird böse, aggressiv „Nimm das weg!" Wiederholt, da ich nicht weiß, was er meint, wird ungeduldig, „du bist wie alle Weiber!" Der Arzt kommt und ruft mich später heraus. Ich könnte ihn nicht pflegen, falls der Zustand sich verschlechtere. Er müsse ins Altenheim. Gibt es denn kein Ende?

16-08-1974: Wieder verändert. Schläft, atmet schwer in kurzen Stößen. Ein paarmal sagt er „komm doch, komm doch, dann will ich auch schlafen." Viel erschöpfter als sonst.
Zwischenfall: Bett, Unterlagen, Oberbett, Nachthemd naß, er hatte es nicht bemerkt. Wie soll er in diesem Zustand noch lange weiterleben? Könnte ich ihm nur ein anständiges Ende bereiten!

17-08-1974: Es geht zu Ende, ich bin wie im Taumel, Schwebezustand. Habe auf dem Heimweg geweint. Es ist zermürbend, ihn so zu sehen. Bei Bewußtsein und so ein Zerfall. Er lächelte mich zweimal an, was mir immer noch wehtut.
Endlich erhalte ich die Auskunft, daß er nicht mehr lebend die Klinik verlassen wird. Kann stündlich sein, aber auch eine Woche!

18-08-1974: Morgens. Tatsache: Karl stirbt! Das ist unfaßbar! Das Zimmer, in dem ich sechs Wochen verbracht habe, ist mir seltsam vertraut. Der Lehnstuhl in verschlissenem Blau, zwei kleinere Sessel in bleu und braun, die alte Chaiselonge, das andere Bett, die Nachtschränke in weißer Nüchternheit. Die Geräusche, Schritte, wenig Gerüche. Karl riecht jetzt etwas süßlich durch Puder und Cremes und der roten Flüssigkeit für den Mund. Wieder frisches Bettzeug.
Abends. Wäre ich nur dort geblieben! Lange vor ihm gesessen als er im Schlafzustand war, immer gewartet auf Augenöffnen. Rufe manchmal seinen Namen, er antwortet mit „ja". Im Zweifel, ob ich gehen soll. Nur das eigene Unbehagen, der Termin morgen beim Arzt, der Wunsch, nochmal mit Schlaftabletten auszuruhen,

haben mich heimgehen lassen. Der Arzt meinte, die nächsten Stunden sei nichts zu befürchten.

19-08-1974: Karl noch schlechter. Erkennt niemanden. Rufe trotzdem seinen Namen und bin erschüttert. Benetze die Lippen ein paarmal, wenn er stöhnt. Aber er ist schon so hinüber, daß er nichts mehr wahrnimmt.
Gespräch mit der netten Koreanerin, gebe dem Küchenpersonal 60 Mark. Alle sagen, er war ein lieber Patient.
Sitze da und gucke ihn an. Bin ruhig. Der Arzt schickt mich nach Hause, ich könne hier doch nichts machen. Gehe wie betäubt fort.
Anruf: Es geht schlechter. Ich fahre sofort hin. Und dann der Arme! Nur noch die Maschine von Lunge und Herz arbeitet. Eiskalter Schweiß auf Stirn und Händen. Augen nahezu geschlossen. Hoffentlich geht die Nacht herum. Auf dem Tisch schon wieder der Kranz mit Kerzen und Weihwasser.
Er schafft ganz entsetzlich – offener Mund, pumpt die letzte Luft heraus. Würde der Atem nur schwächer, ich wäre dankbar. Fühle mich irgendwie so unnatürlich, daß ich das so sachlich sehen kann.
Bedaure nur, mit dem Beruf nicht aufgehört zu haben als ich es vorhatte. Die letzten eineinhalb Jahre wären friedlicher verlaufen, angenehmer für uns beide.
Es geht eigentlich alles sehr schnell. Der furchtbare Atem, bei dem sich der Brustkörper hebt, die Hände sich dazu bewegen. Der stoßweise ausgewürgte Atem. – Plötzlich – der Rhythmus anders, langsamer, schwächer. Dann immer weniger und Stille. Er ist tot. So schnell! Wäre ich doch lieber noch früher gekommen, hätte noch eine Stunde länger mitgelitten. Ich will mich von ihm verabschieden, dann gehen. Atemlose Stille, er liegt friedlich da. Jetzt bin ich Witwe!

20-08-1974: Beim Beerdigungsinstitut: Makaber-lustig, rustikale, elegante Ausstattung. Karl wird ein Hemd anhaben, so teuer wie nie im Leben, suche das unauffälligste heraus.
Zu Hause verschiedene Anrufe, Schwester und Mutti wollen mich trösten kommen. Nicht nötig, war die ganze Zeit allein.

21-08-1974: Die letzten sechs Wochen waren die friedlichsten meiner Ehe von 27 Jahren. Nur quält mich, daß ich die letzten beiden Nächte vor Karls Tod nicht bei ihm gewesen bin. Aber ich war ja sonst stundenlang bei ihm, mußte auch manchmal rausgehen, weil ich es nicht mehr aushielt. Aber jetzt bin ich wie befreit, erlöst, kein Gefängnis mehr, freie Entfaltung. Muß ganz vorsichtig anfangen, nur nicht übermütig werden, sinnvoll leben, gründlich arbeiten! Bin jetzt schon ein anderer Mensch. Hatte keine Ahnung mehr von Luftholen, Entscheiden ohne immer Rücksicht zu nehmen. Trotzdem, noch nicht zu fassen, daß er tot ist.

22-08-1974: Er ist mir so nah gestorben, könnte ich ihn auch so begraben, ohne all die Konzessionen, die Umstände, die Gesellschaft nach der Beerdigung. Allein hinter dem Sarg. Wie oft hatte ich mir dies gewünscht. Karl hat nie vom Tod gesprochen oder gefragt, ob er sterben müsse. Auch ein Segen. Vielleicht spürte er die Todesangst gar nicht. Ein langsames Abblättern seit drei Jahren, nur die letzte Woche rapider Verfall.

23-08-1974: Ohne Trauerkleidung zum Friedhof. Er lag so still und friedlich da auf blendendem Weiß, im eleganten Hemd, zugedeckt mit weißer Decke. Mund etwas verzogen, wie so oft im Leben. Noch keine Totenblässe. Ich stand lange vor ihm, von der Scheibe getrennt. Dann ging ich den Weg, den der Trauerzug gehen würde, für mich allein. Ein schöner Weg unter alten Bäumen. Nachmittags. Beerdigung und Trauerfeier verliefen gut, sogar würdig. Sehr schöne Blumen und Kränze.

22-09-1974: Komme von Einkäufen nach Hause und bin traurig, weil seine Gestalt fehlt, die ich doch liebte, bei aller Feindseligkeit, die sich da manchmal zeigen wollte. Meine Überlegungen immer wieder: Die vorletzte Nacht hätte ich um ihn sein müssen, die Verschlechterung selbst miterleben.

Gisela N. wird bis in ihre Träume von dem Gefühl gepeinigt, ihren Mann in den zwei letzten Nächten allein gelassen zu haben. Sie kann sich auf nichts anderes mehr konzentrieren. Sie entschließt sich zu einer Kur in einer psychosomatischen Klinik. Nach der Rückkehr fühlt sie sich gefestigter. Sie hat sich vorgenommen, nun ihre Arbeit im Konservatorium zu kündigen und den reichhaltigen Nachlaß ihres Mannes in aller Ruhe zu ordnen. Er war ein besessener Sammler alter Grafiken, Stiche, Holzschnitte und Handzeichnungen. Sie will sie katalogisieren und teilweise zu Versteigerungen geben. Nebenbei musiziert sie, gibt Klavierunterricht. Durch eine ihrer Schülerinnen lernt sie einen Mann kennen, der ihr Leben verändert.

23-11-1974: Anruf von Erich H., er will mit mir musizieren, weil er hörte, daß ich jemanden suche, der Cello spielt. Er hatte auch gleich konkrete Vorschläge, die Cellosonate von Beethoven, op 5/1, F-dur.

24-11-1974: Zusammenspiel geglückt. Er sagte: So schön habe er diesen Satz noch nie gehört. Tat natürlich gut. Ein offener, ungehemmter, freundlicher Mensch. Keine Gefahr zur „Verliebung".

29-11-1974: Wieder mit Erich H. geübt. Ein Sonnyboy!

08-12-1974: Erich H.'s Naivität ist in meinem Fall herzerfrischend umwerfend. Wie er meine Brille mit seinem Taschentuch putzt, mich am Rücken kratzt, sobald ich nur eine Stelle berühre.
Und wie er dann plaudernd bei Kerze und Wein bis 23 Uhr bei mir saß, nachdem er die Lampe wieder ummontierte, Flasche geöffnet hatte usw., war einfach umwerfend. Ich lachte noch, als ich allein war.

25-01-1975: Erich H. kommt morgen. Schon sieht die Welt anders aus.

26-01-1975: Seine Zärtlichkeit! Er zog mich dauernd an sich und geleitete mich zum Flügel. Wieder im Stehen richtige Umarmung. Ich wehrte mich, bog mich zurück, lenkte ab: „Was haben Sie für eine schöne Krawatte!" Damit er mein Desinteresse spüre. An der Tür Wangenkuß. Was ist nur mit dem los???

Jetzt im Alter könnte ich plötzlich männliche Wärme und Körperlichkeit haben! Er sah mich verlockend an! Ich hätte auch mit Umarmung antworten können. Aber er wäre der Falsche. Er berührt mich nicht innerlich.

26-02-1975: Anruf von Erich H., er ginge spazieren, ob er mal kommen dürfe? Ich: Ob er immer mit Cello spazierte. Natürlich kam er ohne. Wir spielten vierhändig. Ein sehr musikantischer Mensch.

Drückte mich einmal an sich, küßte mich auf die Wange. Eigentlich tut es doch gut. Wäre er nur nicht so direkt.

24-03-1975: Erich H. will mit mir spazieren gehen. Frau Hermann sieht mich vor der Abfahrt, findet mich reizend aussehend. Mit Cape.

Erst gegen 15 Uhr zurück. War schön, jahrelange Entbehrung genossen. Auf der Wiese gelegen, in der Armbeuge eines Mannes, nie gedacht. Zarte Umarmung, Küsse, Zärtlichkeiten, beim Gehen nebeneinander. Dankbar genossene Wunder. Aber er kann doch nicht immer heimlich kommen.

07-04-1975: Von meiner Reise zurück. Sein Brief und die Karte haben mich verändert, machen mich bereit. Weiß, wenn er mich wieder so zärtlich begrüßt, bleibe ich nicht mehr reserviert wie sonst. Werde in seinen Armen landen. Er kommt, gleich vertraute Begrüßung. Er war hingerissen von mir als Dame. Erstmalig elegant, Haare frisch. Hat mich in großer Erregung zurückgelassen. Nicht sein Verheiratetsein stört mich, sondern daß er vielleicht öfter solche Beziehungen hat.

22-08-1975: Vor einem Jahr Karls Beerdigung. Und ich heute so heiter.

23-08-1975: Gerade Haare gewaschen, Kleid übergezogen, langer Klingelton. Tatsächlich er war's. Im weißen Anzug großartig aussehend. Der kommt zu mir! Dieser gut, sehr gut aussehende, jung wirkende, schlanke Mann kommt zu mir!

28-08-1975: *Ich habe einen Liebhaber,*
einen Mann zum Lieben,
aber nicht zum Liebhaben.
Denn er liebt seine Frau,
mein Antibild an Wesen und Gestalt.
Und ich bin trotzdem froh.
Der Abfall an Zeit könnte größer sein,
doch die Freiwilligkeit der Gebärde
bleibt schön und kostbar.
Ich schmecke die Ankunft voraus
und singe vor Freude,
leise, damit niemand erfährt:
Ich habe einen Liebhaber.

Die sieben Leben der Katza M.

Eine Anklage von Anita Geigges

„Mein Leben?
Du fragst nach meinem Leben? Was soll ich dir sagen?“
„Alles.“
„Das kann ich nicht. Ich habe sieben Leben und ich bin noch mit keinem fertig.“
„Fang doch von vorne an.“
„Ich fange immerzu von vorne an. Auch jetzt. Aber ich komme nicht weiter. Ich werde nicht fertig. Ich kann nichts abhaken.“
    Katza hat mir einen Hocker ins Gras gestellt. Einen Stuhl mit Lehne besitzt sie nicht. Ihr „Haus“, ein längst ausgedienter Eisenbahnwagen, ist zu klein dafür. „Im Herbst muß man jeden Sonnenstrahl suchen“, hat sie geflüstert, als sie sich bückte. „Wir bleiben hier draußen.“

Ich sitze bequem auf dem Schemel. Hinter mir liegt ein steiler Bahndamm. Die Strecke ist stillgelegt. Katza liebt und hegt das spärliche Gras auf dem Hang. Es ist sonst kein Grün weit und breit. Kein Strauch. Kein Baum. Neben mir in den verdorrenden Halmen steht schief und verwittert eine Statue. Eine Madonna aus Ton. Sie ist bunt bemalt und mit verblichenen Wachsblumen geschmückt.

Katza sitzt auf dem Treppchen, das in ihren Wagen führt. Sie trägt ein blaurot kariertes Kleid mit einem weiten Rock. Darüber hat sie eine braune Schürze gebunden. Ihre langen grauen Haare sind straff nach hinten gekämmt und zu einem Knoten gedreht. Sie schaut auf ihre Knie. Sie träumt. Ihr Gesicht ist still und schön.

„Am Sonntag bin ich 75 Jahre alt geworden. Wir haben ein Fest gefeiert. Es wurde eine Reise in die Vergangenheit. Alle waren da. Alle, die übrig geblieben sind. Aber ich mußte immerzu an die denken, die nicht gekommen waren. Viele haben gefehlt. So viele. Nie mehr werden sie bei uns sein. Nie mehr können wir sie sehen. Wir können sie auch nicht mehr richtig mit unserem Herzen sehen. Sie sind schon so lange weg. Es ist nur ein böser, großer Schmerz da. Ein Schmerz, der nie aufhört ...

Bubeli hat davon gesprochen. Er hat Worte gefunden für das, was mir noch immer die Zunge lähmt, das Herz versteinert. Er hat erzählt von der Zeit der Hakenkreuze. Wie er aus dem KZ geflohen war und gejagt wurde. Wie er in tiefer Verzweiflung im Angstschweiß die Seele seiner toten Mutter um Hilfe bat: ‚Mutter! Hilf mir! Ich bitte dich, gib mich nicht in die Hände der Mörder!' Und die Mutter half.

Ich konnte meinen Kindern nicht helfen. Ich habe ihre Schreie nicht gehört. Ich lebte ja noch. Ein elendes Leben."

Katza schaut mit leeren, weiten Augen in den Himmel. Nie habe ich eine größere Trauer gesehen.

Der Hund bellt. Ein paar Hühner fliegen gackernd hoch. Katzas jüngster Sohn, der 40jährige Beitschi, stapft auf uns zu. Aufgeregt erzählt er der Alten eine lange Geschichte. Ich kann nur Bruchstücke verstehen. Er spricht Romanes, die Zigeunersprache, das letzte noch lebende Überbleibsel des alten, edlen Sanskrit. Die beiden kümmern sich nicht um mich. Katza schüttelt den Kopf oder nickt, stellt ganz kurze Fragen. Endlich geht Beitschi. Aber er hört nicht auf zu schimpfen. Katza schaut in sich hinein.

Nach einer langen Weile beginnt sie zu sprechen. Fast tonlos. Ohne Pause. So, als sagte sie ein auswendig gelerntes Gedicht auf, gedankenlos ein Gebet.

„In Frankfurt hat die Polizei eine alte polnische Zigeunerin eingesperrt. Vier Tage lang. Weil sie keine Papiere hatte. Die haben sich nicht einmal erkundigt, wo die Frau lebt und wie. Und sie konnte nichts sagen. Sie kann ja nur unsere Sprache sprechen und die polnische. Zuerst hat die Romni getobt. Dann hat sie geweint. Vier Tage und vier Nächte. Als sie aus dem Gefängnis entlassen wurde, lief sie weit vor die Stadt zu einem vergessenen Schuttplatz. Dort fand sie ihre beiden Enkel wieder. Sie waren noch immer an dem Platz, an dem sie sie vier Tage vorher verlassen hatte, um in der Stadt betteln zu gehen. Die Kinder waren halb verhungert und völlig verstört. Die Alte ist der einzige Mensch, den sie noch haben, seit ihre Eltern ein Jahr zuvor in Holland verhaftet wurden. Die Polizei hatte bei einer Kontrolle im Auto der Familie gestohlene Hühner gefunden. Ach ja. Und Ausweise, gültige Pässe, haben die Leute sowieso nicht. Die wird man ihnen hier bei uns auch nie geben. Und so werden sie nie eine Aufenthaltserlaubnis und Arbeit bekommen. Wie wilde Tiere müssen sie leben. Wahrscheinlich sind die Eltern schon lange abgeschoben worden. Nach Polen oder Jugoslawien. So machen die das immer, die Behörden hier auf den Ämtern. Die Alte mit den Kindern ließen sie laufen. Aber die Alte kennt das Leben. Sie wird die Kinder durchbringen. Die Not ist unser Bruder. Wir kommen damit zurecht."

Katza stemmt die Hände auf ihre Schenkel. „Ich mach' uns einen Kaffee." Ächzend arbeitet sie sich hoch. Ihr Gesicht rötet sich. Die Ärmel ihres Kleides schieben sich nach oben. Jetzt weiß ich, weshalb diese Frau sich auch im Hochsommer bis zum Handgelenk bedeckt. Auf ihren linken Unterarm ist eine Nummer tätowiert. Katza hat in der Hölle von Auschwitz gelebt.

Mein Blick irritiert sie. Unwirsch dreht sie sich um. Das Treppchen knarrt.

Während die alte Zigeunerin lärmend in dem engen Wagen wirtschaftet, überlege ich, warum sie mir nie von „ihrem" Auschwitz erzählt hat. Oft habe ich sie nach ihrer Zeit der Hakenkreuze gefragt. Immer hat sie geschwiegen, ist weggegangen oder hat ganz schnell von etwas anderem gesprochen. Mein Gott, wie oft hab' ich ihr wehgetan!

„Du schaust, als wär' dir der Mulo (Totengeist) begegnet." Die laute Stimme erschreckt mich. Katza steht in der Wagentür, breit und stolz, eine Mutter, an deren Schürze man sich immerzu festhalten möchte. In den Händen trägt sie zwei dicke, dunkelrote Steinguttassen mit dampfendem Kaffee. Sie lächelt und blinzelt mit ihren schwarzen, feuchten Augen.

„Ich habe auch schon Hühner gestohlen. Was sollen wir machen, wenn die Kinder nichts zu essen haben? Euere Älteren wissen, wie das ist. In der Zeit nach dem Krieg, die ihr die schlechte nennt, hat es auch bei euch Hunger gegeben und Not. Und – Diebe. Da habt ihr euch gegenseitig die Kohlen gestohlen und die Kartoffeln. Und noch viel mehr. Euer großer Dichter, der Heinrich Böll, hat einmal mit ein paar von uns Zigeunern gesprochen über diese Zeiten. ‚Wir sind ein Volk von wohlorganisierten Dieben‘, hat er da über euch gesagt. Dieser Satz macht bei uns seither die Runde. Bei euch nicht. Da wird er verschwiegen.

Ihr habt dann euer Wirtschaftswunder gehabt. Wir nicht. Ihr habt nämlich unsere letzten Berufe noch kaputtgemacht. Es gibt keine Schirmflicker mehr und keine Scherenschleifer und keine Korbflechter. Und wenn wir Frauen bei euch mit Spitzen, Zwirn oder Knöpfen vor der Haustür stehen, dann jagt ihr uns weg. Im Kaufhaus bekommt ihr das Zeug ja viel billiger.

Ihr habt aus uns Sozialhilfeempfänger gemacht. Darüber sind wir nicht froh."

Katzas Augen werden schmal. Ihr Blick ist hart. Ihr Schweigen hängt schwer und zäh zwischen uns. Es zerrt an meinen Nerven. Ich denke an Teppichhändler, an Antiquitätenhändler … „Es sind nicht viele von uns, die es zu etwas gebracht haben", sagt Katza. „Aber ihr seht nur die und meint, es ginge uns allen so gut. Wir haben auch ein paar ganz Reiche. Drei, vier. Multimillionäre. Die haben viel von ihrem Geld groschenweise aus den Ärmsten von uns herausgepreßt. Solche Leute gibt es ja auch bei euch, nicht wahr. Bei uns ist es für die besonders einfach, weil viele von uns nicht lesen und schreiben können. Da nimmt man jede Hilfe an und merkt zu spät, daß man sich mit einem Handschlag verkauft hat." Auf dem Asphaltplatz vor Katzas Wagen spielen Kinder. Ihr Lachen, ihr Geschrei schwappen in unser Schweigen. Hunde kläffen. Auf der Straße, die an dem Platz vorbeiführt, fahren fast pausenlos Lastkraftwagen zum nahegelegenen Industriegebiet. Katza scheint nur die Kinder zu hören. Dieser Lärm gefällt ihr. „Wie gut ist es, daß wir viele Kinder haben. Die Kinder sind unser Stolz, unsere Freude, unser größtes Gut, unsere Zukunft. Niemals würde einer von uns zulassen, daß ein Kind in ein Heim gesteckt wird. Und niemals hat einer von uns in einem Altersheim gelebt. So war es immer. So ist es auch noch jetzt. Wenn diese Gesetze einmal nicht mehr eingehalten werden, ist das Volk der Zigeuner tot. Die Alte reibt sich die Augen und nestelt an ihrem Haar. „Ihr könntet viel von uns lernen", sagt sie laut. Sie zieht hochmütig die Augenbrauen hoch, kräuselt verächtlich den Mund, hebt die Hände, läßt sie wieder in den Schoß fallen – resigniert. Hilflos. „Ihr könntet viel von uns lernen", wiederholt sie zornig. „Aber ihr wollt nicht. Seit ein paar Jahren nennt ihr uns Sinti und Roma. Und ihr meint tatsächlich, jetzt wüßtet ihr alles. Was für ein Fortschritt, ihr könnt unseren Namen sagen! Und was könnt ihr sonst noch? Uns weiter verachten, uns weiter verleumden, stolz darauf sein, daß ihr euch ein wenig für uns interessiert. Getan hat für uns Sinti und Roma noch keiner etwas. Wir hausen weiter wie seit 15 Jahren auf diesem schrecklichen Platz. Harter Asphalt. Kein Baum. Kein Strauch. Der Dreck von den Schloten dort drüben. Der Lärm und Gestank von den Autos. Zwei Wasserstellen für uns alle, für mehr als 200 Menschen. Ein Aborthäuschen für alle. Früher haben wir auf der anderen Seite der Straße gelebt, dort wo das Wäldchen ist mit den Wochenend-häusern. Als die Häuser gebaut werden sollten, hat man an dieser Stelle alle Bäume abgeholzt, den Platz mit Asphalt zugeschmiert und uns gezwungen, hierher zu ziehen. Im Sommer bleiben wir im heißen Teer stecken. Im Winter ist es überall spiegelglatt. Wir schämen uns, jemandem zu sagen, wo wir wohnen. Ich werde und werde mit diesem Leben nicht fertig."

Mit schrillem Geschrei kommt Tinky, der jüngste Enkel der alten Katza, zu uns gelaufen. Dicke Tränen kullern über seine schmutzigen Backen. Er blutet an den Händen und Knien. „Jede Rauferei der Kinder endet so", sagt Katza. „Wenn sie nur wenigstens einen Sandplatz hätten." Die Alte schimpft ein bißchen mit dem Kind – ihr Romanes klingt zärtlich – und trägt es dann in den Wagen. Nach ein paar Minuten kommt sie wieder heraus, auf dem Arm Tinky, blitzeblank und strahlend. Sie drückt ihn fest an sich und stellt ihn dann wieder auf die Erde. „Lauf, geh' zu den andern zurück."

Sie hockt sich auf das Treppchen und seufzt. „Die Kinder machen mir Sorgen. Es gibt nichts Gutes mehr für sie. Als ich klein war, lebten wir jedes Jahr viele Wochen lang auf einer Wiese an einem großen, wilden Bach. Ein Bauer hatte uns den Platz gegeben. Aus Menschenliebe. Er mochte uns. Er besuchte uns oft und führte lange Gespräche mit meinem Vater und meinem Großvater. Das war in Pommern. Im Frühjahr und im Herbst fuhren wir durch die Dörfer und machten Zirkus auf den Marktplätzen. Ich konnte schon als kleines Mädchen auf einem Seil gehen und Radschlagen und ganz lange auf den Händen laufen. Wir hatten einen Bären und Äffchen und einen Esel. Die Leute freuten sich, wenn wir kamen. Es war eine gute Zeit. Später kaufte mein Vater ein Filmvorführgerät und zeigte Kintopp in Wirtshäusern, Gemeindesälen.

Eines Tages hieß es, wir müßten alle nach Stettin. Dort hatten wir uns bei der Polizei zu melden. Unsere Namen wurden in eine Liste geschrieben. Unsere Pässe, unsere Pferde, den Wagen und das Auto, das mein Vater sich kurz vorher gekauft hatte, nahmen die Männer uns weg. Sie brachten uns in ein Barackenlager, das mit hohen Brettern eingezäunt war. Als mein Vater fragte, was das alles bedeuten solle, schlug ihm einer der Männer mit dem Handrücken ins Gesicht. Wir mußten alle in eine der Baracken gehen. Die Männer in den schwarzen Uniformen rissen die Tür auf und schoben uns in das Bretterhaus. Dann gingen sie weg. Einer pfiff ein Lied. Der Raum, in dem wir standen, hatte kaum

Licht. Als unsere Augen sich an die Düsternis gewöhnt hatten, sahen wir an einem Tisch unter der Fensterluke Menschen sitzen. Sie schauten alle zu uns. Aber sie bewegten sich nicht. Erst als das Pfeifen des SS-Mannes nicht mehr zu hören war, stand eine Frau auf und kam zu uns. Es war Lulli, eine Kusine meiner Großmutter. Wir begrüßten uns stumm. Ohne Tränen. Ohne Berührung. Auch die Kinder waren still. Ich weiß heute noch nicht, was damals in mir vorging. Ich schrie nicht, ich weinte nicht, ich wehrte mich nicht. Ich bewegte mich wie eine Puppe. Alles war kalt. Ich fühlte kein Blut in meinen Adern. Ich hatte keinen Gedanken. Ich hatte nur Angst. Ich war Angst."

Ein Schatten fällt über Katza und mich. Erschreckt schauen wir hoch. Auf dem Bahndamm steht breitbeinig der alte Storo, Katzas Mann. Hinter ihm tauchen vier, fünf halbwüchsige Jungen auf. Storo lacht. Seine tiefe, heisere Stimme lullt mich ein.

„Na, ihr zwei Klatschbasen, was gibt's denn Neues? Wir haben den dicken Motor ganz auseinandergenommen. Das war ein hartes Stück Arbeit. Jetzt gehen wir uns waschen und dann ist Brotzeit." Die Männer stapfen schweigend an uns vorbei. Die beiden Jüngsten rempeln sich mit den Schultern an und lachen verlegen.

Katza springt auf. Ganz leicht. Ganz ohne Mühe. Sie muß sich nicht, wie vorhin, hochstemmen. Ihre gelegentliche Schwerfälligkeit scheint nicht von den alten Knochen zu kommen. Ich darf ihr helfen, den Tisch zu decken. Kein Wort fällt zwischen uns, bis die andern da sind, hungrig, geschwätzig, fröhlich.

Storo ist Schrottler. Er zerlegt Autowracks und verkauft das Metall oder auch Einzelteile, die noch funktionieren, die er repariert hat. Sein Sohn Beitschi und einige Enkel helfen ihm dabei. Die Arbeit ist mühsam und hart. Der Verdienst ist karg. Elf Menschen müssen davon leben. Nicht immer reicht es, wie heute, für Wurst und Bier.

Katza steht mit verschränkten Armen am Schrank. Sie setzt sich nie an den Tisch, wenn die Männer essen.

Storo fragt mich, ob ich Feigeli wieder einmal getroffen hätte. Feigeli ist der Sohn seines Bruders. Er ist der Stolz der Sippe, ein berühmter Musiker. „Nein", sage ich. „Feigeli habe ich nicht getroffen. Aber Danza, seine Frau, habe ich besucht." Katza, die vor sich hingeträumt hat, wird munter. „Danza! Wie geht es ihr? Ist sie noch in Berlin? Was machen die Kinder?"

„Danza wohnt immer noch in dem Hochhaus. Sie fühlt sich nicht wohl dort. Sie sagt: ‚Der Betonkäfig bringt mich noch um.‘ Die Kinder sind wohlauf und geraten gut. Die vier Großen gehen schon in die Schule. Mit den drei Kleinen hat Danza viel Mühe. Sie läßt sie nicht gern auf die Straße gehen. Und die Wohnung ist so klein. Danza sieht elend aus. Sie erwartet ihr achtes Kind. Gardelia, Danzas Mutter, lebt jetzt auch in Berlin. Sie klagt, Feigeli sei immer unterwegs. Er habe zwar viele Konzerte, werde aber zu schlecht bezahlt. Sie wüßten oft nicht, wie sie die Kinder satt bekommen sollen."

Katza fällt mir ins Wort. „Gardelia hat mich an meinem Geburtstag angerufen. Sie erzählte, daß sie nur nach Berlin gezogen ist, weil Danza nicht mehr allein zurechtkommt. Nun geht die alte Frau in der großen Stadt hausieren. Tag für Tag marschiert sie treppauf, treppab mit ihren Knöpfen und Spitzendeckchen, weil der Schwiegersohn mit seiner Geige die Kinder nicht ernähren kann."

„Aber warum müssen es denn auch acht Kinder sein?" Meine schnelle Frage dröhnt mir in den Ohren. Katza wirft mir einen kurzen Blick zu, der mich verwirrt. Storo steht auf. „Wir gehen wieder an die Arbeit." Die Jungen trinken hastig ihre Gläser leer und drängen hinter Storo aus der Tür.

„Wir sprechen nicht über so etwas", sagt Katza und setzt sich zu mir an den Tisch. „Ich habe dir vorhin erklärt, was Kinder für uns bedeuten. Wie kannst du eine so böse Frage stellen! Wir Zigeuner sind glücklich über jedes Kind, das uns geboren wird. Abtreibung gibt es bei uns nicht. Eure Pille bedeutet für uns Mord. Der größte Luxus kann uns ein Kind nicht ersetzen. Die größte Not wird für uns erträglich, wenn Kinder um uns sind."

Liebe, kluge alte Katza. Ich kann euch verstehen und ich kann euch nicht verstehen. Immer wieder zeigt ihr mir euer Leben. Ich sehe, es ist gut. Und ich sehe, es ist so schwer, so gnadenlos hart. Ich muß an Dragosta denken und an ihren Mann Nicoliç. Rumänische Zigeuner. Wie durch ein Wunder haben sie den Krieg überlebt. Ihre Kinder und alle ihre Verwandten wurden Opfer der Nationalsozialisten. Vor gut zwanzig Jahren schlossen sich die beiden Verlassenen einer kleinen, fremden Sippe an. Roma, die ruhelos durchs Land zogen. Als die Behörden in dem Ostblockland die Nomaden ansiedeln wollten, flohen diese in den Westen. Ihre rumänischen Papiere vernichteten sie. Nie mehr wollen sie zurück.

Hier in Westeuropa ziehen sie nun von Land zu Land, kommen immer wieder mit der Polizei in Konflikt, werden immer wieder von barmherzigen Menschen vor dem Verhungern bewahrt, finden keine Nische mehr zum Überleben. Die Männer sind kunstfertige Kupferschmiede. Sie dürfen nirgendwo ihr Gewerbe betreiben, weil sie sich nicht ausweisen können, also eigentlich nicht existieren.

Dragosta und Nicoliç, beide sind jetzt um die 80 Jahre alt, werden von diesen Menschen beschützt, ernährt und gewärmt. Der Sippenchef hat ihnen ein altes Auto besorgt. Dieses Auto ist ihr Heim. Sie leben darin, wenn das Wetter den Aufenthalt im Freien zu unwirtlich macht. Nicoliçs Seele ist schon lange tot. Seit vielen Jahren hat er nicht mehr gelacht. Dragosta füttert ihn, zieht ihn an und aus, sagt's ihm, wenn er schlafen soll. Dragostas Augen glühen immer noch. Sie ist der gute Geist der Sippe. Sie ahnt die Gefahr, erkennt die Goros, die guten Menschen. Sie hilft den Alten beim Sterben und den Jungen beim Gebären. Ihrem Instinkt, ihrer Klugheit und Weisheit, ihrer Gerissenheit verdanken die Umherirrenden, daß sie noch leben. Dragosta ist ihre Wolfsmutter.

Katza weiß, daß ich an Dragosta denke. Ich habe ihr schon oft von dieser Frau erzählt. Sie lächelt.

„Fühlst du auch die süße, schwere Ruhe? Solange wir an Mütter denken, solange ist das Leben gut."

Wir schweigen wieder. Katza ringt mit einem Gedanken. Ihre Augen rollen hinter den geschlossenen Lidern. Ihr Hände krallen sich in die Stufe, auf der sie kauert.

„Ich will dir etwas erzählen", sagt sie leise. „Zum letzten Mal habe ich vor 30 Jahren davon gesprochen – zu Storo. Es tut sehr weh, daran zu denken.

In Stettin haben wir drei Jahre gelebt. Wir durften das Barackenlager nicht verlassen. Jeden zweiten Tag kamen Leute und brachten uns Rüben, Kartoffelschalen, altes Brot. Einmal, ziemlich am Anfang unserer Zeit dort, kamen wieder Gestapo-Männer. Sie suchten nach jungen, kräftigen Burschen. Mein großer Bruder, Forello, war damals gerade 20 Jahre alt. Er war stark und schön und gut. Er war es, der uns immer wieder Hoffnung gab. Die Männer wollten ihn mitnehmen. Er wehrte sich, schlug um sich und schrie die Peiniger an. Eine Minute dauerte sein Widerstand. Dann schlugen die Mörder ihn, bis er tot war.

Von dieser Stunde an hat meine Mutter kein Wort mehr gesprochen. Sie starb, bevor wir alle nach Auschwitz kamen.

In Auschwitz-Birkenau hat Mengele mit meinen kleinen Mädchen Lupka und Schutka Experimente gemacht. Der KZ-Arzt hat meine Zwillinge getötet. Auch Tonio, mein ältester Sohn, wurde mir weggenommen. Ich habe ihn nach dem Krieg wieder gefunden. Er wohnt dort drüben in dem blauen Wagen. Es ist schwer, mit ihm zu leben. Er spricht fast nie. Auch nicht mit mir. Seine Frau und seine Kinder haben Löcher in der Seele. Die hat Tonio ihnen gemacht."

Katza steht auf, wieder mit viel Mühe. „Willst du noch einen Kaffee", fragt sie und zwängt ihre breiten Hüften an meinem Stuhl vorbei. Sie bückt sich und nestelt an den blauen und gelben Wachsblumen, die sie irgendwann einmal der kleinen Madonna in die Hände gesteckt hat.

Katza holt sich aus einem Schränkchen ein schwarzes Wolltuch. „Es wird kühl", sagt sie leise und legt das Tuch um ihre Schultern. „Ich habe jetzt schon Angst vor dem Winter. Der Wagen ist nicht isoliert. Alles ist hier alt und morsch."

Die greise Sintizza gießt heißen Kaffee in die Tasse, die vor mir steht. Ich fröstele, wärme meine Hände an dem dickbauchigen Geschirr. Drückende Mutlosigkeit überfällt mich. Immer wenn ich bei Katza bin, scheint die Zeit stillzustehen, zäh und unerträglich schwer zu werden. Ich habe in vielen Jahren die Frau nur einmal herzlich lachen hören. Das war hinter dem Wagen, in dem winzigen Gärtchen am Bahndamm. Katza ordnete die Blumen der

Madonna. Storo beobachtete sie und pfiff ein munteres Liedchen: „Fulli tschai, garstiges Mädchen, du hast den Teufel unterm Rock ...". Plötzlich hob die Alte die Arme und tanzte zu der kleinen Melodie. Ihre weiten Röcke flogen, ihr Haarknoten löste sich. Storo begann zu singen und in die Hände zu klatschen. Katza schwebte über den Gräsern, sie wurde ganz jung, ganz leicht, ganz schön – eine kleine Minute lang. Dann stand sie still, preßte die Hände auf die Brust und lachte. Lachte aus vollem Herzen, bis ihr die Luft wegblieb, Storo sie behutsam zum Treppchen führte, sie zum Sitzen nötigte und ihr zärtlich die langen Haarsträhnen aus dem Gesicht strich.

„Wir sind alt geworden, ohne fröhlich zu sein", seufzte der Sinto und zupfte verlegen an seinem Schnurrbart.

„Was hast du denn so gemacht in der letzten Zeit?"

Katza will mich aus meinen trüben Gedanken herausholen.

„Ach, nichts Wichtiges. Brot verdient. Ihr habt sieben Leben, habt Ihr gesagt, und Ihr seid noch mit keinem fertig. Was bedeutet das?"

Katza schaut mich an. Lange. Durchdringend und stumm.

„Ich kann auch sagen, ich habe 100 Leben. Oder keines. Das bleibt sich gleich. Mein Leben, das Leben, das mir gehört, ist tot. Ich kann es nicht mehr erkennen. Schon lange nicht mehr.

Noch sind die meisten von uns stolz darauf, Zigeuner zu sein. Ich bin's auch. Ihr habt uns nie viele Möglichkeiten gegeben, ein gutes Leben zu haben. Aber früher habt ihr uns wenigstens unsere Freiheit gelassen und euch nicht um uns gekümmert. Jetzt zwergt ihr uns in Hochhäuser, verbannt uns auf Plätze wie diesen, verbietet uns den Wald, die Wiesen und die Bäche, sogar eure lächerlichen Campingplätze. Ihr nehmt uns die letzte Arbeit weg und zwingt uns, von euren Behörden Almosen anzunehmen. In euren Ämtern legt ihr dicke Akten über uns an, forscht uns aus, fast wie die Rassenforscher in der schlimmen Zeit. Ihr zerstört unsere Großfamilien. Wir verlieren unseren Zusammenhalt. Ihr habt – nicht nur in der Zeit der Hakenkreuze – unsere Rechtssprecher erniedrigt. Wir haben so einen Teil unserer Gesetze verloren. Nicht wenige unserer Kinder halten sich nur noch an eure Moral. Sie verraten uns. Sie verraten sich selbst. Sie wollen sein wie ihr.

Sie kennen keine Ideale mehr. Keine Ehre.

Es ist nicht mehr viel zu bewahren. Es ist nicht mehr viel zu retten. Es ist wohl alles schon zu Ende.

Das macht mir das Leben so schwer. Deshalb werde ich nicht fertig mit meiner Zeit. Ich kann keinen Tag abhaken. Immer wieder muß ich von vorne anfangen. Immer wieder denke ich, es muß doch ein Schlupfloch geben.

Wir haben ein altes Lied. Darin heißt es:

Niemand so mächtig wie du, Gott.
Sei dem armen Zigeuner gnädig!
Mag sie untergeh'n, die Welt.
Du, Herr, wirst sie überleben.
Doch sei weise
nächstes Mal,
wenn du neu
die Welt erschaffst."

Es ist dunkel geworden. Katza steht langsam auf und geht zur Tür, dreht am Lichtschalter. Im Schein der schwachen Glühbirne sieht die Zigeunerin uralt aus. Blinzelnd und mit hängenden Schultern kommt sie auf mich zu. Mit eiskalten Händen streicht sie mir über die Wangen. Dann setzt sie sich wieder an den Tisch.

„Uns Zigeunern geht es schlecht. Uns ist es schon immer schlecht gegangen. Aber keiner von uns denkt darüber nach. Unser Glück bestand allein darin, frei zu sein. Wir zahlten für dieses Glück mit Not, mit Heimatlosigkeit. Wir wurden gejagt und verfolgt. Unsere Flucht, unsere Wanderschaft waren eine Suche nach dem Paradies. Aber wir wußten, daß es kein Paradies gibt. Unsere Freiheit bestand darin, daß wir unsere strengen Gesetze befolgten und uns gehorsam dem Wort der Alten beugten. So viel Freiheit war das nicht.

So viel Freiheit war das nicht vor allem für uns Zigeunerinnen. Wir hatten und wir haben ein kleines, ein armes Dasein. Bei uns muß sich ein Mädchen bedingungslos dem Vater unterwerfen. Später bestimmen die Brüder über das Leben der halbwüchsigen Schwester. Wenn sie verheiratet ist, muß die Frau dem Mann untertan sein. Wenn sie alt ist, schreiben die Söhne der Mutter vor, was sie zu tun hat. Die Frau muß für die Familie sorgen. Wenn der Mann keine Arbeit hat, muß die Frau hausieren gehen. Kommt sie ohne Geld nach Hause, wird sie nicht selten geschlagen. So lernt sie Hühner stehlen.

Wir Zigeunerfrauen sind hart geworden durch dieses Schicksal. Und stark. Vielleicht finden wir noch einen Weg in die Zukunft.

Das alles wird mir erst jetzt richtig bewußt. Und bei diesem Punkt will ich immer wieder von vorne anfangen. Bis ich sterbe."

Katza wickelt sich fester in ihr Tuch. „Spät ist es geworden", sagt sie laut. Und es klingt wie eine Verabschiedung.

Asche und Erde

Eine Kurzgeschichte von Christa Reinig

Es gibt menschen, die haben noch nie in ihrem leben ein glas mit weißwein umgestoßen, was immer sie vom tisch herunterfegen, es ist das rotweinglas, und es ergießt sich nie über die serviette, sondern über den schlohweißen zuluteppich. Die schüssel mit der tomatensauce, die ihren zwei linken händen entfällt, kommt gar nicht auf der erde an, um sich in glücklichem zufall mit dem rotweinfleck zu vereinigen, nein, sie beschreibt eine parabolische kurve, und nachdem sie aus der vierten dimension heimgekehrt ist, klebt sie an der tapete. Niemals genügt es dem ehrgeiz dieser leute, ihre zigarette auf ein tännernes brotbrettlein auszudrücken, sie brennen das loch grundsätzlich in die teakholzplatte. Und all dies unglück passiert ihnen niemals im eigenen heim oder in einem hotel, es passiert ihnen immer bei ihren zweitbesten freunden.

Menschen mit diesem seltsamen zerstörungswahn nennt man schlemihle, und ein schlemihl ist gewöhnlich ein asexueller einspänner. Wenn zwei schlemihle gegeneinander wüten, dann baut sich eine tragödie auf nach der steigerung von imposant: im hintern steine, im arsch klamotten. Unsere beiden freundinnen waren davongerollt und hatten verabredungsgemäß den schlüssel unter die matte gelegt. Als echte schlemihle hatten sie es verschmäht, einen entschuldigungsbrief dazuzulegen. Sie riefen uns auch nicht an und schenkten uns keine rosen. Sie verschwanden einfach aus unserem leben. Und gerade darum wurden sie uns unvergeßlich. Hätten sie nach gewöhnlicher menschenart um verzeihung gebeten, dann hätten wir gesagt: „Ach bitte, das macht doch nichts!" Und klammheimlich mit den zähnen geknirscht. Sie wären unsere zweitbesten freunde geblieben und hätten neue bomben werfen können. Also, wir waren sie los.

Wir holten den schlüssel unter der matte hervor, traten ein und gingen sprachlos die vernichtungsspur entlang, die unsere freundinnen quer durch unser eigentum gezogen hatten. Wir setzten uns hin und erblickten das brandloch in der teakholzplatte. Eva sagte: „Jetzt kaufen wir uns rattanmöbel." Aus irgendeinem instinkt blieben wir im wohnzimmer und übernachteten in den polstermöbeln aug in aug mit den gräßlichen roten spritzern, die von oben nach unten die tapete färbten. Am andern tag warf Eva das bett einfach aus dem fenster, lud es auf unseren kombi und fuhr es zum sperrmüll. Sie hat es mir nicht gezeigt, und ich hab auch nichts gefragt. Wir ratschlagten, wie wir uns nun neu einrichten wollten. Es war sinnlos, die kaputten stellen zu restaurieren. Wir beschlossen, auf einen nicht kleinen schicksalsschlag groß zu antworten, und wollten das ganze haus von unten bis oben neu machen. Am gleichen abend stand schon der tapetentisch im ausgeräumten wohnzimmer.

Ich wollte die leiter aus dem keller holen. Eva verbot es mir. Ich bin 65 und noch etwas kindisch. Eva ist 71 und besitzt die nötige reife. Sie kommt also mit der leiter aus dem keller und sagt: „Der lampenschirm hat mich schon immer geärgert, außerdem brauchen wir jetzt helles licht", und beginnt die erneuerung mit dem einzigen, was die schlemihle verschont haben. Drei monate haben wir bis zur erschöpfung gearbeitet, und das hat uns davor bewahrt, uns auch noch die wörter an den kopf zu schmeißen, die endgültige trennung bedeutet hätten. Aber das, was wir uns sagten, hat genügt. Wir sind eigentlich nur zusammengeblieben, weil wir das haus nicht halbfertig in der gegend stehen lassen wollten. Ein wort aber haben wir nicht gesagt, wir haben meistens an dieses wort gar nicht gedacht. Aber es war das schweigen im zentrum all unserer auseinandersetzungen. Das wort „schenkelhalsbruch". – „Der witz ist", sagt sie hoch oben auf der leiter, „daß, wenn wir wirklich mal aus den pantinen steigen, wir achtgeben müssen, daß sie uns nicht wieder mit'n rollstuhl hineinfahren. Den ärzten graut vor nichts." – „Glaub mir", tröstete ich sie, „der schierlingstrank, den ich brauen werde, der hätte nicht allein Sokrates vom sitz gestürzt, der hätte bis Hegel alles abgeräumt." – Eva sagt ein zweifelndes „Na?" und steigt mit dem lampenschirm herab.

Die möbel sind hinausgeworfen, wir frühstücken am tapetentisch. Eva köpft zwei weiche eier mit ein und demselben messerhieb und meckert wie üblich über mein testament. Das ist ihr moralisches recht, denn sie ist meine lebensgefährtin, und wenn ich das zeitliche gesegnet habe, dann kommt ein ganz besonders ekelhafter hyänenstamm angetrabt und legt ein papier vor, aus dem herauszubuchstabieren ist, daß das meine familie sein soll. Und dann entreißen sie Eva das haus und das auto und alles, was sie gemeinsam mit mir über jahre hinweg mit ihren händen erarbeitet hat. Moralisch ist sie im recht, aber logisch ist sie im unrecht, denn wenn wir hand in hand hinüberspringen wollen, wie wir verabredet haben, wozu brauchen wir dann überhaupt ein testament. Außerdem ist sie den jahren nach und auch den leitersprossen, die sie täglich steigt, näher am himmelstor als ich. Und dann kommt die schwarze kugel auf mich zugerollt. Ich will nicht ohne Eva leben. Aber gemeinsam mit Eva sterben? Ich kann es mir wünschen, aber sterben wollen kann ich nicht. Vielleicht bin ich zu jung.

Wir lassen das thema hängen und beschließen, rund um die tapetenwand eine borte zu kleben. Eva schreibt es auf einen zettel. Dann teilen wir uns den raum. Auf der einen seite wasche ich die wand ab, auf der anderen seite weißelt sie die decke. Kaum ist sie oben angekommen, geht es wieder los. Die beerdigungskosten. Entgegen dem sprichwort ist der tod eines der elitärsten dienstleistungsgewerbe und wird sehr teuer werden. Ich sage: „Fängst du schon wieder an. Ich habe alles in ordnung gebracht. Du wirst keine probleme haben außer der erbschaftssteuer und die

wirst du nach dem zustand der erbmasse verkraften können." Sie
knirscht vor anstrengung, sich auf der kippenden leiter zu halten:
„Darum geht es nicht." Dann schweigen wir lange. Als wir beide
in diesem endlos gewordenen raum wieder zusammengetroffen
sind, besänftigt sie mich: „Sieh mal, es geht doch nicht um mich,
ich möchte dich doch gar nicht überleben. Es geht um das prinzip.
Erdbestattungen werden immer teurer und die gräber werden
nach wenigen jahren aufgelassen. Alle leichen werden im abstand
von zehn jahren übereinandergeschmissen, und dann liegen deine
knochen irgendwo zerstreut und irgendein knochenmann liegt
zwischen deinem gebein." Sie schaudert an meiner statt. „Und ich
liege mutterseelenallein in meiner urne. Ich hab nun mal feuerbe-
stattung und ich bleibe dabei." Und ich bleibe bei meiner erdbestattung, denke ich und halte den mund, während sie wieder die
leiter hochgeht.

Derweil die wände trocknen müssen, eilen wir ins farben-
suma, um nachschub zu erwerben und erleben einen großen
glücksfall, wir finden ein tapetenmuster, das wir einig bejubeln,
und wenn das haus fertig ist, wird es allein aus diesem tapetenmuster doppelt so schön und jedenfalls von innen doppelt so groß
erscheinen als je zuvor. Danach sind wir so kaputt, daß wir wissen,
heute wird uns nichts mehr gelingen. Wir setzen uns an den
straßenrand in eine eisdiele. Obwohl Eva die gleiche portion
löffelt wie ich, rechnet sie mir bei jedem von meinen löffeln die
mikroben vor, die ich verschlinge, und wie in einem filmdrehbuch
schildert sie mit wort und bildhaften vorstellungen die dramati-
schen ereignisse, die jetzt in meinem körperinneren abrollen. Was
ich mit augen gesehen, aber nicht bedacht habe, eröffnet sie mir.
Der eismann war gewiß vor ein oder zwei stunden auf dem klo. Da
hat er seinen pimmel versorgt. „Glaubst du im ernst, daß er sich
danach die zeit genommen hat, die hände zu säubern?" Dann
ergreift er einen holzspachtel. „Hast du das gefäß gesehen, aus
dem er den spachtel herausgeholt hat?" Natürlich, es ist ein
wasserschälchen. „Hast du das wasser gesehen?" Aber ja, es ist
eine brühe aus sämtlichen eissorten, die darin zusammenschmel-
zen. Eva blickt mich traurig an, so als müsse ich vor ihren augen
sterben. Aber da sie ein liebevoller mensch ist, gelingt ihr nichts

weiter, als daß der ekel an den schmutzigen dingen des lebens in die sorge um das wohl des mitmenschen aufgehoben wird. Mit unvermindertem appetit schaufeln wir beide eis mit den mikroben von dem spachtel aus dem spülwasser vom eismann mit dem nillenkäse in uns hinein.

Ich sage: „Alles übel der welt ist in das eis eingefroren worden." Eva weiß das besser: „Alles leben strebt zum kältepol. Das überwimmelnde leben auf diesem plancten findest du nicht in Tokio, sondern in den tiefkühltruhen von Tokio. Allein eine minderheit von existenzen siedelt sich um den nullpunkt herum an und ein übermütiges geschöpf, das seine möglichkeiten zwischen 36,5 und 37,5 grad plus eingependelt hat, ist ein katastrophenwesen, über das wir uns nicht weiter den kopf zerbrechen sollten, denn es kann nicht dauern." Mit einem sprung ist sie wieder bei meiner erdbestattung angelangt. Ob ich wisse, wie verwesendes fleisch sich verändert, wie es riecht, was für mindere lebensformen, die der wehrhafte körper nicht duldet, über das wehrlose fleisch siegen und sich ausbreiten. Das erschüttert mich nicht. Ich glaube, daß mutter natur es allen recht macht. Leben und sterben sind eine unabreißbare kette. Wie freue ich mich auf den augenblick, wo der sarg zuklappt und mein leib sich frei von angst und schmerz und atemholen verwandeln kann. Denn was den anderen als stinkende verflüssigung erscheint, das ist für meinen körper die befreiung aus den grenzen der haut und die ausdehnung in den raum bis zu gasartiger verdünnung. Die würmer werden an mir knabbern, und das ist nur gerecht, denn wie viele würmer habe ich mit wie vielen salatblättern gefressen. Und früher oder später gibt die verwesung das schönste der menschlichen gestalt frei: das skelett. Gibt es etwas vollendeteres als eine menschliche schädelkalotte, und die willst du im feuer zerstören. Warum steckst du nicht die kuppel des petersdoms in brand?

Buddha ist verbrannt worden, sagt sie. Jesus ist begraben worden, sage ich. Hektor und Achilles sind verbrannt worden, sagt sie, Schopenhauer und Karl May sind begraben worden, sage ich, Siegfried und Brünhilde sind verbrannt worden, sagt sie, Carl und Marie von Clausewitz sind begraben worden, sage ich. Preuße! sagt sie. Preußen ist tot und begraben, sage ich, und in der

DDR ruhen der schwule Carl und die lesbische Marie, deren gemeinschaftswerk auch der lesbischen nation nicht gleichgültig sein sollte, in ein und demselben grab. Sappho, sagt sie, Sappho ist verbrannt worden. Was muten mir diese lesben zu? Ich lasse mich zu instantkaffee verarbeiten und werde in einer kaffeetasse versiegelt. Wo ist mein platz? Ich stelle mir den tod als erweiterung vor. In einer urne kann ich mich nicht ausdehnen. „In deinem sarg kannst du dich auch nicht ausdehnen." Ich erkläre ihr genau, wie der sarg auseinandergeht und die reste meines körpers nach allen seiten aus den sargfugen überschwappen. Sie verzieht das gesicht. Sie hat mal vor langen jahren humanmedizin studiert, das hat ihren geschmack verdorben.

Meine mutter besaß einen schmuckstein, der stand oben auf dem schränkchen, in das sie ihre habseligkeiten eingeschlossen hatte. Auf dem stein war in goldener zierschrift zu lesen: „Die liebe höret nimmer auf." Einmal hatte ich mich über sie geärgert und das „n" ausgekratzt. Alle fanden es ergötzlich und lachten im vorübergehen, wenn sie die neue weisheit lasen: „Die liebe höret immer auf." Mutter ließ ihn wie er war, und er stand jahrelang so da. Vielleicht hatte sie auch was kapiert. Die liebe muß nicht immer aufhören. Aber es genügt, daß sie einmal aufhört, und dann will ich weg von dem, was ich nicht mehr liebe. Unser streit geht um etwas, das es vielleicht gar nicht gibt, eine liebe zwischen Eva und Lilith, die nimmer aufhört. Wir bestellen uns noch einen kaffee zum mund anwärmen, und dann mache ich sie mit meinen zweifeln bekannt. Sie nimmt es hin und sagt: „Du hast recht, lassen wir es dabei, du in deinem sarg und ich in meiner urne."

Das ist genau das, was ich gewollt habe. Aber ich will nicht die konsequenz, daß, wenn wir nicht erde bei erde oder asche bei asche sein wollen, wir gleich auf der stelle auseinandergehen können. Eva hat eine enkelin, die mir sehr lieb ist, und die mit männern nicht zusammenwohnen mag. Nein, männern gönne ich unser haus nicht. Wir werden es fertig machen, und dann geht jede ihrer wege und die kleine bekommt das haus. Aber wir müssen weitermachen, und damit wir unsere letzte arbeit zusammen vollenden können, füge ich meinem testament die bestimmung hinzu, daß ich eingeäschert werden will. So, jetzt ist jede in ihrem topf, und dann ist ruhe im karton.

Ich sage es ihr und necke sie: „Jetzt kannst du deine feuerbestattungspolice rückgängig machen und dich begraben lassen, dann bist du auf der anderen seite." – „Nein", sagt sie streng, „du kennst meine einstellung, und sie ist unabänderlich. Diese erde ist die hölle und alle irdischen freuden, die alle lebenden wesen genossen haben, wiegen das leid eines kätzchens nicht auf, das sterben muß, weil ich gegen meinen willen drüberweggerollt bin und anschließend am steuer einen nervenzusammenbruch bekommen werde. Ich will diese erde nicht, ich hoffe, daß es nach dem tod ein besseres leben auf einem schöneren stern geben wird." – „Warum", bohre ich, „warum machst du dann ein solches geschrei über meine reste."

„Dabei hat das kätzchen, das auf der autobahn zermalmt wird, noch glück gehabt", sinniert sie, „das meiste, was sich auf erden abspielt, ist schlimmer als der tod." Da sind wir denn wieder bei dem thema schierlingstrank und lieber tot als im rollstuhl, und warum lassen einen die ärzte, diese verbrecher, nicht sterben, wenn man doch sterben will. Ich sage: „An meinem leben verdienen die ärzte, und an meinem tod verdienen die totengräber, und wenn die totengräber mächtiger wären als die ärzte, dann gäbe es keine chirurgie und keine intensivstation und keine trans- und infusionen und keine schläuche, keine überfüllten krankensäle, keine patienten, die nach menschlichem ermessen schon ein halbes jahr unter der erde ruhen sollten. Wenn die totengräber mächtig wären, dann würden sie die ärzte zur sterbehilfe zwingen, dann würde es den ‚euthanasisten' in amt und würden geben, aber weil die ärzte mächtiger sind als die totengräber, darum dürfen wir nicht sterben. Und wer macht denn die ärzte zu den mächtigsten männern dieser erde?" Die wahrheit ist, daß ich gar nicht sterben will. Mein körper ist eine feste burg, und ich zahle den klempnern, die daran reparieren, jede summe, damit ich möglichst lange in meiner halbzertrümmerten ruine hausen kann.

Eines tages war das haus fertig, und wir dachten nicht im traum daran, es anderen leuten zu überlassen, wir blieben einfach drin wohnen.

Eva hatte entsetzliche kreuzschmerzen und kriegte einen weinerlichen wutanfall. Während ich sie einrieb, verfluchte sie die beiden schlemihle. Ich mußte einen augenblick nachdenken, von wem die rede war, dann sagte ich: „Sieh doch mal, wie schön das alles geworden ist, als ob das gar kein raum mehr ist, sondern eine wandlose weite, und die hellen ratanmöbel, allein, daß wir uns entschlossen haben, diesen schrecklichen haarenden zuluteppich hinauszuwerfen, das alles verdanken wir diesen leuten." Eva schimpfte: „Und wie günstig wir unser geld losgeworden sind, gerade rechtzeitig, bevor es nichts mehr wert ist." Ich lachte und sagte: „Im ernst!"

Ich ging hinauf und legte mich in unser neues bett, auf Evas seite legte ich mich, um es für sie anzuwärmen. Ich blickte gegen die decke und dachte daran, wie sie da hoch oben gestanden hatte und die bürste schwang. Und dann durchzuckte mich das schrekkenswort: „schenkelhalsbruch". Ich sah mich wieder neben der leiter stehen, die eine hand am holm, die andere an der sprosse, so als hätte ich ein unglück verhindern können, wenn es gekommen wäre. Ich hätte mich in dem gedanken fassen können, daß wir alles gut überstanden hatten, aber das stimmte nicht. Im gegenteil. Das schlimme, das mit jedem tag drohender wurde, stand uns doch noch bevor.

Eva kam herauf und rief noch in der tür: „Lilith, eben haste was versäumt im fernsehen." Sie kroch in ihre vorgewärmte kuhle und ich rollte mich auf meine seite hinüber. Sie erzählte: „Stell dir vor, da gibt es in Prag oder in Warschau so einen alchimisten, der ist esoteriker und der hat brennesseln zu asche verbrannt und tiefgefroren, und was sah er da, wenn er in die gläser blickte, die brennesseln, akkurat in ihrer form, aber nicht mehr grün, sondern wunderschön als ein durchsichtiges filigran, verstehst du?"

Ich bin schwer von begriff, und sie erklärte es mir genauer: „So muß unsere asche vermischt und durchgeschüttelt, in wasser gerührt und zu eis gefroren werden. Und dann erstehen unsere beiden wesen ganz ineinanderverwoben. Wie wir jetzt sind, so werden wir ewig sein."

Ich streckte mich unter meiner eiskalten decke aus und

gedachte, einen von meinen scherzen loszulassen. Ich wollte sagen: „Nur nicht so grün." Aber ich ließ es auf sich beruhen. Schwer würde es mir fallen, im eis der ewigkeit den mund zu halten.

Wenn

Ein Gedicht von Ingeborg Drewitz

Wenn die Straßenarbeiter nicht mehr hinterherpfeifen,
wenn einem im Omnibus ein Platz angeboten wird,
wenn die Generation der Eltern abgetreten ist und Monat für
Monat Traueranzeigen kommen,
wenn die eigenen Kinder einem nicht mehr zuhören, ja, ohne
schamrot zu werden Ausreden erfinden,
wenn die Eifersucht nachläßt, weil er, weil sie mit anderen gut
auskommt,
wenn die Konjunktive wichtig werden und doch an Glanz verlieren,
wenn ein Winterbaum das Geheimnis verspricht, das nie zu enträt-
seln ist,
wenn Schmerz und Herz keinen Reim mehr ergeben
und der Rhythmus der Tage hilfreich wird,
wenn die Kindheit unter den mühsam aufgeschichteten Erinnerungs-
trümmern wieder freigelegt wird,
und alte Mißverständnisse nicht mehr zählen,
wenn der Tod unwichtiger wird als das nicht schon eingelöste, das
noch mögliche Leben,
ist es an der Zeit, sich mit der Zukunft einzulassen, die anderen
gehören wird
ist es an der Zeit, die Versäumnisse einzugestehen, die nicht nur
die eigenen sind und sie anzunehmen, auch die der anderen,
ist es an der Zeit, die Uhren zu stellen,
die Abschiede zu feiern:
Das Licht abends, ehe der Frühling kommt,
die Choräle der Vögel in den Höfen und Parks,
und den Schritten der Kinder zu lauschen, ihrem Lachen und ihrer Wut.
Ist es an der Zeit zu fragen: Und wer warst du.

„Kind, ich hab's dir doch gleich gesagt."

Von Müttern und Großmüttern

Gedanken
einer grauhaarigen Tochter

vielleicht auch
ein Brief an meine Mutter
von Christel Dorpat

Es fing so harmlos an, ich entdeckte mein erstes graues Haar vor ungefähr zehn Jahren, ich lief mit meiner Entdeckung zu meinem Mann. Reiß es aus, sagte er, und ich riß es aus. Später wurden es langsam, aber ständig mehr. Eine kleine Tönung gefällig, fragte die Friseusin?

Ich wollte keine Tönung, es waren schwere Zeiten für mich, ich trug meine graue Strähne voller Stolz, keine Friseusin der Welt hätte mir so eine schöne zaubern können. Aber trotzdem sah ich betroffen auf die Bürste, holte ich statt der gewohnten rötlich-schimmernden Haare graue heraus.

Ich werde alt, sagte ich mir dann jedes Mal, um den Unglauben in mir zu überzeugen. Ich war jung, alt war meine Mutter.

Sie wurde immer älter, ich sah das jedes Mal deutlicher, obwohl ich auch das nicht verstehen konnte.

Es war doch noch gar nicht lange her, daß ich Kind war und meine Mutter eine schöne Frau, die stark und selbstbewußt vor ihrer zerbrechlichen grauhaarigen Mutter stand und ich mich klein und ausgeschlossen fühlte.

Natürlich wollte ich werden wie meine Mutter und nicht grauhaarig und schwach wie meine Großmutter. Die ein schweres Leben hinter sich hatte, wie man stets zu ihrer Entschuldigung sagte und von der ich nicht glauben konnte, daß sie das zierliche Mädchen auf einem verblichenen Foto war.

Doch dann muß ich irgendwann etwas nicht mitbekommen haben, denn dann saß meine Mutter grauhaarig am Krankenbett ihrer Mutter und beide schienen sich sehr nahe, meine Mutter nicht mehr so überlegen und meine Großmutter ihr mehr ebenbürtig.

Ich war immer noch ausgeschlossen, denn ich war noch nicht

reif, ich hatte noch keinen Mann und keine Kinder, und das schien bei solchen Gesprächen äußerst wichtig zu sein.

Und dann war meine Großmutter tot, ich eine junge Frau, ich hatte nun endlich Mann und Kinder.

„Du kannst mir meinen Rücken massieren", sagte meine Mutter. Und während meine Hände über ihren müden gebeugten Nacken fuhren, betrachtete ich die dünnen, grauen Strähnen auf ihrem Kopf. Meine Kindheit fiel mir ein. Augenblicke, in denen ich stolz auf meine schöne Mutter gewesen war. Ich erahnte das Ausmaß der Plackerei, die sie zu dem gemacht hatte, was sie war. Ich begriff ihre Resignation und Bitterkeit, aber ich verstand, trotz aller Verbundenheit, nicht ihre Härte und ihren Haß auf das Leben, daß nicht das ihre gewesen war.

Ich verstand ihre Ablehnung meinen Bestrebungen gegenüber nicht.

„Wenn ich sterbe, möchte ich von dir Rouge aufgelegt haben und kleine, silberne Ohrringe eingezogen", sagte sie.

Ich versprach es, aber ich habe sie und ihre Welt trotzdem verlassen. Ich habe nun selbst grauhaarig meinen Mann verlassen, ich bin im Alter noch eine ungeratene Tochter geworden, ich habe nur Leid über meine alte Mutter gebracht, ich bin hart und herzlos, ich behaupte, selbst leben zu wollen, anstatt mich dieser Kette anzuschließen, an der Frauen zu einem bestimmten Zeitpunkt auf die Schattenseite des Lebens gewiesen werden, wo von ihnen unauffällig die Arbeit an Alten und Kranken vollbracht wird, bis sie selbst hinfällig oder tot sind.

Ich bin ausgeschert, ich lebe wie ich will, und meine Tochter ist nicht bereit, meinen nun ebenfalls zerschundenen Nacken zu massieren. Sie ist mir böse, wenn ich krank bin, sie will sich nicht in die Kette der für andere Lebenden einreihen.

Aber das Alter bleibt auch ihr nicht erspart. Wohl findet sie meine grauen Haare schön, aber wie steht es mit den anderen Dingen, die den Verfall meines Körpers offensichtlich machen? Ignoriert sie die, lehnt sie die ab und somit mich? Haßt meine Tochter mich, weil sie mich liebt und ich ihr den eigenen Verfall und Tod offenbare?

Fluglos

Eine Erzählung von J. Monika Walther

„Sterben wird sie", flüsterte Maria. „Den Achtzigsten erlebt sie nicht mehr. In der Küche ist sie gestürzt, hat Prellungen. Sie weiß nicht mehr, was sie tut." Marias Stimme klang erregt. Sie stand auf, setzte sich wieder.

„Du bist froh, daß sie vor dir stirbt. Aber du freust dich zu früh, sie ist gesund und auch wenn du sie überlebst, mich wirst du nicht beerdigen." Anna lächelte und dachte, wie alt mußte ich werden, um Mutter das sagen zu können, um nicht vor ihr zu fliehen. „Deine Schwester wird wieder reisen."

Maria sah ihre Tochter mit hochgezogenen Augenbrauen an: „In ihrer Wohnung kann sie nicht bleiben. Sie braucht jemanden, der auf sie achtet." Maria wurde heftig: „Ich versorge ihr die Blumen und fünf Minuten später ertappe ich sie, wie sie alle Blumen nochmals gießt."

„Warum läßt du sie nicht. Zur Not gehen die Blumen ein, dann kannst du ihr neue schenken", sagte Anna und hoffte, daß Maria nicht alles würde wieder aufzählen wollen, wie jedes Mal, wenn sie den Tod ihrer einzigen, noch lebenden Schwester beschwor.

„Sie könnte wieder fallen und sich verletzen. Sie fährt in die Stadt und weiß nicht mehr, wo sie ist. Wer soll ihr dann helfen, wenn sie so frei herumgehen darf?"

„Dann gib sie in ein Heim, such ihr eine Pflegerin, laß sie entmündigen oder schlag sie tot." Anna war diese Gespräche so leid. „Möchtest du, Mutter, so behandelt werden? Du wirst alt sein und vielleicht hinfallen, vielleicht dich verlaufen. Was soll ich dann tun?"

Jetzt war es Maria, die lächelte, fast triumphierend: „Und was wirst du mit deiner Mutter tun? Ich rechne mit nichts. Ich habe gespart. Dein Vater wird vor mir sterben und ich werde eine kleine Wohnung nehmen." „Und du wirst sitzen und warten, auf einen Menschen warten und es wird keiner kommen, wenn du jetzt so redest. Die einen sind in Leipzig gestorben und niemand von uns ist am Grab gewesen, die anderen in Hamburg und alle waren verstritten, nun sind es nicht mehr viele, die leben."Anna rückte mit ihrem Stuhl ab, weg von der Mutter. Ein schabendes Geräusch, eine Stille im Zimmer, die Anna betäubte. Sie fühlte sich wie betrunken und verschleppt. Marias Hand griff nach ihr, faßte Annas Arm. Bei der Berührung wurde Anna so übel, daß sie das Würgen kaum unterdrücken, nicht verhindern konnte, daß sie zusammenzuckte unter der Hand. Vor unvergeßlichen Zeiten hatte sie zurückgeschlagen, eine Kindheit lang sich nach Zärtlichkeit gesehnt und nur gelernt zurückzuschlagen. Jahre hatte Anna benötigt, um neben jemanden zu sitzen, mit dem Rücken in den Raum, im Streit zu bleiben.

„Anna!" Die Hand griff fester. „Anna, du wirst mich nicht in einem Heim verkommen lassen! Du wirst deine Pflicht tun!" Anna rückte noch weiter ab mit dem Stuhl, entzog ihren Arm, schluckte die Übelkeit hinunter: „Ich laß dich nicht sterben, aber meine Pflicht ist es nicht, dich zu versorgen." Maria lächelte wie nach einem kleinen Sieg und Anna sah es und dachte: Mein Gott, sie will uns alle überleben. Und ich werde ihr dabei auch noch helfen.

2.

Sie saßen alle um den großen Eßtisch, redeten aneinander vorbei und aßen hastig, denn so von Herzen gönnte keiner dem anderen die Lachsschnittchen, die Krabbenmayonnaise und die anderen kleinen, viel zu teuren Köstlichkeiten vom Delikateßhändler am Siemersplatz. Bei ihm bestellte Elfriede zu allen Festlichkeiten, zu denen sie Verwandte einlud, kalte Platten und Getränke, und es freute sie zu sehen, wie gierig ihre Schwester Maria zulangte, wie Cousine Rosa sich reichlich Aal nahm und darauf achtete, daß Hans, ihr Mann, sich genügend auf den Teller häufte.

Elfriede feierte ihren 79. Geburtstag allen zum Trotz und mit Schadenfreude im Herzen. Sie war die Älteste und Reichste, wenngleich sie von allen am wenigsten mit ihrem Geld hermachte; und sie war die einzige, die es sich leistete, ab und an Verwandtschaft zu sich einzuladen und in den Vierjahreszeiten oder im Kleinen Fährhaus mit einem reichlichen Essen auszuhalten.

Da saßen sie alle und diesmal auch Anna, mit geröteten

Gesichtern, einander und vor allem Elfriede beobachtend. Die Rede war von früher und daß zwar jeder in der Partei gewesen wäre, aber gewußt hätte niemand etwas, geahnt noch weniger. Anna schwieg dazu. Das brachte ihr lobende Blicke von Maria ein, Verwunderung von ihrem Vater und wachsende Neugier von der Cousine und ihrem Mann. Denn Anna hatte noch nie zuvor ihren Mund halten können, immer laut ihre Meinung gesagt und auch, was sie von dieser ganzen Drückebergerei hielt. Anna aß langsam und vorsichtig und wenig, schwieg, dann sagte sie in eine Stille hinein: „Es ist traurig, daß niemand etwas wußte und tat und noch trauriger, daß ihr eure Geschichten nicht erzählt."

Da redeten sie alle durcheinander, laut und atemlos und ungefragt versichernd, daß Anna recht hätte, daß sie ganz und gar erwachsen geworden wäre und daß es leider in dieser Familie einfach keine Geschichten zu erzählen gäbe.

Anna schwieg wieder und sagte auch nichts mehr, aber sie schämte sich und dachte: Mein Gott, sie haben vergessen, daß ich schon lange erwachsen und 37 Jahre alt bin.

Als Anna sich verabschiedete, versprach sie der Tante in die Hand hinein, daß sie im nächsten Jahr wieder kommen, daß der 80. Geburtstag gefeiert werde. Elfriede war verwundert über Annas Lachen und Sicherheit, mit der sie das sagte, aber Anna wiederholte nur: „Du wirst 80 und noch viel älter. Nur irgend wann, aber das weißt du ja, wird es zu Ende sein. Mach doch noch eine Reise."

„Ja", antwortete die schmale und magere Elfriede und ließ sich von Anna umarmen und in die Höhe heben, „ich mache eine Reise".

3.

Anna saß in ihrem Wohnwagen am Rande der Wiese, auf dem von ihr gekauften Stück Land, malte ihre Lippen mit einem dunkelbraunen Lippenstift an, schmierte sie dick mit Farbe ein, trank einen Schluck Kaffee. Der Tassenrand verschmierte. Anna verwischte den braunen Schmand mit dem Daumen.

Sie stand auf und holte einen kleinen Spiegel, eine Nagelschere und kauerte sich auf den Stuhl. Anna hielt eine Haarsträhne gegen das Licht, eine nach der anderen. Vorne war sie schon lange grau, am Scheitel längs auch. Das Grau wuchs sich ein. Mit 24 hatte sie die ersten fahlen Haare entdeckt. Ausgemacht hatte es ihr nichts. Abwechselnd färbte sie sich die Haare rot und ließ die Farbe wieder auswachsen.

Anna schnitt eine der grauen Strähnen ab, erst die Spitze, dann noch ein Stück, dann noch ein Zentimeter. Sie schaute in den Spiegel, erschrak, schnitt weiter, kämmte sich, sah, daß es dünne Stellen in der Frisur gab, schnippselte doch weiter mit der Nagelschere. Sie konnte nicht aufhören. Bis sie sich erinnerte.

Zweimal schon hatte sie sich die Haare abgeschnitten: Als Anna die elterliche Wohnung verlassen und als sie sich von einer Liebe getrennt hatte, die keine mehr war und Anna gemeint hatte, sterben zu müssen. Da hatte sie sich die Haare bis auf die Kopfhaut abgeschnitten, ein Zentimeter nach dem anderen. Mitten im Sommer war es gewesen und sie hatte nicht gewußt, wie sie auf die Straße gehen sollte, so nackt auf dem Kopf, so häßlich. Aber während des Schneidens hatte sie sich glücklich gefühlt.

Anna saß am Tisch und lachte, verräumte die Nagelschere und Spiegel. Morgen würde sie mit dem Ausschachten beginnen, die Nachbarn um Hilfe bitten. Sie würde ein Haus bauen, nicht für ungeborene Kinder und Erben, für sich und weil sie es wollte. Anna drückte das Kerzenlicht aus und schwor dabei, daß Maria keinen Zutritt zu diesem Ort haben sollte. Ein Schwur, der nichts taugte, das wußte Anna.

4.

Anna war die Jüngste in der Familie und Verwandtschaft, die Jüngste mit 37 Jahren. Die Familie starb aus. Die Kriege hatten sie überstanden, aber der Frieden und die Familienleben hatten alle beschädigt. Bis auf Anna, die sich ihrer Sache und ihres Gewissens keineswegs schon ganz sicher fühlte, waren alle bereits den Umständen erlegen. Von den Ahnen wurde geerbt und wenig gelernt. Keine Zeit, keine Liebe: die Umstände.

„Hör auf mich, Anna, das Leben ist so", sagte der Vater.

„Wie ist das Leben?" fragte Anna.

„Es ist so, glaub mir. Du mußt dich fügen, deinen Platz einnehmen."

„Den Platz einnehmen, das will ich, Vater. Aber welchen?"

„Von mir hat das Kind das nicht", schrie der alte und erschöpfte Mann. „Von mir nicht."

„Nein Vater, von dir nicht und von Mutter nicht." Der Vater wollte zuschlagen. Anna senkte nicht den Blick und er erschrak, hielt inne, wurde klein und ganz faltig im Gesicht. Anna schmerzte es, daß sie immer nur Mitleid für ihn empfand und nicht Liebe und ihn nicht achtete, aber kümmern würde sie sich um ihn. Bei ihm wußte sie das schon immer, obwohl sie nichts an ihm mochte oder schätzte.

Anna setzte sich in die Küche, mit Brot, Butter, Schnittlauch und Zwiebeln. Gut behütet war ihr Haus von Mutter und Vater. Da konnte Anna in Ruhe essen, nur eingeschlossen mußte sie die alten Eltern halten. Eingeschlossen und getrennt in Annas Haus. So brach Anna ihren Schwur und nahm die Eltern ins Haus.

5.

Mutters Schwester starb, nicht während ihrer großen Reise, sondern angefahren von einem Bus. Die sonst von Elfriede eingeladene Verwandtschaft traf sich am Grab und saß hinterher noch beieinander, schlechtes und gutes redend und diesmal ohne Aal, Lachs und Leckereien. Mühe hatte es Anna gekostet, daß wenigstens Kaffee und Kuchen gegeben wurde, aber mehr konnte sie der Mutter und Cousine nicht abringen, mehr wurde nicht für nötig erachtet.

Mutter fragte, was werden sollte und strich mit der flachen Hand über die Tischdecke. Annas Cousine und ihr Mann sagten nach einer Stille: „Es ist schlimm, wenn man niemanden hat."

Vater stand am Fenster und sah hinaus. Er schwieg, zuckte mit den Schultern. Alle sahen Anna an. Der angeheiratete Cousin sagte: „Du kannst dich nicht um uns alle kümmern."

„Doch", widersprach Anna.

„Nein!"

„Ich kann es nicht, wenn ihr alle 90 werdet und ab 60 pflegebedürftig sein wollt, dann kann ich es nicht. Aber bis jetzt ist niemand von euch so krank, daß ein Leiden abzusehen wäre. Ihr könntet euch gegenseitig helfen, wenn ihr eure Streitereien aufgeben würdet, ihr könntet so vieles. Es ist doch kein Mangel, keine Armut."

„Du schaffst es nicht", entschieden alle zusammen.

„Nein, zu Tode pflegen kann ich euch nicht, wenn ihr das erwartet." Anna stand auf und stellte sich neben ihren Vater. Er nickte ihr zu, sagte: „Sie sind dumm. Sie waren schon immer dumm."

Anna dachte erst, sie hätte sich verhört, aber ihr Vater wiederholte die Sätze. „Laß sie es unter sich aushandeln und laß sie nicht in dein Haus. Du hast mit uns erlebt, was daraus wird."

Anna verbarg ihr Gesicht und ging. Wenn sie nur wüßte, was zu tun wäre.

6.

Anna starrte ins Nichts, bis die Wiese vor ihren Augen verschwand, das Gesicht der Mutter, die nicht gehen will, die Anna nicht vertreiben kann, weil ihr der Mut noch immer fehlte, im 44. Jahr noch immer fehlte.

Anna könnte den Wohnwagen verlassen und abschließen, zur Straße gehen, zur Telefonzelle. Leute anrufen, die lachen und ein ordentliches sicheres Leben führen, die Erfolge zu verzeichnen haben, wenn keine äußeren, dann wenigstens therapeutische, die leichtfüßig lebten und in Schulen unterrichteten, in Ämtern öffentliche Entscheidungen fällten, die ohne Qual Eltern und Verwandte aus ihrem Weg schoben, beseitigten und trotzdem guten Gewissens von Engagement und Politik sprachen.

Anna starrte und sah die leere Telefonzelle, sah sie brennen und hörte Hilfeschreie. Das Haus stand in Flammen und Maria verbrannte. Anna griff ins Feuer und ihre Hände blieben unversehrt. In den Trümmern lag kaum angekohlt ein Adressenverzeichnis.

Anna schloß die Augen und träumte vom Unglück, der Unzufriedenheit aller Töchter, dem Ehrgeiz aller Mütter ihre Kinder zu überleben. Ein Klingeln weckte sie, und der Briefträger brachte Geld aus der Lebensversicherung der Mutter. Anna war gerettet. Sie schloß ihren Wohnwagen ab und zog endgültig hinüber ins Haus.

„Ich geh gern zu meiner Oma"

Kindermund

Wie sehen Enkel ihre Großmütter?

„Ich find' sie nett, meine Oma. Die hat so gekräuseltes Haar. Und wenn sie kommt, dann bringt sie uns meistens was Süßes mit. Sie tut uns auch immer was häkeln oder 'ne Jacke stricken."

Sebastian, 10 Jahre

„Meine Oma hat auch 'ne Dauerwelle, ist aber sehr aktiv. Die hat jetzt noch mal angefangen, Gitarre zu spielen. Die ist lustig und fidel und denkt, sie hat jetzt Zeit und kann alles mögliche machen."

Thorsten, 12 Jahre

„Ich hab zwei Omas. Die eine ist rundlich, die andere dünn. Die eine geht oft zum Friseur und die andere nicht. Die Dicke, die kocht oft gutes Essen, gell. Und dann legt sie sich hin und schläft zwei Stunden. Und abends geht sie spät ins Bett. Die ist krank und so."

Judith, 11 Jahre

„Meiner Oma kann man ganz selten was recht machen. Sie hat meistens was auszusetzen. Wenn ich ihr was zum Geburtstag schenke, sagt sie: ,Ach, das hätt' ja nicht sein müssen. Warum hast du das ganze Geld ausgegeben?' Sie nörgelt unheimlich viel. Sie hat schon ihre Launen, aber wenn sie jetzt sterben würde, also das würd' mir schon ziemlich weh tun."

Sonja, 14 Jahre

„An meiner Oma find' ich gut, daß die den ganzen Tag Zeit hat. Sie hat keine Familie mehr, und da braucht sie sich halt nicht um andre kümmern. Sie ruft bei uns an, und dann erzählt sie uns was. Also, die kann viel unbeschwerter leben als vielleicht andere, die 'ne Familie haben."

Samuel, 12 Jahre

„Ich gefiel
meiner Großmutter nicht"

Unversöhnliche Erinnerungen von Renate Oldermann-Maier

Niemals hat sie mich ernst genommen, nein, sie lachte über mich.
Großmutter und Mutter tuschelten miteinander, und wenn ich ins
Zimmer kam, schwiegen sie.

Es gab soviel, was ich nicht wissen durfte. Ich war immer Kind.
Es gab Geschichten von anderen Leuten, die ich nur zum Teil
hören durfte und nie verstand. Das waren Geschichten von
Verwandten, Freunden und Nachbarn und von den Freunden und
Verwandten der Nachbarn und von den Verwandten und Nachbarn der Freunde und schließlich von den Freunden und Nachbarn
der Verwandten. Es waren endlose Gespräche, Ketten von Infor-
mationen, die sich beliebig verlängern ließen, indem man noch
einen Kurzlebenslauf eines Bruders oder einer Schwägerin
anhängte, die doch wohl von dort stammte und mit dem verheiratet war, der ja später ..., und hier verstummte man dann mit Blick
auf mich.

Meine Großmutter hatte so viele Geheimnisse. Sie waren in
Kästen, Döschen und Schachteln verstaut, und wenn ich beim
Durchstöbern ertappt wurde, dann hieß es immer: Komm da weg.
Dabei war alles so einladend: Die Kommoden mit den schweren
Schubladen, randvoll mit Wäsche, aber irgendwo dazwischen
Kästchen mit blitzenden Schmuckstücken, Spangen, Bändern.
Die Kommode auf dem Boden, deren unterste Schublade abgeschlossen war, war besonders anziehend. Indem ich die darüber
liegende Lade weit vorzog, konnte ich einen Blick auf die Herr-
lichkeiten werfen, die vor mir verborgen bleiben sollten. Da
waren Zinnsoldaten, kleine Wagen aus buntem Metall, Bau-
steine, kombiniert mit kleinen Metallschienen. Friedrich-Wil-
helm, Mutters früh verstorbener Bruder, hatte damit Brücken
gebaut.

Auch geheimnisvolle Kleidungsstücke wurden hier verwahrt:
Weite, mit Spitzen eingefaßte Unterhosen, deren Hinterteile sich
losknöpfen und herunterklappen ließen. Die Beine gebauscht,

reichten bis übers Knie und verengten sich hier, um mit einem Knopf gehalten zu werden. Daneben eine lange schwarzseidene Schürze, übriggebliebenes Zubehör einer Bauerntracht und lange weißgestrickte Strümpfe, auf die der Name Elisabeth Sudhüser gestickt war. Übriggeblieben von den Frauen aus Großmutters Familie waren auch Fotos, auf denen diese Frauen sehr ernst und sehr unlebendig am Betrachter vorbeischauten, eingezwängt in hohe Kragen, die mit Broschen zusammengehalten wurden, mit Hauben dekoriert.

Zentraler Ort der Wohnung war das Eßzimmer, mit dem wuchtig ausladenden schwarzen Büffet, hinter dessen Türen Dutzende von Schüsseln von Schälchen, große und kleine Teller der verschiedenen Service gestapelt wurden. Ganz zuhinterst, wohin mein Arm gar nicht mehr reichte, standen Dinge aus Urgroßmutters Haushalt, die nie benutzt, aber auch nicht weggeworfen wurden. Und oben in den Glasschränkchen die zahllosen Gläser, von denen einige bunt schimmerten, dazwischen kleine Becher mit winzigen Figuren, die an die Bowlegläser gehängt wurden, um sie voneinander zu unterscheiden.

Dann gab es die Schublade mit den Decken und Deckchen, bestickte und gehäkelte, mit Spitzen und Hohlsaum versehene, die Produktion eines Frauenlebens. Tante Ella, Großmutters Schwester, habe so geschickte Hände gehabt, hieß es immer. In der anderen Schublade wurden Kalenderblätter vergangener Jahrzehnte aufbewahrt. Viel Japanisches war darunter, zarte Blumenzeichnungen, aber auch persische Miniaturen in atemberaubenden Farben, auch Burgen wohl, deutsche Landschaften, alles lag übereinander, eins begrub das andere, ungenutzt und unbetrachtet, aber bewahrt.

Meine neugierige Kinderhand allerdings, die darin herumstöbern wollte, wurde nicht geduldet.

Meine Großmutter war streng. Ich durfte in den Ferien nicht lange schlafen. Um neun Uhr wurde an die Tür geklopft, solange bis ich wach war und nicht wieder einschlafen konnte. Mittags mußte ich im Haus bleiben und eine Stunde Englisch lernen. Sie sah es nicht gern, wenn ich schon vormittags im Sessel am Fenster hockte und las. Ich sollte immer an die frische Luft, so blaß wie ich war. Draußen versteckte ich mich dann im Kirschbaum oder ganz hinten hinter den Beerensträuchern und ließ meinen Großvater, der nicht mehr gut sah, unendlich lange nach mir rufen. Zu Mittag essen wollte ich sowieso nicht. Lief doch meine Großmutter eh den ganzen Tag mit Eßbarem hinter mir her: Eine Banane zwischendurch, ein Teilchen am Nachmittag, Sanddornsaft in Variationen, die Butter auf dem Frühstücksbrötchen zentimeterdick. Ein Hauptgesprächsthema: Wie dünn ich doch sei. So könnte ich doch in der Schule nichts leisten. Später dann ihre Empfehlung, mir fülligere Garderobe zu kaufen, damit ich nicht so mager wirkte. Es klang durch, daß ich so nicht an den Mann zu bringen sei. Noch in ihren letzten Jahren – ich Mitte Zwanzig – bei allen Besuchen Großmutters erste Frage: Wieviel wiegst du? Das ist ja viel zu wenig. Du ißt nicht richtig. Dazu dieser prüfende scharfe, wenig wohlwollende Blick.

Ihr Zuckerkuchen allerdings war wirklich eine Köstlichkeit. Wir saßen auf der Terasse, gerade angekommen, der frischgebackene Kuchen in den Schüsseln vor uns, die Wiedersehensfreude noch ungetrübt durch Klagen und unangenehme Nachrichten. Da konnte ich wohl sechs auch acht Stücke hintereinander verschlingen, wobei ich die Kantenstücke zur Seite legte und mir diejenigen herausfischte, mit den tiefen hellen Kuhlen, in denen die Butter schwamm. Dieses Vergnügen wurde nur durch meine Großmutter getrübt, die ständig Mahnungen und Warnungen ausstieß: ich solle nicht so schlingen, nicht soviel essen vom frischgebackenen, kaum erkalteten, ich würde mir den Magen verderben, mir würde schlecht werden, ich würde kein Abendbrot mehr essen können, und der Kuchen schmecke doch schließlich morgen auch noch. Ich jedoch verdarb mir nie den Magen daran, und am nächsten Tag war der Kuchen trocken und öde.

Ich gefiel meiner Großmutter nicht. Nicht nur, daß ich zu dünn war, ich lief auch sonst so rum, daß es einen grausen mußte. Meine Haare waren zu lang, das sah ungepflegt aus. Trug ich Zöpfe, wurden diese als Rattenschwänze bezeichnet, und meine Großmutter berichtete verärgert, sie sei verschiedentlich auf meine unmögliche Frisur angesprochen worden. Um wen es sich dabei handelte, wollte sie allerdings nicht preisgeben. Später wurden dann meine Röcke zu kurz und die Pullover zu eng. Als ich irgendwann auch noch meine Augenlider blau bemalte, sah ich aus wie eine von der Straße, dabei hätte ich das doch gar nicht nötig. Wie meine Mutter das nur zulassen könnte, ich wirkte sittenlos. Was meine Großeltern auch daraus ablasen, daß ich verschiedene Sendungen im Fernsehen sehen wollte, einige sogar schon am Nachmittag. Und als ich auch noch Partei für Langhaarige ergriff, drohte man mir, mich zu enterben, sollte ich je mit so einem Kretin zusammen gesichtet werden. Als dieser Fall dann viel später eintrat, war Großvater bereits tot, Großmutter dagegen so alt und zittrig, daß sie die langen Haare nicht mehr registrierte, sondern sogar hinter ihm herhauchte: Schönen Gruß an Ihre Eltern.

Das Erbe blieb mir, es hätte mir auch gar nicht genommen werden können, dieses Geflecht aus: Du darfst nicht und du kannst doch nicht, du solltest lieber und könntest du nicht mal, und der hat gesagt, daß die gesagt habe, und du müßtest wirklich mal wieder, und das gehört sich einfach nicht und das gehört sich nun mal so, und darüber spricht man nicht und nimm dir mal ein Beispiel, und sei nicht immer so mürrisch sondern erzähl lieber mal was, und du mußt mal lernen, ein bißchen freundlicher zu werden und man kann nicht alles haben im Leben, und das Wichtigste ist, sich beherrschen zu lernen.

So schön ist die Welt
auch wieder nicht

Leona Siebenschön auf der Suche nach einem Vorbild

Meine Großmütter waren verschieden wie Bauernphlox und Gänseblümchen. Die eine kam von der Memel und sah so aus, als ob sie sieben Röcke trüge. Die andere kam von der Elbe im Alten Land und hatte den Hang zum Höheren, der brachte ihr einen Flickschneider als Mann ein, einen Flickschneider im Souterrain des Kattrepels von Hamburg, heute die teuerste Meile der Hansestadt, damals das Armenviertel.

Anna von der Memel, sehr früh mit zwei kleinen Kindern von ihrem Mann sitzengelassen, ohne Unterhalt, auch keine Berufsausbildung, die ostpreußische Anna Scharras hat ihre Kinder als Waschfrau nobler Herrschaften allein ernährt und „etwas Rechtes" werden lassen. Der Sohn wurde Nazi. Die Tochter heiratete einen Nazi. Das nützte ihnen nichts. Wenig später waren alle tot, genauer gesagt: verbrannt. Es geschah in einer Nacht, als Hamburg in Flammen stand. Anna war gerade 50, meine Mutter 29, meine Schwester zwölf. Mich, die Jüngste, ließen sie allein zurück. Und ich begriff, daß der Tod eine Gewißheit des Lebens ist, wenn das Leiden überhand genommen hat; und daß leben müssen schlimmer sein kann.

Heute könnte ich die Schwester meiner Großmutter sein. Ich könnte die Mutter meiner Mutter sein. Ich könnte die Großmutter meiner Schwester sein. Und das gibt einem eine ganz andere Perspektive. Wenn sie Zukunft haben soll, müßte ich jetzt von Anna zu Emma unterwegs sein. Und ich weiß nicht, ob mir das gefällt.

Die Großmutter von der Elbe nämlich, Emma Sonnemann, vermittelte der Enkeltochter den Eindruck, daß Frauen wie sie nicht umzukriegen und nahezu unsterblich seien. Sie schien nicht zu altern, veränderte sich nie, immer gleich fein, gleich zierlich, flink wie ein Kolibri, zerbrechlich wie Herbstlaub, aber zäh. Ihr Flickschneider war bald gestorben. Und so mußte sie, früh

185

verwitwet, unversichert ohne Rente, wie Anna auch lohnarbeiten gehen bis zum letzten Tag. Als Kinder fragten wir sie, womit sie denn ihr Geld verdient. Und Emma mit dem Hang zum Höheren erzählte uns, sie sei Zofe. Das beeindruckte uns tief. Aber manchmal, wenn ich sie begleiten durfte zu ihren feinen Herrschaften, kam ich dahinter, was sie wirklich tat: Waschbecken putzen, Toiletten säubern, Fußböden schrubben. Und so viel wußte ich aus Märchen, daß Zofen den Königinnen die Haare kämmen, aber keine Kloschüsseln reinigen. Ich sagte nichts, weil Emma immer alles besser wußte. Aber später wollte ich viel schlauer sein als sie.

Anna aus der Kalten Heimat war bitterarm, war Waschfrau und sagte das auch; und das wußte jeder, sie wollte nichts anderes sein. Emma aus dem Souterrain dagegen hat nie zugegeben, wie dreckig es ihr ging. Sie arbeitete nicht nur in marmornen Räumen, auch im Theater, als fliegende Händlerin, als Obstverkäuferin und bis zum Schluß als Versuchsmodell in Frisierschulen, wo man ihre schönen, weichen Haare zu Meisterprüfungen ondulierte und danach ein Foto machte, auf dem sie aussieht wie ein uralter, aufgetakelter Indianer im Sonntagsstaat.

Mit 94 Jahren kam sie zum erstenmal ins Krankenhaus. Da gerieten ihr Sohn und ihre Tochter vor ihrem Bett in Streit, wer von beiden die Kosten dieses drittklassigen Aufenthalts zu zahlen habe. Sie sei froh, daß sie nun sterbe, sagte sie zu mir, sie wolle doch ihren Kindern nicht zur Last fallen. Sechs Tage später war sie tot.

Sie tat mir leid. Doch mit der Überheblichkeit meiner Jugend damals habe ich sie auch ein bißchen verachtet. Das wäre mir bei Anna nie passiert. Aber Emma war auch keine Großmutter, jedenfalls nicht wie ein Kind sie sich wünscht. Sie wieselte immer herum, trug empfindliche Kleider und ein weißes Spitzenjabot am Hals, darüber eine Perlenkette und noch eine Brosche angesteckt. Alles Talmi, aber man mußte höllisch aufpassen, daß die Kette nicht zerriß oder die feinfrisierten Haare nicht in Unordnung gerieten. Ihre Handtasche hielt sie stets festgeklemmt am Arm. Da sie nie Geld hatte, hatte sie es mit dem Geld. Emma mit dem Hang zum Höheren war keine Oma zum Anfassen.

Das war Anna von der Memel, die nach Kartoffeln und Kernseife roch und sieben Röcke trug (jedenfalls sah es so aus) und von der man hätte sagen können: *Oma singt im Treppenhaus.* Auf ihrem Rücken hatten vier Enkelkinder Platz, da konnten wir reiten, wenn sie auf dem Boden kniete; dabei griffen wir ihr in die Haare, daß sich der Knoten löste. Das störte sie nicht. Anna sah ohnehin immer aus, als käme sie geradewegs aus einem Orkan. Sie lachte und sang und wußte Märchen zu erzählen, die nicht bei den Grimms zu lesen sind. Und wenn wir sie ärgerten, bullerte sie los, daß wir aufkreischend um sie herumsprangen, als sei die Rotte Korah losgelassen.

So eine Oma möchte ich auch haben, sagt Nina, die Tochter (heute 15), wenn ich von ihrer Urgroßmutter erzähle, weil Nina nämlich keine Großmutter hat. Und das ist eigentlich sehr schade, weil eine richtige Großmutter, wie Anna eine war, in manchem besser ist als die Mutter.

Mütter, vor allem wenn sie jung sind, laufen dem Leben hinterher, ohne es je einzuholen. Zeit ist ein geiziger Begleiter und der Spiegel wie die Ikone einer fragwürdigen Selbstbestätigung. Wie viele Stunden habe ich ausdauernd davor verbracht, mit der Andacht einer Gottesanbeterin um Wimpern, Brauen, Haar und Haut bemüht. Jede Woche einen Vormittag beim Friseur. Jeden Tag ein gepfeffertes Programm. Und die ständigen Kasteiungen, um das Maß zu halten. Und die Füße in Stöckelschuhen malträtiert. Und dann erst die Kraftanstrengungen, jede Chance zu ergreifen, um ja keine Chance zu versäumen, jede Leistung der Welt und mir selbst abgetrotzt: Abitur, Studium, drei qualifizierte Berufe, als hätte mir Emma den Hang zum Höheren vermacht. Tatsächlich wollte ich es so viel besser machen als die Frauen der Vergangenheit. Tatsächlich wollte ich schlauer sein als sie und mir eine sichere Chance erzwingen. Ein Vergnügen, wenn auch strapaziös, so lange es dauert. Eine Fehlinvestition, was die Gegenwart betrifft, wenn man dann in Annas Alter nicht einmal mehr als Karteileiche auf dem Arbeitsamt zugelassen wird und ebenso ungesichert wie Emma die Kosten eines drittklassigen Aufenthalts fürchten muß.

Zugegeben: Ich hatte Lust, mich selbst herauszufordern.

Zugegeben auch: Es hat mir Spaß gemacht, den hübschen Harlekin zu spielen. Zugegeben aber erst recht: Ich habe keine Lust mehr, noch länger die Jahrmarktsfarben aufzulegen. Es wäre mir lästig, und so laß ich es sein und blicke auf mich selbst zurück, wie Anna mich angesehen hätte mit einer kleinen Ironie wie unter Komplizen und der Gelassenheit jener Frauen, die vom Leben so viel erfahren haben, daß sie nur noch lachen möchten.

Anna hat ein halbes Jahrhundert erlebt. Ein halbes Jahrhundert ist keine Kleinigkeit. Immerhin: Anna war Großmutter. Um das noch zu erreichen, müßten sich die drei Leute, die ich geboren habe, ein bißchen beeilen. Und ich, die ich sein möchte wie Anna, müßte mich an Emma halten mit ihrem biblischen Alter. Ein Gedanke, der mir nicht unbedingt gefällt. Denn so schön ist die Welt nun auch wieder nicht.

Puppenmütter

Zwiegespräch mit einer Freundin von Gabriele Wohmann

Weil zum Glück Gustav den Garten in diesem Sommer gar nicht betritt, sagte ich auf Irmas Frage:

Ich habe Unkraut und lange Gräser lieber als einen Rasen.

Wir mögen Rasen, sagte Irma.

In der Hochsommerhitze schmorten draußen ein paar Waschlappen und Wäschestücke, die ich über Gartenstuhllehnen verteilt hatte. Es war vier Uhr am Nachmittag. Die halb über den Fenstern geschlossenen Rolläden gaben ein angenehmes Dämmerlicht, aber ich sah, daß Irma Fältchen im Gesicht hatte.

Es gibt in diesem Sommer auch hier infizierte Zecken, mit Hirnhautentzündungserregern infizierte Zecken, sagte ich.

Wir sind vom Thema abgekommen, sagte Irma.

Ich fand es gut, daß es nach einer Unterbrechung in der Prahlerei ausgesehen hatte, jetzt fing Irma leider doch wieder an:

Daß sie so kameradschaftlich ist, oder wie soll ich dazu sagen, sie hilft und macht sich nützlich, das finde ich so toll an ihr.

Meine auch, wollte ich nicht schon wieder mechanisch wiederholen. Nach gezollter Anerkennung fiel mir der neue Schick ein, den in den modischen Erziehungsdialogen das Zugeben von Fehlern besitzt, von Mängeln und Schwächen; überhaupt hat freimütiges Bekennen bis hin zum Bezichtigen einen Reizwert unter allen Kontaktierern, und deshalb sagte ich:

Mit der Hand schreiben geht nicht so gut.

Bei meiner auch nicht sehr.

Aber das da, den Pullover da, den hat sie gestrickt, sagte ich, und zeigte hinaus in die glühende Veranda, wo in der Möbelgruppe auch der blaue Pullover vertrocknete.

Fabelhaft, wirklich, lobte Irma.

Daß sie trotzdem so neidlos wirkte, ärgerte mich, auch hörte ich nicht gern, als sie erzählte:

Und sie fährt jetzt völlig allein ins Allgäu. Man muß sie eher bremsen.

Aha. Meine war in Paris.

Allein?

Nicht ganz allein, aber immerhin.

Ich bin stolz auf sie, wirklich, sagte Irma. Sie ist unternehmungslustig, was sich von ihr, ich meine, von deiner, weniger sagen läßt, oder? Isoliert sie sich? Ein bißchen, oder? Solltet ihr versuchen zu bekämpfen, Gustav und du.

Sie ist eine Einzelgängerin, sie gehört nicht zur Mehrheit, was gibt's da schon zu bekämpfen. Ich kenne das von mir. Gustav denkt auch so. „Geselle dich zur kleinsten Schar ...", falls du was von Goethe hältst.

Klar, Irma hielt große Stücke auf Goethe, und sie versuchte ja auch, jungen Menschen, die zwischen Hamburgers und Rodeo fern aller wahren Werte Europas doch immerhin das Glück hatten, ihren College-Verkündigungen in Syrakus/Colorado zu lauschen, Goethe und alle die anderen zu erschließen ... aber –

Was hilft's, sagte sie, und hatte recht auf ihre lebenspraktische Weise, wir müssen uns anpassen da und dort, und es ist besser für jeden, wenn er es packt, mit anderen zusammenzuleben. Alles ist doppelt schwer, für einen allein.

„Den, der doppelt elend ist / doppelt mit Erquickung füllest

..." , sagte ich, und fing an, sehr zu schwitzen, Irmas überdrüssig zu werden, mich aufzuregen, weil Gustav sich nicht blicken ließ. Irma ist meine Schulfreundin aus der allerersten Zeit, und wenn Gustav die Gesellschaft von Frauen meines Jahrgangs nicht anstrebt – Unsinn, das war nicht der Grund für meine Unruhe. Ich sah begierig und voll Trauer in den wild wuchernden kleinen Garten und spürte, daß die Tage dahin waren, Kindertage barfuß und zwischen blühenden Gräsern, angstlos bei Insekten und mitten in der Sonne.

Sind ja lauter erstklassige Nachrichten, eigentlich prima, sagte Irma. Ich hätte nicht zu hoffen gewagt, daß alles so gut gehen würde. Wenn man das akademische Jahr voll mitmacht, bleiben keine freien Augenblicke zum Kopfhängenlassen, weißt du, aber dann, kaum sind die Ferien gekommen, puh!

Irma sah aber immer noch nicht aus wie ein Mensch, der Übung mit Sorgen hat. Daß sie gut aussieht, immer noch richtig gut, nicht alt, kaum ältlich, billige ich ihr ja auch gern zu. Auf Photos sieht sie nicht gut aus. Auf Photos bin ich besser. Aber das sind wahrhaftig nicht meine Probleme.

Aber nach Schottland oder wo geht's jetzt hin? Nach Irland? Dahin nimmst du sie nicht mit?

Nach Irland, Eire, sagte Irma. Nein, das wär' wieder doch nicht ganz das Ideale, für alle Beteiligten. Für sie nicht, für mich nicht, für Peter ebenfalls nicht, da er total Leopold Bloom-Recherchen machen wird und sonst gar nichts. In Dublin übrigens war sie schon mal.

Ohne die Wirklichkeit hatte ich mehr von Dublin, ich meine, nur mit Joyce, sagte ich, um gemein zu sein. Ich wäre nett gewesen, wenn Irma nicht gesagt hätte – und so beiläufig! – daß ... oh und mir fiel ein, wie klein und kaum überm Boden die Schritte sind, wie langsam und vorsichtig die Bewegungen, wie ungewiß ihre Sache beim Lächeln ... sie ist ... ich sagte:

Deine ist wie viele Jahre jünger als meine? So circa sechs Jahre?

Kann sein, sagte Irma, und ich redete ihr schnell in ihre Rechenaufgaben hinein:

Vor 40 Jahren, da haben wir zwei, du und ich, mit unseren

Puppen genau so, einer vorm andern, angegeben, rumgeprahlt, ach, wir sind nicht weit über sie weggekommen, über die Zeit der Erfindungen, hm?

Bei mir ist alles echt, nichts erfunden, das ist der Unterschied zu früher, sagte Irma.

Sie trank noch einen Saft, oh doch. Ich trank noch Kaffee, Gustav betrat jetzt die Veranda, fühlte an den Socken und Sachen herum.

Lieb, wie er sich um alles kümmert, sagte Irma. Ihr seid alle immer lieb gewesen, Gustav paßt so richtig dazu. Alles so warmherzig bei euch. Deine Eltern, jetzt ihr zwei, das ist wie eine Fortsetzungsgeschichte. Was treibt denn sie so einen langen langen Tag hindurch? Meine erstaunlicherweise hat nie zu viel Zeit übrig, kennt Langeweile nur als Fremdwort. Toll, einfach toll.

Meine auch nicht, sagte ich und wußte nicht genau, ob ich log oder nicht. Ich als Kind, ich rief sie oft zu Hilfe: gegen Langeweile, gegen ein Gefühl, von Unlust weggesogen zu werden.

Das Leben ist prinzipiell nicht hochinteressant, sagte ich. Beim Blick in die glasige Luft überm Unkraut, ins Zentrum einer Hochsommerminute, bekam ich eine schmerzende Abschiedslust nach Wiedererweckung. Ich möchte nicht so weiterreden, wollte ich rufen. Raus hier, ich muß in den Garten gehen! Ich muß „Strawberry Fields" hören und Gin trinken und unerwachsen sein.

Gut möglich, sagte Irma mit vernünftiger Grapefruitsaft-stimme, daß vor 40, 45 Jährchen unsere Mütter sich so über uns beide ausgetauscht haben, ein bißchen Prahlerei war bei meiner sicher drin. Sie lachte.

Erstklassige Zähne, noch immer, aber dünnes Haar, wie eh und je.

Und da kommen sie ja auch schon gemeinsam angestrampelt, die zwei Guten, schau nur! Irma stand auf, um noch deutlicher zu erkennen, wer hier besser abschnitt: ihre war es, sie wußte es im voraus.

Wirklich, da betraten unsere beiden Schützlinge den gefährli-chen, den infizierten Garten, und weil sie so wirkten, als wären sie von Irmas und meiner Geschicklichkeit abhängig, sah meine

Mutter jetzt schon so aus, als habe eine Zecke sie infiziert, und Irmas Mutter trat ohnehin mit den zügigeren Schritten über die Pflanzen, und ich hörte mich leider nicht sagen: Die größeren Wünsche an das Leben zwischen Himmel und Erde sind dran schuld, daß mein Mütterchen die kleineren Schritte macht. Es ist nicht nur das Alter. Ich starrte jetzt bloß auf Irmas Mutter, aus Angst vor der Angst meiner Mutter. Irmas Mutter gefiel alles, der ganze Tag von A bis Z. Meiner Mutter hätte es gar nicht gefallen, wenn ich ihr beim hochgerutschten Rock behilflich gewesen wäre, ich glaube schon, aber daß sie sich jetzt allein abquälte, das eben gefiel ihr auch gar nicht.

Fürs Altersheim ist sie nicht mehr jung genug, hatte ich als Antwort für Irma bereit, aber als sie dann sagte, ich sähe so ratlos aus, antwortete ich:

Ratlos in bester Gesellschaft. Die Atomphysiker kommen auch seit fünf Jahren nicht weiter, keinen Schritt.

Mama, lehr' du mich laufen, schreie ich nachher, wenn der Garten leer ist bis auf die Zecken und mich.

„Das schickt sich doch nicht!"

Von Frauen, die aus der Rolle fallen

Eine Leichenrede

von Kurt Marti

Als sie mit zwanzig
ein Kind erwartete
wurde ihr Heirat befohlen

Als sie geheiratet hatte
wurde ihr Verzicht
auf alle Studienplätze
befohlen

Als sie mit dreißig
noch Unternehmungslust zeigte
wurde ihr Dienst im Hause
befohlen

Als sie mit Vierzig
noch einmal zu leben versuchte
wurde ihr Anstand und Tugend
befohlen

Als sie mit fünfzig
verbraucht und enttäuscht war
zog ihr Mann
zu einer jüngeren Frau

Liebe Gemeinde
wir befehlen zu viel
wir gehorchen zu viel
wir leben zu wenig!

> **„Das Schlimme am Alter ist, daß man jung ist"**
>
> *„Wenn ich schlafe, wenn ich aufwache, wenn ich gehe, mich bewege, ein Buch lese, dann denk ich nie: Ich bin alt! Ich fühle mich ohne Alter. Sicher mit 52, 53, 54, da dachte ich: Jetzt werde ich alt! Heute ist dieses Gefühl zwar ein selbstverständlicher Teil meiner Gewohnheiten und meines Körpers geworden, aber ich begreife mich dennoch nicht als alt. Cocteau hat das zutreffend gesagt: Das Schlimme am Alter ist, daß man jung ist."*
>
> Simone de Beauvoir, 75 Jahre

„Wir können sie doch nicht anbinden"

Eine eigenwillige Blumenfrau beobachtet von Hanne Huntemann

„Wir können sie doch nicht anbinden ..." sagt die 32jährige Arbeiterin Anita B. von ihrer Mutter, die oft erst mitten in der Nacht nach Hause kommt oder manchmal wochenlang verschollen ist und dann plötzlich verlegen lächelnd in der Tür steht. Maria W. ist 71 Jahre alt, trägt ihre schlohweißen Haare burschikos kurz, ist sehr klein und hat einen krummen Rücken. „Ihre Wirbelsäule sieht aus wie eine Spirale", erzählt die Tochter. Die Mutter ist trotz Rückenschmerzen ständig auf Achse. Sie muß Geld verdienen. Sie kann sich nicht hinsetzen und die Hände in den Schoß legen.

Frau W. hat von Kindheit an hart gearbeitet, ob beim Bauern auf dem Feld oder im Stall, ob als Putzfrau, Küchenhilfe oder Aushilfskellnerin, sie hat immer sehen müssen, daß sie sich, ihre fünf Kinder und den Mann durchbringt:

„Der is immer Wein trinke gegange in die Wirtschaft und des wollt ich net. Der sollte auch arbeiten und was schaffen. Ich hab immer gearbeitet. Ich hab von morgens bis abends 13 Kühe gemolken, des is wahr. Und auf einmal konnt ich nimmer mit den Händen. Das is Rheuma", dabei streckt sie mir ihre krummen, steifen Finger zur Begutachtung über den Tisch, „rheumatisch, Gicht, mit den Bandscheiben, ach, alles hab ich. Wie dann die Kinder größer warn, wie sie in die Schule gegangen sind, da habbe wir angefangen mit den Blumen zu verkaufen. Die mußt ich dann

immer auf dem Großmarkt holen, da hab ich sie auch schon mal billiger gekriegt und hab sie dann auch wieder verkauft. Wenn ich nur fuffzig Penning an einem Sträußche hab oder ne Mark ... ich hatte aber immer ein paar Mark. Und dann hab ich auch Maiglöckche und Maikraut im Wald geholt ..."

Nach 29 Jahren Ehe, die für Maria W. alles andere als glücklich vergangen sind, kommt ihr Mann ums Leben:

„Der hat uff de Gass gelege und hatte nen Doppelschädelbruch. Der ist nemmer zu sich gekommen. Da ham sie ihn heimgeschleift. Ich weiß net wie er umgekomme ist. Das tut mir ja heut noch leid. Des geht mir ja auch noch nach, des er jetzt nemmer da ist. Wenn er jetzt noch leben tät, der könnts so schön haben, der könnts wirklich schön habe."

Dabei weint Maria W. kurz auf. Vom Tod ihres Mannes an – die Kinder sind inzwischen groß und gehen ihre eigenen Wege – ist Maria W. bis heute nur noch in Sachen Blumen unterwegs. Sie ist ständig bemüht, „ein paar Mark" zu verdienen, weil sie in dem Bewußtsein lebt, zur armen Sorte Mensch zu gehören; das hat sie ein Leben lang zu spüren bekommen. Mit ihren 600 Mark Rente käme sie zwar zurecht, denn sie wohnt im Häuschen ihrer Tochter, in einem Dorf bei Mainz. Aber, daß sie nicht mehr arbeiten muß, das begreift sie nicht mehr. Sie weiß nur eines: Sie muß – um zu leben – Geld 'ranschaffen.

Die abgelegte Kleidung, die sie von freundlichen Leuten „erbt" – trägt sie oft mehrfach übereinander, als letztes einen giftgrünen Mantel. Einmal hat ihr ein griechischer Kunde sogar 500 Mark für ein neues Gebiß schenken wollen, das sie auch dringend nötig hätte. Aber ein solcher Luxus kommt für sie nicht infrage. Sie zieht mit Plastikeimern, Zeitungspapier und Pappkartons durch die Mainzer Innenstadt.

„Um fünf Uhr steh ich auf, ich kann net liege, wegen meiner Bandscheiben. Und dann fahr ich so um siebbe oder halb acht nach Mainz. Ich will immer vor halb acht im Blumengroßmarkt sein, sonst gebbe sie mir nur die schlechten Blume, die ich net habbe will."

Frau W. ist in Mainz als Blumenfrau stadtbekannt. Wenn auf dem Weg vom Bahnhof zur Hauptpost Pappkartons und Eimer mit Blumen auf dem Bürgersteig stehen, weiß jeder, sie kann nicht weit sein. Ihr Stammplatz ist vor der Post, wo sie spätestens um 10.00 Uhr auf einem Klapphocker ihren Platz einnimmt und bis es dunkel wird, bleibt: „bis abends halb acht, acht Uhr. Und dann geh ich in die Lokale und verkaufe noch Blumen."

Und wann fahren Sie heim?

„Manchmal fahr ich um halb zwölf mit dem letzten Zug heim und manchmal gar net."

Und wo schlafen Sie dann?

„Ei, gar net. Ich mach in den Nachtlokalen rum, bis vier Uhr, halb fünf. Und dann mach ich mich rauf bei die Bahn. Die Bahnpolizei kennt mich schon. Dann fahr ich mit dem ersten Zug um fünf heim und dann mach ich mich wieder zurück nach Mainz."

Und warum arbeiten Sie so viel?

„Des macht mir Spaß. Ich kann net im Bett liegen und schlafen. Da tut mir der Rücken so weh."

Brauchen Sie denn das Geld so dringend?

„Ja, da will ich mir meine Stubb noch ein bißchen machen, ne schöne Lamp will ich mir noch kaufen. Und ein Fernsehche will ich mir noch anschaffen, für, wenn ich net mehr schaffen kann. No ja, bis 75 mach ich noch, und wenn ich dann mein Fernsehche hab, kann ich mich in meine Stubb hocken und Fernseh gucke.

Auf dem Dorf, wo meine Tochter wohnt, bei der ich mein Zimmer hab, da ist es auch net so schön. Da ist es so ruhig. Ich geh gern mal ein bißchen fort. Dann hat man wenigstens ein paar Mark, auch wenn's net viel ist.

So, wenn ich mal in die Stadt komm, des gefällt mir gut, mit dene viele Leut. Wie ich ledig war, war's nix, wie ich verheiratet war, war's auch nix. Jetzt ist die schönste Zeit."

> **„Mit 17 war ich eine müde Greisin"**
>
> *„Ich ,weiß' mein Alter nicht, es ist ohne Interesse für mich. Die Relativität der Zeit ist mir existentielle Erfahrung. Ich war mit 40 älter (trauriger, skeptischer) als ich's heute bin, und mit 17 war ich eine müde Greisin mit Selbstmord-Absichten. Mir scheint, meine Jugend, die zu leben mir nicht gestattet war, sei unverbraucht aufbewahrt worden und stehe mir jetzt zur freien, vernünftigen Verfügung."*
>
> Luise Rinser, 71 Jahre

Sehnsucht im Herzen
Eine Episode von Claire Goll

Im Alter habe ich von einem sehr jungen Mann die Liebe gelernt. Wie einst bei Goll brauchte ich sechs Monate, um etwas zu begreifen. Dann war es wie eine Lawine, ein völliger Umsturz meiner Tage und Nächte. Nach sechzehn Jahren der Enthaltsamkeit war ich wieder Jungfrau. Zwischen ihm und mir ereignete sich die unverständliche, aber alles überstrahlende Entdeckung der Sexualität.

Erst durch ihn erfuhr ich, daß ich ein Leben hinter mich gebracht hatte, ohne den Orgasmus kennenzulernen, den alle Frauen ersehnen. Er war perplex über meine Unerfahrenheit. Nie hatte ich im Bett einem Mann die Stirn geboten. Willig hatte ich mich ihm untertan gemacht und mich dem Rhythmus seiner Wünsche angepaßt. Weder Goll noch meine Liebhaber hatten mich für die geheimen Spiele der Liebe aufgeschlossen.

Mein junger Geliebter hat mich als Meister behandelt, und ich habe alles mit mir geschehen lassen. Er hat mich schonungslos genommen, wie man eine Frau nehmen muß, ohne auf Reinheit und Schamgefühl Rücksicht zu nehmen.

Was die anderen Männer mit ihrer behutsamen Zärtlichkeit nicht in mir zu erwecken vermochten, erreichte dieser auf Anhieb, indem er mich zugleich zum Komplizen und willigen Opfer seiner Ausschweifungen machte.

An Yvans Todestag brach ich plötzlich, von Zuckungen geschüttelt, in Tränen aus.

„Ich habe meinen Toten betrogen", heulte ich, mich auf dem Boden wälzend.

„Du bist keine Inderin, die sich neben der Leiche des Gatten in den Scheiterhaufen stürzt", erwiderte er.

Wir gingen gemeinsam zum Père Lachaise, an Yvans Grab.

„Er gibt dir seinen Segen", sagte er.

Er hätte der Sohn meines Mannes sein können. Er ähnelte ihm. Sie haben sogar die gleiche Handschrift. Wenn ich mit ihm schlafe, halte ich den jungen Yvan in den Armen. Das Schicksal behielt mir vor, diese seltsame Verdoppelung zu erleben.

„Er scheint mir wiederbegegnet zu sein", sagte ich.

Auf Friedhöfen wird der Geist anfällig für abergläubische Regungen. Man interpretiert Lichter und Schatten, den Tanz eines vom Baum fallenden Blattes.

Ich wurde wieder ruhig, als ich mich an ihn schmiegte.

„Schau dir das Medaillon auf dem Grab an", sagte ich. „Es ist von Chagall entworfen, einem der reichsten Männer der Welt, und von Jean Longuet, dem Urenkel von Karl Marx, in Bronze gegossen. Yvan hat im Todeskampf die deutsche und französische Sprache miteinander versöhnt, und auf dieser Platte vermählen sich das Gold und die soziale Gerechtigkeit ..."

Kurz nach Yvans Tod hatte ich dieses Gedicht geschrieben:

Unser Grabrelief

Jede Mitternacht halt ich ans Herz
Deine rabenblaue Locke
Noch immer mit Starkstrom geladen
Trifft mich ihr elektrischer Schlag
Den Drosselpfiff mit dem du mich riefst
Übte ich mit Vogeljungen ein

Und als sie flügge waren
Riefst du mich durch sie aus allen Gärten
Im Film den ich von dir drehte
Huscht Orpheus' Schatten über die Leinwand:
Von den Krümeln dieses Schattens
Von etwas Zelluloid nähre ich mich
Man glaubt mich lebend weil ich mich bewege
Und bin doch längst zu Bronze erstarrt
Mit dir vereint im Relief von Chagall
Über unsrem Doppelbett aus Stein

Seit Goll in den Sarg gelegt worden war, hatte ich eine mönchische Existenz geführt und mich ausschließlich seinem Werk gewidmet. Ich hatte die Liebe und alle Heiratsanträge abgelehnt. Ich hatte die Sehnsucht aus meinem Leben verbannt, um meine Erinnerungen nicht teilen zu müssen. Und dann kam dieser poesienärrische Junge. Wir arbeiteten zusammen, von Angesicht zu Angesicht, und ich ahnte nicht, was für seltsame Träume durch seine Nächte gingen. Ich sah nur, daß seine Wangen sich lebhaft färbten; meine Zeit war die des Überlebens, nicht mehr des fleischlichen Stachels. Mehr als einmal kam er mir so nahe, daß seine Wange die meine streifte. Aber ich hatte nichts sehen oder verstehen wollen.

Ich bin die unbegabteste Komödiantin von der Welt, und allein der Zufall hat meine Eroberungen gelenkt. Die Männer lagen immer zu meinen Füßen, ohne daß ich Kriegslisten anwandte. Mit sechsundsiebzig Jahren gedachte ich nichts mit einem Epheben anzufangen, um mir eine zweite Jugend vorzugaukeln. Man muß in Würde hinnehmen, was das Leben mit sich bringt, und sei es auch das Alter.

Herausfordernd, ohne es selbst zu merken, war ich nicht darauf gefaßt, daß ein Heranwachsender für mich entflammen könnte, ein von Glücksgütern, Geist und Talent verwöhnter Jüngling. Wie lange hatte ich nicht mehr an Liebe gedacht, als er mich in seine Arme nahm? Ich war eine vereinsamte Witwe, die von neuem entdeckte, was schon so lange vergessen war.

Er hätte mein Enkel sein können, behandelte mich aber wie ein Kind, ohne je unseren Altersunterschied zu erwähnen.

„Gib zu, daß ich ein tapferer Mann bin, um mich in ein derartiges Abenteuer gestürzt zu haben", sagte er mir eines Tages. Mein Leben wurde durch das Erscheinen dieses jungen Gottes, den ein sehr merkwürdiges Band mit einer betagten Frau vereint, völlig umgekehrt. Im ersten Jahr besuchte er mich alle Tage.

Gegen Ende des zweiten Jahres begannen die Krisen, denn der Mann ist ein polygames Wesen. Aber er kam immer zurück, um unsere seltsame körperliche Komplizenschaft neu zu knüpfen.

Noch heute antwortet mein Freund, wenn ich ihm sage: „Fahr doch mit einem Mädchen deines Alters aufs Land!" – „Ich ziehe es vor, meinen Wagen vor deiner Tür zu parken."

Ich stelle mir Fragen, ich versuche zu analysieren, was in einem jungen Mann vor sich gegangen sein kann, daß er von einer so viel älteren Frau angezogen wurde. Vor mir hatte er überhaupt keine Frauen, sondern nur Schüler-Erotik gekannt. War ich eine Art Mutterersatz? Aus welchem Grund auch immer, er liebte mich, und ich liebte ihn. Im Herbst meiner Tage machte ich vollen Gebrauch von dem funkelnden Geschenk, welches das Schicksal für mich aufbewahrt hatte.

Es ist schon ungewöhnlich, so spät den Orgasmus kennenzulernen. Früher hatte ich nur die romantische Liebe erlebt, die Vereinigung zweier Seelen, zweier Geister. Goll und Rilke hatten aus mir ein Idol gemacht, dem man sich nur mit Vorsicht nahte. Sie hatten mich entkörperlicht. Aus Angst, mich zu verlieren, wenn er unsere Gemeinsamkeit in erotischen Flammen auflodern ließ, hatte Goll die Liebe wie rasend anderswo gesucht.

Dennoch bin ich meinen Geliebten nicht böse. Wenn sie mir keinen Genuß verschafft haben, so nur, weil sie mich so haben wollten. Der Mann modelliert die Frau, von Natur aus, nach dem Bild, das er im Kopf trägt. Muß man sich das gefallen lassen? Goll hätte mich nicht so sehr geliebt, wenn ich mich anders gezeigt hätte. Er wollte Krisen und Trennungen. Das Wesen, das außer Reichweite war, stimulierte seine Lust und seine Kunst. Wenn ich als wollüstiges Weibchen seinen Körper befriedigt hätte, wäre er bald ermattet, und seine Bewunderung hätte die flüchtige Zeitspanne der Lust nicht überdauert.

Yvan hielt mich in seinen Armen und betrachtete mich, aber hat er mich je als das gesehen, was ich war, als eine Frau aus Fleisch und Blut? Goll und Rainer Maria Rilke machten aus mir eine Traumprinzessin, die in einer gläsernen Kugel schwebt. Trotz meiner Geliebten und meiner vorübergehenden Liaisons wußte ich nichts von der Liebe, nicht einmal, daß es andere Arten geben könnte als diejenige, die sie mich gelehrt hatten. Ich hatte geglaubt, meine Erfahrungen entsprächen den Naturgesetzen, und es sei Frauenlos, unbefriedigt zu bleiben.

Wie hätte ich mich selbst kennenlernen sollen, wenn schon meine Partner nichts von mir ahnten? Wie hätte ich etwas finden können, was ich gar nicht suchte? Aus meinen ersten Erfahrungen mit Ehe und Untreue, mit Goll und Rilke hatte ich geschlossen, die körperliche Liebe sei nichts als unvollständige Annäherung.

Erst dank diesem Jüngling habe ich die Wonnen der Zärtlichkeit, die Freude, jemandem zu gehören, das Glück, einen Körper an sich zu pressen, kennengelernt.

Ich spreche von diesem Erlebnis ohne provozierende Absicht, aber mit Stolz, weil ich sogar Ninon de Lenclos übertreffe, die mit siebzig zu verführen aufhörte. Noch nach dem achtzigsten Geburtstag körperlich zu lieben ist eine Leistung, die ich mit Victor Hugo teile, aber noch komme ich Natalie Clifford Barney nicht gleich, die als Neunzigerin ihr Verhältnis mit einer jungen Italienerin weiterführt.

Ich habe zahlreiche Frauen gekannt, die nach Erreichen eines gewissen Alters in den Spiegel schauten und sich sagten: „Nie wieder." Am Tag, als Yvan starb, habe ich selbst so gedacht. Da war ich sechzig Jahre alt. Aber das Alter ist ein konventioneller Begriff. Die Liebe hat weder mit dem Geburtsdatum noch mit Schönheit oder Gesundheit zu tun. Mit achtzig Jahren kann man beben wie mit sechzehn. Die Falten graben sich ins Gesicht ein, aber nicht ins Herz oder in das Geschlecht.

Einst, als ich, eine schlanke rothaarige Sylphide, ins Leben trat, machte mir niemand das Recht auf mein Vergnügen streitig. Im Gegenteil, die Männer bemühten sich um mich und brachten mich zum Nachgeben. Aber es gilt als Skandal, wenn ich mich mit meinen weißen Haaren einem Jugendlichen hingebe und mit ihm auch sexuelle Erfahrungen durchmache wie ein Mann und eine Frau, die zum erstenmal die Liebe entdecken.

Die sexuelle Gleichschaltung der Menschheit zeigt sich, sobald jemand die Schranken übersteigt. Der eine empfindet Ekel, der andere hält es für widernatürlich, wenn eine Prinzessin ihren Diener heiratet, daß eine blonde Schwedin sich einem Neger hingibt, daß ein Behinderter mit einer Schönheitskönigin schläft, ein Mann mit einem anderen, der Bucklige mit der Lahmen, der Junge mit der Alten ... Niemand hat das Recht, die Reaktionen seiner Mitmenschen zu verdammen. Das habe ich begriffen, als ich eine Kur in Enghien machte. Im Reisebus hörte ich das Geschnatter der Damen: Eine erzählte, sie habe dreihunderttausend Francs verloren, eine andere fünfhunderttausend oder mehr. Die Gesellschaft bestand aus Weißrussinnen, beringten Vietnamesinnen, Bürgerinnen aus dem sechzehnten Arrondissement, die weder die finsteren Fabriken sahen, an denen wir vorbeifuhren, noch die Elendsquartiere, wo Araber zusammengepfercht waren wie die Hunde.

Diese Kreaturen mit den von Selbstsucht geblähten Gesichtern hätten ihre Töchter auf den Strich geschickt, um Roulette spielen zu können. „Denkt hier jemand an die verhungernden Kinder?", fragte ich mit lauter Stimme.

Drei Minuten lang herrschte Schweigen. Für mich Zeit genug, an das einzige Mal zurückzudenken, da ich den Fuß in einen Spielsaal gesetzt hatte. Während einer Kur in Challes-les-Eaux hatte mich Madame Sigurel, die Schwiegermutter von Mendès-France, im Auto ins Kasino von Aix-les-Bains mitgenommen. Ich sah sie am grünen Tisch Platz nehmen und ihre Jetons aufreihen.

Madame Sigurel spielte, um zu vergessen, daß ihr Mann eines Nachts vor ihren Augen ermordet worden war. Mußten die unangenehmen Weiber im Omnibus auch vor irgendwelchen Erinnerungen fliehen? Wollte ich selbst Schatten zerstreuen?

Ich fürchte weder die Jahre noch den nahenden Tod, aber ich erschrecke vor der Möglichkeit der Resignation. Nie möchte ich am Ufer der Weisheit und Beschaulichkeit landen. Ich bin jetzt fünfundachtzig, aber ich schreibe noch immer, und ich könnte noch lieben.

Man soll seinen Weg bis zum Ende hocherhobenen Hauptes verfolgen. Wir wissen nicht, was die nächste Nacht für uns bereithält, wir wissen kaum mehr, was gestern war. Die Erinnerung allein fügt die Momente wieder zusammen. Ich könnte nicht sagen, was ich erlebt habe: Die Zeit besteht aus Bruchstücken, Schicksalsschlägen, Gemütsbewegungen, Kämpfen ... Das zu heftige Glück entzieht sich dem klaren Bewußtsein. Im Rückblick sehe ich glückliche Zeiten nur als Ganzes: die ersten Jahre mit Goll, die ersten Monate mit meinem jungen Freund.

Das Schicksal und die Menschen sind daran schuld, daß es auf Erden weder Frieden noch Sicherheit gibt. Käme eine neue Sintflut oder ein neuer Krieg, so müßten wir uns wieder mit zwanzig Kilo Gepäck oder auch nur einem Bündel aus dem Staube machen. Rings um den Erdball hören die Grausamkeiten niemals auf. Selbst die Friedhöfe bieten keine Zuflucht mehr, seit die Nazis die Toten ausgegraben und die Gräber geschändet haben.

Das Leben ist ein Traum, den man wie ein Schlafwandler durchschreitet. Ein lächerlicher Schaum, ein leichter Nebel, der die Stunden einhüllt, die uns zugemessen sind. Einen kurzen Augenblick nur wohnt unser Geist in einer vergänglichen Hülle. Man muß das Äußerste daraus machen. Ich habe mein Bestes getan: Ich habe viel Liebe gegeben, ich habe noch mehr empfangen. Von meinen Nächten und Tagen ist dies alles, was mir bleibt.

Die unwürdige Greisin

Eine Erzählung von Bert Brecht

Meine Großmutter war zweiundsiebzig Jahre alt, als mein Großvater starb. Er hatte eine kleine Lithographenanstalt in einem badischen Städtchen und arbeitete darin mit zwei, drei Gehilfen bis zu seinem Tod. Meine Großmutter besorgte ohne Magd den Haushalt, betreute das alte, wacklige Haus und kochte für die Mannsleute und Kinder.

Sie war eine kleine magere Frau mit lebhaften Eidechsenaugen, aber langsamer Sprechweise. Mit recht kärglichen Mitteln hatte sie fünf Kinder großgezogen – von den sieben, die sie geboren hatte. Davon war sie mit den Jahren kleiner geworden. Von den Kindern gingen die zwei Mädchen nach Amerika, und zwei Söhne zogen ebenfalls weg. Nur der Jüngste, der eine schwache Gesundheit hatte, blieb im Städtchen. Er wurde Buchdrucker und legte sich eine viel zu große Familie zu.

So war sie allein im Haus, als mein Großvater gestorben war.

Die Kinder schrieben sich Briefe über das Problem, was mit ihr zu geschehen hätte. Einer konnte ihr bei sich ein Heim anbieten, und der Buchdrucker wollte mit den Seinen zu ihr ins Haus ziehen. Aber die Greisin verhielt sich abweisend zu den Vorschlägen und wollte nur von jedem ihrer Kinder, das dazu imstande war, eine kleine geldliche Unterstützung annehmen. Die Lithographenanstalt, längst veraltet, brachte fast nichts beim Verkauf, und es waren auch Schulden da.

Die Kinder schrieben ihr, sie könne doch nicht ganz allein leben, aber als sie darauf überhaupt nicht einging, gaben sie nach und schickten ihr monatlich ein bißchen Geld. Schließlich, dachten sie, war ja der Buchdrucker im Städtchen geblieben.

Der Buchdrucker übernahm es auch, seinen Geschwistern mitunter über die Mutter zu berichten. Seine Briefe an meinen Vater, und was dieser bei einem Besuch und nach dem Begräbnis meiner Großmutter zwei Jahre später erfuhr, geben mir ein Bild von dem, was in diesen zwei Jahren geschah.

Es scheint, daß der Buchdrucker von Anfang an enttäuscht war, daß meine Großmutter sich weigerte, ihn in das ziemlich große und nun leerstehende Haus aufzunehmen. Er wohnte mit vier Kindern in drei Zimmern. Aber die Greisin hielt überhaupt nur eine sehr lose Verbindung mit ihm aufrecht. Sie lud die Kinder jeden Sonntagnachmittag zum Kaffee, das war eigentlich alles.

Sie besuchte ihren Sohn ein- oder zweimal in einem Vierteljahr und half der Schwiegertochter beim Beereneinkochen. Die Frau entnahm ihren Äußerungen, daß es ihr in der Wohnung des Buchdruckers zu eng war. Dieser konnte sich nicht enthalten, in seinem Bericht darüber ein Ausrufezeichen anzubringen.

Auf eine schriftliche Anfrage meines Vaters, was die alte Frau denn jetzt so mache, antwortete er kurz, sie besuche das Kino. Man muß verstehen, daß das nichts Gewöhnliches war, jedenfalls nicht in den Augen ihrer Kinder. Das Kino war vor dreißig Jahren noch nicht, was es heute ist. Es handelte sich um elende, schlechtgelüftete Lokale, oft in alten Kegelbahnen eingerichtet, mit schreienden Plakaten vor dem Eingang, auf denen Morde und Tragödien der Leidenschaft angezeigt waren. Eigentlich gingen nur Halbwüchsige hin oder, des Dunkels wegen, Liebespaare. Eine einzelne alte Frau mußte dort sicher auffallen.

Und so war noch eine andere Seite dieses Kinobesuchs zu bedenken. Der Eintritt war gewiß billig, da aber das Vergnügen ungefähr unter den Schleckereien rangierte, bedeutete es „hinausgeworfenes Geld". Und Geld hinauszuwerfen, war nicht respektabel.

Dazu kam, daß meine Großmutter nicht nur mit ihrem Sohn am Ort keinen regelmäßigen Verkehr pflegte, sondern auch sonst niemanden von ihren Bekannten besuchte oder einlud. Sie ging niemals zu den Kaffeegesellschaften des Städtchens. Dafür besuchte sie häufig die Werkstatt eines Flickschusters in einem armen und sogar etwas verrufenen Gäßchen, in der, besonders nachmittags, allerlei nicht besonders respektable Existenzen herumsaßen, stellungslose Kellnerinnen und Handwerksburschen. Der Flickschuster war ein Mann in mittleren Jahren, der in der ganzen Welt herumgekommen war, ohne es zu etwas gebracht zu haben. Es hieß auch, daß er trank. Er war jedenfalls kein Verkehr für meine Großmutter.

Der Buchdrucker deutete in einem Brief an, daß er seine Mutter darauf hingewiesen, aber einen recht kühlen Bescheid bekommen habe. „Er hat etwas gesehen", war ihre Antwort, und das Gespräch war damit zu Ende. Es war nicht leicht, mit meiner Großmutter über Dinge zu reden, die sie nicht bereden wollte.

Etwa ein halbes Jahr nach dem Tod des Großvaters schrieb der Buchdrucker meinem Vater, daß die Mutter jetzt jeden zweiten Tag im Gasthof esse.

Was für eine Nachricht!

Großmutter, die zeit ihres Lebens für ein Dutzend Menschen

gekocht und immer nur die Reste aufgegessen hatte, aß jetzt im Gasthof! Was war in sie gefahren?

Bald darauf führte meinen Vater eine Geschäftsreise in die Nähe, und er besuchte seine Mutter.

Er traf sie im Begriffe, auszugehen. Sie nahm den Hut wieder ab und setzte ihm ein Glas Rotwein mit Zwieback vor. Sie schien ganz ausgeglichener Stimmung zu sein, weder besonders aufgekratzt noch besonders schweigsam. Sie erkundigte sich nach uns, allerdings nicht sehr eingehend, und wollte hauptsächlich wissen, ob es für die Kinder auch Kirschen gäbe. Da war sie ganz wie immer. Die Stube war natürlich peinlich sauber, und sie sah gesund aus.

Das einzige, was auf ihr neues Leben hindeutete, war, daß sie nicht mit meinem Vater auf den Gottesacker gehen wollte, das Grab ihres Mannes zu besuchen. „Du kannst allein hingehen", sagte sie beiläufig, „es ist das dritte von links in der elften Reihe. Ich muß noch wohin."

Der Buchdrucker erklärte nachher, daß sie wahrscheinlich zu ihrem Flickschuster mußte. Er klagte sehr.

„Ich sitze hier in diesen Löchern mit den Meinen und habe nur noch fünf Stunden Arbeit und schlechtbezahlte, dazu macht mir mein Asthma wieder zu schaffen, und das Haus in der Hauptstraße steht leer."

Mein Vater hatte im Gasthof ein Zimmer genommen, aber erwartet, daß er zum Wohnen doch von seiner Mutter eingeladen werden würde, wenigstens pro forma, aber sie sprach nicht davon. Und sogar als das Haus voll gewesen war, hatte sie immer etwas dagegen gehabt, daß er nicht bei ihnen wohnte und dazu das Geld für das Hotel ausgab!

Aber sie schien mit ihrem Familienleben abgeschlossen zu haben und neue Wege zu gehen, jetzt, wo ihr Leben sich neigte. Mein Vater, der eine gute Portion Humor besaß, fand sie „ganz munter" und sagte meinem Onkel, er solle die alte Frau machen lassen, was sie wolle.

Aber was wollte sie?

Das nächste, was berichtet wurde, war, daß sie eine Bregg bestellt hatte und nach einem Ausflugsort gefahren war, an einem gewöhnlichen Donnerstag. Eine Bregg war ein großes, hochrädriges Pferdegefährt mit Plätzen für ganze Familien. Einige wenige Male, wenn wir Enkelkinder zu Besuch gekommen waren, hatte Großvater die Bregg gemietet. Großmutter war immer zu Hause geblieben. Sie hatte es mit einer wegwerfenden Handbewegung abgelehnt, mitzukommen.

Und nach der Bregg kam die Reise nach K., einer größeren Stadt, etwa zwei Eisenbahnstunden entfernt. Dort war ein Pferderennen, und zu dem Pferderennen fuhr meine Großmutter.

Der Buchdrucker war jetzt durch und durch alarmiert. Er wollte einen Arzt hinzugezogen haben. Mein Vater schüttelte den Kopf, als er den Brief las, lehnte aber die Hinzuziehung eines Arztes ab.

Nach K. war meine Großmutter nicht allein gefahren. Sie hatte ein junges Mädchen mitgenommen, eine halb Schwachsinnige, wie der Buchdrucker schrieb, das Küchenmädchen des Gasthofs, in dem die Greisin jeden zweiten Tag speiste.

Dieser „Krüppel" spielte von jetzt an eine Rolle.

Meine Großmutter schien einen Narren an ihr gefressen zu haben. Sie nahm sie mit ins Kino und zum Flickschuster, der sich übrigens als Sozialdemokrat herausgestellt hatte, und es ging das Gerücht, daß die beiden Frauen bei einem Glas Rotwein in der Küche Karten spielten.

„Sie hat dem Krüppel jetzt einen Hut gekauft mit Rosen drauf", schrieb der Buchdrucker verzweifelt. „Und unsere Anna hat kein Kommunionskleid!"

Die Briefe meines Onkels wurden hysterisch, handelten nur von der „unwürdigen Aufführung unserer lieben Mutter" und gaben sonst nichts her. Das Weitere habe ich von meinem Vater.

Der Gastwirt hatte ihm mit Augenzwinkern zugeraunt: „Frau B. amüsiert sich ja jetzt, wie man hört."

In Wirklichkeit lebte meine Großmutter auch diese letzten Jahre keinesfalls üppig. Wenn sie nicht im Gasthof aß, nahm sie meist nur ein wenig Eierspeise zu sich, etwas Kaffee und vor allem ihren geliebten Zwieback. Dafür leistete sie sich einen billigen Rotwein, von dem sie zu allen Mahlzeiten ein kleines Glas trank. Das Haus hielt sie sehr rein, und nicht nur die Schlafstube und die

Küche, die sie benutzte. Jedoch nahm sie darauf ohne Wissen ihrer Kinder eine Hypothek auf. Es kam niemals heraus, was sie mit dem Geld machte. Sie scheint es dem Flickschuster gegeben zu haben. Er zog nach ihrem Tod in eine andere Stadt und soll dort ein größeres Geschäft für Maßschuhe eröffnet haben.

Genau betrachtet lebte sie hintereinander zwei Leben. Das eine, erste, als Tochter, als Frau und als Mutter, und das zweite einfach als Frau B., eine alleinstehende Person ohne Verpflichtungen und mit bescheidenen, aber ausreichenden Mitteln. Das erste Leben dauerte etwa sechs Jahrzehnte, das zweite nicht mehr als zwei Jahre.

Mein Vater brachte in Erfahrung, daß sie im letzten halben Jahr sich gewisse Freiheiten gestattete, die normale Leute gar nicht kennen. So konnte sie im Sommer früh um drei Uhr aufstehen und durch die leeren Straßen des Städtchens spazieren, das sie so für sich ganz allein hatte. Und den Pfarrer, der sie besuchen kam, um ihr in ihrer Vereinsamung Gesellschaft zu leisten, lud sie, wie allgemein behauptet wurde, ins Kino ein!

Sie war keineswegs vereinsamt. Bei dem Flickschuster verkehrten anscheinend lauter lustige Leute, und es wurde viel erzählt. Sie hatte dort immer eine Flasche ihres eigenen Rotweins stehen, und daraus trank sie ihr Gläschen, während die anderen erzählten und über die würdigen Autoritäten der Stadt loszogen. Dieser Rotwein blieb für sie reserviert, jedoch brachte sie mitunter der Gesellschaft stärkere Getränke mit.

Sie starb ganz unvermittelt an einem Herbstnachmittag in ihrem Schlafzimmer, aber nicht im Bett, sondern auf dem Holzstuhl am Fenster. Sie hatte den „Krüppel" für den Abend ins Kino eingeladen, und so war das Mädchen bei ihr, als sie starb. Sie war vierundsiebzig Jahre alt.

Ich habe eine Photographie von ihr gesehen, die sie auf dem Totenbett zeigt und die für die Kinder angefertigt worden war.

Man sieht ein winziges Gesichtchen mit vielen Falten und einen schmallippigen, aber breiten Mund. Viel Kleines, aber nichts Kleinliches. Sie hatte die langen Jahre der Knechtschaft und die kurzen Jahre der Freiheit ausgekostet und das Brot des Lebens aufgezehrt bis auf den letzten Brosamen.

Der 65. Geburtstag

Eine Erzählung von Peter Härtling

Ihren Sechzigsten zu feiern, hatte Katharina nicht erlaubt. Ich will nicht wissen, daß ich sechzig werde, hatte sie gesagt; was ist das für ein Fest, was kann das für eines werden, und Novotny hatte nachgegeben. Beim Fünfundsechzigsten jedoch insistierte er, warum läßt du dich nicht feiern, du hast es gerade nötig, du mit deinem Leben immer für andere; nie für andere, hatte sie erwidert, immer nur für mich, da habt ihr euch getäuscht, auch wenn es schiefging, ist es meine Angelegenheit gewesen – also wieso? Die Kinder hatten sich eher unwillig geäußert, die langen Reisen beklagt; wenn sie schon gefeiert werden sollte, müßten alle Enkel vorgeführt werden, darauf hatte Katharina bestanden. Es sei ein Umstand, jammerte Peter. Die Widerstände änderten Katharinas Stimmung. Nun bestehe sie auf ihrem Fest, wenn gemauert und gemosert werde, bis auf Annamaria, die selbstverständlich mit Chauffeur kommen werde, ihren Wohlstand vorführen wolle; Novotny, von solchen Gemütsschwankungen in die Enge getrieben, ließ sich nicht mehr mit ihr ein, bereitete, von Achim unterstützt, den großen Tag vor. Nur entscheidende Fragen wurden ihr noch gestellt. In der Wohnung wolle sie niemanden sehen, denn was habe sie in den vergangenen Jahren gewartet auf Briefe, auf Besuche und sei mit Stippvisiten, Durchreisen abgespeist worden, was sie durchaus einsehe, denn was fange man mit einer älteren Person an, die sich ständig nur an Kindheiten erinnere und über die Gegenwart räsoniere, also bleibe, Annamaria ausgenommen, für die anderen die Bude verschlossen, sie sollten ein ordentliches Lokal suchen, es gäbe doch eine Menge, zum Beispiel die Alte Post oder den Hirsch in Möhringen oder die Traube in Plieningen oder den Ochsen in Stetten, nur lege sie Wert darauf, wenn sie schon über die Stränge schlügen, überrascht zu werden; laßt mich in Frieden, bis der Tag da ist.

Dennoch brachte sie, für alle Fälle, und unter dem Gespött von Achim, die Wohnung auf Hochglanz.

Sie wollte ausbrechen, den Rummel vermeiden, diesen datierten Einschnitt, ein Alter, das ihr gleichgültig war, weil sie es nicht spürte, weil es sich nicht in ihr gesetzt hatte. „Da ich noch ein bißchen jünger bin als Achim mit seinen Achtzehn", hatte sie Annamaria geschrieben, „gibt es zwischen uns keine Schwierigkeiten, wir verstehen uns. Was er treibt, geht mich nichts an, und wenn es mich einmal berührt, sehe ich's ein, was man halt Einsicht nennen kann oder besser vielleicht Einfühlung oder noch besser, es ist schon schwierig, sich zu erklären, Verständnis."

Immerhin hat sie, nach Jahren, sich ein Kleid schneidern lassen und zugegeben, daß ihr solcher Aufwand durchaus Vergnügen bereite. Schicht für Schicht haben sich nun wieder ansprechbare Szenen gespeichert, so auch, als sie zur Schneiderin ging, befangen, nicht mit dem Selbstvertrauen der Dreißigjährigen (die Mutter von einem Freund Achims hatte ihr das Atelier empfohlen), noch in dem allzu feinen, mit Haute Couture-Plakaten bestückten Treppenhaus zögerte, sie hatte sich widerwillig an die früheren Gänge erinnert, in Prag und Brünn, merkwürdig sommerliche Assoziationen, fühlte wieder Stoffe zwischen den Händen, hörte das Weibergeschwätz. Als sie das Kleid, nach der letzten Anprobe, abholte, kam sie sich fast wie eine Verräterin vor: Sie hatte jahrelang so nicht gelebt und sie wollte nicht zurückkehren. Doch das Kleid, weiß, aus einem mit Silberfäden durchwirkten Stoff und lang bis zu den Knöcheln, gefiel ihr, war schön, an einigen Abenden vor dem Geburtstag zog sie es in ihrem Zimmer schon an, genoß das Gefühl, „anders, nicht alltäglich zu sein".

Der Winter, feucht, nicht sonderlich kalt, mit rasch wechselnder Witterung, hatte sie angestrengt. An manchem Morgen stand sie nur widerwillig und spät auf, murrte sich durch den Tag, und Ferdinand und Achim gingen ihr aus dem Weg, bis Achim ihr vorwarf, sie führe sich auf wie ein altes Weib, wenn sie ernsthaft krank sei, solle sie es sagen, nur diese Launen, sie seien kaum zu ertragen. So stand sie, seinetwegen, wieder als erste auf, Gliederschmerzen unterdrückend, machte den Männern das Frühstück, schickte sie aus dem Haus.

Die Feier mußte auf ein Wochenende verlegt werden, da, wie

Peter ironisch schrieb, „die Kinder auch wegen eines solchen bedeutenden Anlasses nicht schulfrei" bekämen.

Also gut, sagte sie.

Dieser Ton, sagte sie.

Novotny erklärte Katharina vier Tage vor dem Ereignis, er habe alles vorbereitet, doch an dem Fest selbst wolle er, aus vielen Gründen, nicht teilnehmen, er zöge es vor, übers Wochenende wegzufahren, auf der Alb zu wandern. Wenn er ihr dies antue, werde sie im letzten Moment alles noch absagen. Es sei ja nur ein Abend. Achim redete ebenfalls auf ihn ein. Novotny gab nach. Benähmen sich die Perchtmann-Kinder freilich weiter so, könne es, das solle sie wissen, zu einem Eklat kommen. Das würde ihr eher Spaß machen. Achim fand, dies sei eine prächtige Einstimmung.

Wo denn nun das Fest stattfinden werde?

Er habe im Ochsen in Stetten für den Abend ein Nebenzimmer reservieren lassen.

Das ist ganz nach meinem Geschmack.

Nun wolle sie das Programm des Tages vervollständigen. Es ist dein Geburtstag, Katharina.

Sie denke gar nicht daran, die Kinder vom Bahnhof abzuholen. Sie wüßten, in welchem Hotel – nicht wahr, es ist das Royal? – sie untergebracht seien, und da Annamaria und Wertmüllers mit Wagen kämen, sei es für sie auch kein Umstand, nach Stetten zu gelangen. Der Tag gehöre ihr, sie werde, allein mit Achim, ein wenig im Remstal spazieren gehen, wenn das Wetter keinen Strich durch die Rechnung mache.

Und ich?

Sie umarmte Novotny, streichelte ihn. Du wirst ein wenig vor den anderen dort sein, Lieber, und den Einmarsch der Gladiatoren arrangieren.

Manchmal kannst du eigentümlich herzlos sein.

Findest du?

Es war kalt, schneite ein wenig, als sie mit Achim, dem sie für die Schule eine Entschuldigung geschrieben hatte, zum Bahnhof ging.

Was hast du vor, Grummi?

Laß dich überraschen.

Sie fuhren nach Endersbach.

So, jetzt beginnt die Wanderung.

Bei dem Wetter – bist du wahnsinning? Und wenn du aus-
rutschst, dir ein Bein brichst, muß ich dich erstens schleppen und
zweitens ist es aus mit der Feier.

Lassen wir's darauf ankommen.

Sie liefen eine Zeitlang auf der Straße nach Strümpfelbach,
dann durch die Weinberge. Sie rutschte in der Tat bisweilen ab
und begann, um sich zu helfen und Achim zu belustigen, die
Gebrechliche zu spielen. Achim war gut einen Kopf größer als sie
und manchmal schaute sie, heftig atmend, zu ihm auf: Gleich
mußt du mich schleppen. Also weißt du, Grummi, wo geht diese
Reise eigentlich hin?

Ich weiß, wohin.

Sag schon.

Maultaschen!

Dann geht's ins Lamm.

Du bist ein Schlauberger.

Erzähl was, hatte er gebeten, das verkürzt den Weg, doch sie
hatte mit der Luft zu kämpfen, es abgelehnt, später, wenn wir es
gemütlich haben.

Du hast mir noch gar nicht gratuliert.

Erst heute abend.

Jetzt ist auch schon mein Geburtstag.

Du bist richtig kindisch.

Du weißt gar nicht, wie mir das hilft.

Gegen eins erreichten sie das Lamm. Es brauchte eine Weile,
bis sie die Finger bewegen konnte.

Hier bleiben wir, sagte sie.

Sie aßen, tranken.

Dieser Wein schmeckt nur am Ort.

Du trinkst auch ganz schön, Grummi.

Hast du was dagegen, Enkel?

Und wenn du heute abend einen sitzen hast?

Sie begann zu erzählen, zusammenhanglos, der Junge hörte
zu, nicht immer aufmerksam, es war ihr gleich.

Du weißt gar nicht, wie weit ich zurückdenke, fünf Leben, sechs, das ist nicht ein Leben gewesen, nein.

Trink nicht zuviel, Grummi.

Laß mich, Enkel. Und was ist daraus geworden? Ich könnte heulen.

Tu es bloß nicht.

Unterbrich mich nicht. Geburtstage, lieber Himmel, was habe ich nicht alles geschenkt bekommen und was hat man mir genommen. War es etwas wert? Jetzt habe ich nichts mehr und vielleicht ist es nur das Pony gewesen, das mich freute, vor fünfhundert Jahren.

Du trinkst zuviel, Grummi.

Ich sag' dir, vor fünfhundert Jahren, was hast du für eine Ahnung, wieviele Leben ein Leben haben kann, als damals Vater, in einer Zeit, die, wenn sie beschrieben wird, nicht meine Zeit ist, als ich noch träumen konnte, als es nichts gab, als ein Bündel Gefühle, mehr nicht, Junge, und Glück, und einen Schmerz, der viel größer war als ich oder meine Schatten auf dem Rasen vorm weißen Haus, jetzt bin ich beim Haus, ja, ob es noch steht, so kann es nicht mehr sein, es ist weg, ich bau' es in meinem Kopf neu auf, und da kommt Vater, das Pony am Halfter und legt mir den roten Sattel vor die kleinen weißen Schuh, weißt du, ich sage „kleine weiße Schuh" so, als ob es nicht meine Schuh gewesen wären; als ob sie mich nicht gedrückt hätten, weißer Lack, und ein kleines Mädchen, das ich sehe, das ich war und das glücklich ist, dem Vater um den Hals fällt, wie alt bin ich nur geworden?, ich weiß es nicht mehr, sechs, fünf, sieben, da spielt man mit Jährchen und redet von Jahrhunderten.

Ihr wart schon richtige Plutokraten.

Das ist Unsinn, wir bewohnten eine Fata Morgana, wir hausten in Vaters Visionen und Mummi machte sie wohnlich, was ihr Jungen für Zeug redet, das ist doch weg, läßt sich nicht wiederholen, oder willst du dich in einem Märchen einrichten?, Enkel, das ist eines gewesen, willst du, daß ich dir einen König rufe, David, du würdest mich auslachen, doch er hat mich viele Male besucht und seine Gesänge waren unvergleichlich, er hat an meiner Wiege gestanden und mich gesegnet und er hat sein Reich mitgeschleppt, wohin, das kann ich mir nicht ausmalen, ich bin nicht fromm, ich habe immer nur gespielt – sag, hab ich immer nur gespielt?

Jetzt hast du einen in der Krone.

Nun sprichst du auch schon von der Krone, das kommt davon, weil ich an David gedacht habe, das ist die Krone Davids.

Grummi, reiß dich zusammen.

Das hab ich mein Lebtag tun müssen, warum jetzt?

Bleiben wir hier oder gehen wir noch ein wenig spazieren?

Um fünf holt uns ein Taxi ab.

Große Güte, bis dahin wirst du nicht mehr vernehmungsfähig sein.

Hör zu, Junge, red mir nicht dauernd dazwischen, ich will noch eine Geschichte erzählen, eine einzige, dann können wir uns so unterhalten, wie du willst, nur diese eine Geschichte, wahrscheinlich wirst du sie nicht verstehen, sie ist für mich wichtig, doch vorher muß ich nochmal raus.

Er wollte aufstehen, sie drückte ihn in den Stuhl zurück, ging langsam, sehr aufrecht, durch die Wirtsstube und kehrte nach kurzer Zeit zurück.

Ist dir übel, Grummi?

Du bist ein lieber dummer Bub.

Also sag doch.

Nicht ein bißchen.

Du wolltest eine Geschichte erzählen.

Erzähl du mir eine.

Du hast gesagt, nur diese eine Geschichte.

Ja, das habe ich gesagt; sie beugte sich über den Tisch, schaute ihn an, verschwörerisch.

Das läßt sich nicht zusammenbringen.

Doch, bei dir schon.

Es ist keine Geschichte, es ist, wie soll ich es ausdrücken?, erzählte Erfahrung, denk dir jemanden wie mich, doch halt nicht fest an mir, es ist mir wichtig, daß du dir sagst, eine Person, ähnlich wie die Grummi, aber nicht Grummi, verstehst du?, und was sie im Kopf hat, woran sie täglich denkt, woran sie sich erinnert, manchmal ist es viel, manchmal nichts, ganz selten das ganze

Leben – diese Person hat gelebt und plötzlich entdeckt sie, daß sie gelebt worden ist, daß sie wenig dazugetan hat, selbst ein Leben zu führen; meistens sind es andere gewesen; vielleicht hat sie gehandelt nur als Liebende, und wägt sie es ab, waren es auch da Fügungen, Zufälle, denen sie nachgab. Sie hatte, wie eine Katze, sieben Leben. Und spät, viel zu spät, beginnt sie sich zu wehren; doch ihre Umgebung läßt sie die Rolle spielen, die sie einmal begonnen hat, in ihrem siebenten Leben. Sie bemüht sich, alles und alle abzuschütteln, zu vergessen, denn sie möchte beginnen. Wahrscheinlich ist es das. Aber wie anders fühlt man sein Leben. Das war alles, Enkel. Sie hob das Glas und sagte: In deinem Schwäbisch würdest du jetzt am liebsten antworten: I versteh bloß emmer Bahnhof.

Du bist ein wenig durcheinander, Grummi. Es ist ja auch dein großes Fest. Er stand auf, nahm ihren Kopf in seine Hände, küßte sie auf die Stirn, ohne auf die Leute in der Gaststube zu achten.

Sie bestellte noch ein Viertel, für Achim Traubensaft.

Hör auf, Grummi.

Das ist das letzte Glas. Bald kommt das Taxi.

Versprich's.

Wahrscheinlich bist du meine letzte Liebe, Bub.

Du spinnst. Er nahm sich vor, an diesem Abend auf sie aufzupassen.

Der Wagen brachte sie nach Stetten. Sie schickte Achim in den Gasthof, er solle ihr den Karton mit dem Abendkleid bringen, Novotny habe ihn in Verwahrung. Auf der Toilette zog sie sich, gegen einen stärker werdenden Schwindel ankämpfend, um.

Sie wartete, kam mit dem Reißverschluß nicht zurecht, eine junge Frau half ihr. Die Übelkeit ließ nach, sie tupfte sich Kölnisch an die Schläfen, ordnete sich das Haar.

Gib dir einen Ruck, sagte sie. Geh zu deinen Kindern und dem zweiten Ferdinand, nimm die Parade deiner Enkel ab.

Novotny kam ihr durch die Gaststube entgegen. Drei Schritte und sie merkte, wie sie in die Rolle schlüpfte, die sie den ganzen Abend durchhalten würde.

Novotny musterte sie zufrieden, im Nebenzimmer warteten schon alle, so wenige und doch so viele, er ging ihr voran, sie sah zum ersten Mal, daß er ein wenig mit dem rechten Bein schleifte, oder war auch er zu angestrengt? Sie straffte sich, er öffnete die Tür, alle standen um den Tisch herum und sprachen miteinander, Erwachsene und Kinder. Sie schweigen. Sie macht einige sehr kleine Schritte, steht wieder. Wir haben uns ja lange nicht gesehen, sagt sie, lieber Himmel, seid ihr feierlich, wenn Gutsi noch lebte, sie würde laut ins Taschentuch schnauben.

Annamaria und Achim gratulierten als erste, dann folgten die anderen, sie wurde umringt, die Hände wurden ihr gedrückt, sie bekam Küsse auf Wangen und Stirn, wunderte sich über veränderte Gesichter, dicker gewordene, häßlicher gewordene, sah in die Augen, die ihr unbekannt waren. Ich weiß nicht, dachte sie, weshalb Peter, der es ja nun zu etwas gebracht hat, so linkisch geblieben ist, mit seinen vierundvierzig Jahren; das wird Thea sein, ja das ist Thea, sie ist hübsch, sie weiß es, ich sollte sie fragen, ob sie einen Freund hat, ob sie schon Männern davongelaufen ist; warum fällt mir gerade das ein?, ich stünde gern am Anfang wie sie, sie weiß schon eine Menge; warum Camilla so ekelhaft mit Wertmüller umgeht?, er hat sie schließlich aus dem Schlamassel geholt; die Kleine ist Alma, reizend, sie schielt ein bißchen und hält sich immer an ihre Mutter, Gott, ist die dürr, sie muß eine Abmagerungskur gemacht haben, mir fällt ihr Name nicht ein, irgendein germanischer, ja: Dietlind, man hat Lust, sie auf irgendeine Art aufzuweichen.

Komm, sagt Ferdinand, hier ist dein Platz.

Das Stimmengewirr legte sich. Sie hört, wie Peter seiner Frau mit Betonung das Menü vorliest, geräucherte Forellenfilets, Flädlesuppe – das ist etwas Schwäbisches! – Fasan auf Weinkraut, Birne Helène, Mokka, dann die Weine, Stettener Brotwasser, komischer Name!, Uhlbacher Trollinger, Keßler Hochgewächs.

Setz dich doch, Katharina.

Sie hielten sich an die Tischordnung, die Katharina Ferdinand diktiert hatte, was soll ich neben jemandem sitzen, den ich nicht leiden kann. Es sind deine Kinder und Enkel, Katharina. Das tut nichts zur Sache. Also sitzt zu ihrer Linken Achim, zu ihrer Rechten Ferdinand, ihr gegenüber Peter, zwischen Camilla und Annamaria, dann die anderen.

Du siehst phantastisch aus, sagt Annamaria.

Du solltest, erwiderte sie, hinzusetzen: Für dein Alter.

Sei nicht schon wieder boshaft, Mutter.

Ich fühle mich wohl.

Die Wirtin erkundigt sich, ob alles seine Ordnung habe, gratuliert, zündet die Kerzen auf dem Tisch an, macht das Licht aus.

Schon wieder werde übertrieben, so festlich wolle sie es nicht.

Novotny legt ihr die Hand auf den Arm; Achim sagt: Jetzt wirst du gefeiert, Grummi, da kannst du nichts dagegen machen.

Zwei Kellner tragen die Forellen auf, Katharina nippt an dem Wein.

Das darfst du nicht, flüstert ihr Achim zu, du mußt warten, bis Onkel Peter einen Toast ausspricht.

Hör auf, Enkel, sie trinkt einen langen Schluck; Peter wartet, bis alle mit dem Hors d'oeuvre fertig sind, steht auf, zieht einige Zettel aus der Jackentasche, ordnet sie, merklich aufgeregt.

Der Druck von Novotnys Hand auf ihrem Arm wird stärker.

Hab keine Sorge, Zweiter, sagt sie leise.

Liebe Mutter, wir alle, deine Kinder und Enkel, wissen, daß du die Vorbereitungen für dieses Fest mit einem gewissen Unwillen verfolgt hast; dir ist im Laufe deines langen, an Abwechslungen reichen Lebens die Lust am Feiern vergangen, obwohl wir in unserer Kindheit erfahren haben, wie wunderbar du Feste, deren Mittelpunkt du stets warst, gestalten konntest. Das ist, wir wissen es, lange her. Und es ist ohnehin unvorstellbar, was alles du erlebt hast. Deine Kindheit kennen wir vor allem aus den Erzählungen Großmutters und Gutsis. Sie erschien uns seit eh und je wie ein Märchen. Und so wirst du es wohl auch im nachhinein empfinden. Doch auch unsere Kindheit war, Vater und dir sei Dank, reich und sorgenlos. Was dann kam, hast du bewunderungswürdig getragen, du bist Höhen und Tiefen gewachsen gewesen, du hast es immer wieder geschafft. Du hattest es nicht leicht, wir haben dir es vielleicht auch nicht leicht gemacht. Verzeih uns so manche Unterlassung. Dein Alter mag dir Ruhe bescheren. Nun wollen wir auf dich trinken, liebe Mutter.

Alle standen auf, Peter kam um den Tisch herum, sagte, als er sein Glas an das ihre schlug, lang sollst du leben, sie umarmte ihn, danke Peter, ich weiß gar nicht, weshalb du soviel vom Alter sprichst.

Aber Mutter.

Schon beim Nachtisch löste sich die Ordnung auf, sie setzten sich zu ihr, gingen wieder, redeten mit ihr, fragten sie:

Warum ist Onkel Dieter eigentlich nicht gekommen?

Es geht ihm nicht gut, er hätte als Rentner reisen können, doch er hat ein Raucherbein.

Sag mal, Großmama, ist es wahr, daß du als Kind Pferde gehabt hast?

Ja, eine ganze Herde, Riesenrösser, und wenn ich sie in der Nacht besuchte, haben sie Feuer aus ihren Nüstern geschnaubt.

Das ist geschwindelt.

Ich hab mein Lebtag nie gelogen.

Was ist eigentlich aus Wagner geworden, Mutter?

Vor ein paar Jahren kam ein Brief.

Er lebt?

Er hat in Nördlingen wieder eine große Bäckerei, vielleicht sind die Salzstangen da auf dem Tisch von ihm.

Und du hast ihn nie besuchen wollen?

Weshalb?

Du trinkst schon wieder zuviel, Grummi.

Ich will mich betrinken, Achim, jetzt weißt du es, ich will das überleben, verstehst du?

Ich kann betrunkene Frauen nicht leiden.

In deinem Alter sollte man Vorurteile nicht gedankenlos aussprechen. Magst du betrunkene Männer?

Schon eher.

Wieso?

Weißt du, Mutter, mein Mann hätte ja mitkommen sollen.

Ja, Annamaria, warum ist er eigentlich nicht da?

Er mußte dringend zu einer Sitzung nach Konstanz.

Um so besser, ich kann ihn nicht ausstehen.

Du bist schrecklich.

Sagen Sie –

Seit wann siezt man seine Großmutter, Thea?

Entschuldige.

Du mußt dich nicht entschuldigen, das ist eine Versammlung von Fremden, die miteinander verwandt sind. Was wolltest du wissen?

Vater sagt, du bist in deiner Jugend eine Revolutionärin gewesen.

Sagt er das? Schön wär's gewesen. Hast du einen Freund, Thea?

Ja, wir werden uns demnächst verloben.

Verloben? Muß das sein? Laß ihn wenigstens eine Weile hängen und probier andere aus.

Das geht doch nicht.

Verzeih, Kind, ich bin altmodisch.

Grummi, paß auf dein Kleid auf, du hast Wein verschüttet.

Das gibt keine Flecken, Enkel, und wenn schon, das Kleid zieh' ich nie mehr an.

Wie fühlst du dich, Katharina?

Vorzüglich, Zweiter, ich fühl' nichts mehr und das ist gut.

Hast du eigentlich bemerkt, daß Alma schielt?

Ja, Camilla.

Ein solch süßes Geschöpf – das ist schade.

Du solltest dir lieber über deine eigenen Kinder Gedanken machen, Camilla, schielen ist besser als kein Verstand.

Du bist schon wieder unmöglich, Mami.

Ferdinand schlägt mit einem Löffel gegen sein Glas. Er wolle keine Rede halten.

Ich will keine Rede halten. Ich bin ja der einzige in dieser Runde, der nicht zur Verwandtschaft gehört. Mich hat eure Mutter und Großmutter gewissermaßen angenommen. Ihr wißt, daß wir nicht verheiratet sind und es auch nicht vorhaben, zu heiraten. Was ich sagen wollte – ich wollte dir, liebe Katharina, danken für unsere Gemeinschaft und hier, in aller Öffentlichkeit, sagen, wie sehr ich dich bewundere und liebe. Vielleicht können sich die jungen Leute nicht vorstellen, daß es in unserem Alter noch Liebe gibt. Es ist so. Auf dein Wohl, auf dein Leben. Er beugte sich zu ihr hinunter und küßte sie.

Achim klatschte als einziger.

Sie hatte, schon zu Beginn, das Klavier an der Längswand der Stube bemerkt, sich vorgenommen, zu spielen, dann hatte ihr, voller Stolz, Peter gesagt, Tobias besitze eine herrliche Stimme und sein Lehrer am Konservatorium setze große Stücke auf ihn.

Es gibt doch Wiederholungen, sagte sie.

Was meinst du?

Ach nichts.

Sie bat Tobias, auf den sie nicht geachtet hatte, zu sich. Ich habe ganz vergessen, daß du singst.

Hat Vater es dir nicht geschrieben?

Kann sein, willst du etwas singen, soll ich dich begleiten?

Hast du ein Lieblingslied, Großmutter?

Viele.

Was wünschst du dir?

Ich weiß nicht, ob du es kannst; welche Stimme singst du?

Bariton.

Es könnte sein.

Was?

„Fremd bin ich eingezogen."

Ich will es versuchen, es ist schwer.

Er sang es, sie begleitete ihn, hatte eine so volle Stimme nicht erwartet, geriet in der Begleitung durcheinander, sagte, als Tobias zu Ende war und sie ihm dankte, etwas, das er nicht verstand: Onkel David hat immer behauptet, er könne zaubern, nun bin ich sicher.

Ob Achim den Plattenspieler mitgebracht habe? Jetzt wolle man Musik hören und tanzen.

Was zuerst, Grummi? rief Achim durch das Zimmer.

Die Rolling Stones, „Got live if you want it".

Sie ist und bleibt meschugge, sagte Camilla zu ihrem Mann.

Die Jungen tanzten, sie saß, ihnen zugewendet, die Beine von sich gestreckt, sie hatte Schmerzen.

Sie klatschte Achim ab, der mit Susanne Wertmüller tanzte.

Du kannst es, wo hast du es gelernt, Grummi?

Ich hab' es euch abgeschaut.

Sie tanzte oft, geriet außer Atem, Ferdinand drängte zum Aufbruch, Achim mahnte immer wieder, sie solle nicht so viel trinken, sie ist betrunken, hörte sie Dietlind sagen, sie ist doch schrecklich, in diesem Alter, sie sang die Songs mit, die Achim zu Hause ununterbrochen spielte.

Ja, ich geh' ja schon, ja, wir gehen ja gleich. Sie bat Achim, den Apparat abzustellen. Es war schön, sagte sie, und mit erhobener Stimme: Halt, rennt nicht gleich weg! Jetzt kommt nämlich meine Rede, sie wird nicht lang sein, habt keine Angst. Mir ist ein bißchen übel, der Tag war lang. Ich bin fünfundsechzig, die Alte ist fünfundsechzig – glaubt ihr, ich will euch in diesem Glauben lassen? Ich bin es nicht. Und ich frage mich, was habe ich mit euch allen zu tun. Einige von euch habe ich auf die Welt gebracht, das ist alles. Der Krieg – wie lang das schon wieder her ist – hat euch früh von mir fortgeholt und zurückgekehrt seid ihr nie. Das habe ich auch nicht erwartet. Offenbar nehmen Kinder an, ihre Mütter liebten sie, auch wenn sie fern sind und keinen Anlaß zur Liebe geben. So ist es nicht. Das will ich nur klargemacht haben. Ihr seid da. Gut. Ich kenne euch. Ich habe euch irgendwann einmal geliebt, eure Kinder gefallen mir. Sie reden mich, weil ich ihnen fremd bin, aus Versehen und weil sie einen Augenblick ehrlicher sind als ihr, meine Kinder, mit Sie an. Das hat mir nicht wehgetan. Es hat mich amüsiert. Wir haben uns zu diesem Fest getroffen, meinetwegen, nicht weil wir uns lieben, sondern aus einem einzigen Grund: Weil meine Erinnerung euch alle umschließt. In meinem Kopf steckt ihr, wie ihr wart und wie ihr nicht mehr seid. Und jetzt ist das Fest zu Ende.

Sie standen betroffen, Peter bemerkte stockend: So kannst du uns nicht gehen lassen, Mutter. Sie sah ihn, mit schief geneigtem Kopf, an: Dann komm eben bald einmal wieder.

Es schneite. Vor dem Hause verabschiedeten sie sich voneinander. Sie wünschte mechanisch allen eine gute Fahrt, gegen einen Schluckauf ankämpfend. Novotny half ihr in seinen Wagen. Achim setzte sich nach vorn, neben ihn. Sie war nicht müde, sie würde nicht schlafen können.

War es gut, Enkel?

Der Schluß war schon schlimm, Grummi.

Es war, Enkel, und der Schluckauf fuhr ihr zwischen die Silben, ein wirklich gelungenes Fest.

Anhang

Biografische Notizen

Simone de Beauvoir, geboren 1908 in Paris, gilt seit Jahrzehnten als führende Repräsentantin der französischen Literatur und des Feminismus. Ihre bekanntesten Werke: *Das andere Geschlecht* und *Das Alter*. Das Zitat „Das Schlimme am Alter ist . . ." aus *Emma* (Emma Frauen Verlags GmbH, 1978).

Bert Brecht, 1898-1956, Schriftsteller, Regisseur, Dramatiker, Lyriker und bedeutendster Vertreter einer sozialistisch geprägten Literatur des 20. Jahrhunderts. Sein Werk gehört zum Grundkanon moderner deutscher Literatur. Die Erzählung *Die unwürdige Greisin* wurde den *Kalendergeschichten*, 1977, (Gebr. Weiss Verlag, Dreieich) entnommen.

Gisela Breitling, geboren 1939, lebt als freischaffende Künstlerin in Berlin. 1980 erschien ihr Buch *Die Spuren des Schiffs in den Wellen* – eine autobiografische Suche nach den Frauen in der Kunstgeschichte.

Franziska Bronnen, Österreicherin des Jahrgangs 1940, arbeitet für Theater, Film und Fernsehen. Heute lebt sie in München.

Eva Demski, geb. 1944 in Regensburg, studierte in Mainz und Freiburg Germanistik, Philosophie und Kunstgeschichte. Seit 1968 arbeitet sie als Journalistin bei Rundfunk und Fernsehen. Ihr erster Roman *Goldkind* erschien 1979, für den zweiten Roman *Karneval* erhielt sie den Preis der Klagenfurter Jury 1981.

Christel Dorpat schreibt seit 1965 und und veröffentlichte mehrere Beiträge in Anthologien und Zeitschriften. 1982 erschien ihr Buch *Welche Frau wird so geliebt wie du.*

Ingeborg Drewitz, 1923 geboren, veröffentlichte Theaterstücke, Hörspiele, Romane, Erzählungen, Biographien und Essays. Zuletzt erschien ihr Roman *Eis auf der Elbe* (1982).

Anita Geigges. Übersetzerin. Seit 1970 freie Journalistin und Autorin in allen Medien. Besondere Neigungen: sozialkritische und wissenschaftliche Themen und informative Unterhaltung. Zum Thema Zigeuner drehte sie mehrere Filme und schrieb 1979 mit Bernhard W. Wette die Dokumentation *Zigeuner heute. Verfolgung und Diskriminierung in der BRD. Eine Anklageschrift.*

Claire Goll, 1890-1977, Lyrikerin und Schriftstellerin in Paris. Dieser Beitrag ist dem letzten Kapitel ihrer Autobiographie *Ich verzeihe keinem* (Scherz-Verlag, Bern/München, 1978) entnommen.

Margarete Hannsmann, Lyrikerin und Schriftstellerin, erhielt 1981 den Literaturpreis der Stadt Stuttgart. Zuletzt veröffentlichte sie den Roman *Der helle Tag bricht an* (1982) und den Gedichtband *Du bist in allem* (1983).

Peter Härtling, geboren 1933, arbeitete zunächst als Journalist, später als literarischer Redakteur und Cheflektor. Seit Anfang 1974 lebt er als freier Schriftsteller in Walldorf. Veröffentlichte zahlreiche Romane, zuletzt *Die dreifache Maria*. Der hier abgedruckte Beitrag ist dem Roman *Eine Frau* entnommen (Luchterhand Verlag, Darmstadt und Neuwied, 1974).

Elke Heidenreich, geboren 1943. Studierte Theaterwissenschaft und Germanistik. Seit 1970 freie Journalistin und Autorin für Hörfunk und Fernsehen.

Karin Hill lebt als freie Fotografin in Frankfurt.

Hanne Huntemann, geboren 1948, ist Fernseh- und Hörfunkjournalistin und arbeitete sechs Jahre im Seniorenmagazin des ZDF in Mainz.

Angela Joschko, geboren 1950, ist Fernseh- und Hörfunkjournalistin mit Schwerpunkt: Soziale Themen.

Mascha Kaléko, 1907-1975, emigrierte 1933 in die USA und siedelte 1966 nach Israel über. 1977 erschienen ihre nachgelassenen Gedichte unter dem Titel *In meinen Träumen läutet es Sturm,* das seither als meistgekauftes Buch moderner deutscher Lyrik gilt. *Memento* stammt aus *Verse für Zeitgenossen* (© Gisela Zoch-Westphal).

Birgit Kienzle, Jahrgang 1946, geboren und aufgewachsen in Österreich, eine Tochter. Sie lebt seit 1971 als Filmemacherin in Baden-Baden. Der Text ist ihrem Buch *Julie, die Magd* (frauen aktuell 5129, Rowohlt Taschenbuch Verlag, Reinbek, 1983) entnommen.

Michael Lange lebt als Fotograf in Hamburg.

Kurt Marti, geboren 1921 in Bern, Theologe und Literat, veröffentlichte zuletzt *Bürgerliche Geschichten* (1981). Dieser Beitrag ist entnommen aus *Leichenreden* (Sammlung Luchterhand Band 235, Luchterhand Verlag, Darmstadt und Neuwied, 1969).

Hermine Oberück lebt als freie Fotografin in Bielefeld.

Renate Oldermann-Meier, geboren 1950, arbeitete nach dem Studium zwei Jahre für die Frauenzeitschrift *Courage,* ehe sie in den Schuldienst ging. Zur Zeit arbeitslose Lehrerin und Mutter einer Tochter. Unser Beitrag ist entnommen aus *Courage* (Courage Frauenverlags GmbH, Berlin, 1981).

Peggy Parnass, Journalistin und Schriftstellerin, ist seit zehn Jahren Kolumnistin der Zeitschrift *Konkret.* Sie ist Verfasserin der Bücher *Prozesse 1970-1978* und *Unter die Haut* (1983).

Conny Peil, freier Fotograf in Marburg.

Christa Reinig, geboren 1926, lebte bis 1964 in Ostberlin. Veröffentlichte Gedichte, Romane, Hörspiele und Beiträge vor allem in Frauenzeitschriften. Dieser Beitrag entstammt dem Band *Die ewige Schule* (Verlag Frauenoffensive, München).

Luise Rinser, geboren 1911, verfaßte seit 1940 zahlreiche Romane. Übersetzungen ihrer Bücher in 22 Sprachen.

Alfonsa Schmitt, geboren 1944, hat beruflich sehr unterschiedliche Sachen gemacht (Kellnerin, Redakteurin, Bildschirm-Schreibkraft), zur Zeit arbeitslos. **Ulrike Holler** ist Redakteurin beim Hessischen Rundfunk.

Leona Siebenschön, geboren 1933, drei Kinder, arbeitete nach dem Studium als Redakteurin, Chefredakteurin, jetzt als freie Autorin. Im Herbst erscheint *Der Mama-Mann – Mutter und Sohn, eine Beziehung ändert sich.*

Hermann Sülberg. „Ein Altersheim, das jung macht" © *Stern* (Verlag Gruner + Jahr, Hamburg, 1980).

J. Monika Walther, geboren 1945, probiert viele Jobs, lebt seit 1969 als freie Schriftstellerin. 1983 erscheinen *Der Ausflug* (Hörspiel), *Archivars Traum* (Hörspiel), *Verlorene Träume* (Erzählungen).

Alexander Wischnewski, geboren 1948, arbeitete mehrere Jahre als freier Reporter und Autor für Fernsehen, Hörfunk, Zeitungen und Zeitschriften. Nach Verlagstätigkeit arbeitet er jetzt als Redakteur in Luxemburg.

Siegfried Wischnewski, geboren 1922, Schauspieler seit 1946, arbeitet seit 1958 freiberuflich für Theater, Fernsehen und Film; schreibt auch Drehbücher.

Gabriele Wohmann, geboren 1932, veröffentlichte zahlreiche Erzählungen und Romane. Zuletzt erschien ihr Roman *Jetzt und Nie* (1982). Der hier abgedruckte Text ist dem Band *Der kürzeste Tag des Jahres* (Luchterhand Verlag, Darmstadt und Neuwied, 1983) entnommen.

Fee Zschocke, Hamburger Journalistin, wurde bekannt durch ihr Buch *Er oder Ich. Männergeschichten* (1980).